蘇曉康

鬼推磨

中國魔幻三十年

(1989-2019)

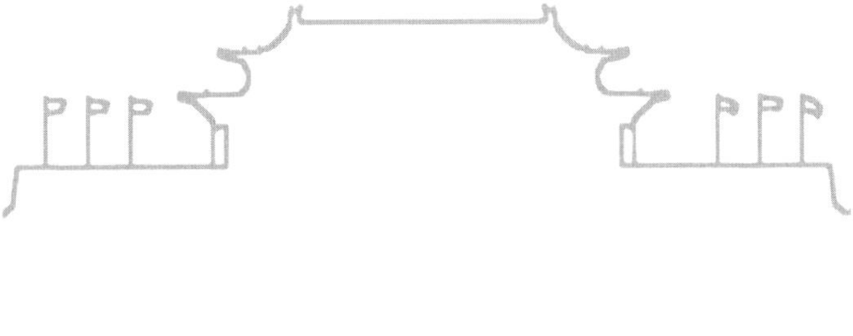

目錄

三、江山

四、血肉

五、風水

六、後嗣

代序

魔幻三十年

鐵蹄子，踏爛百姓肉皮子，
炕頭捲去破席子，磨道牽去毛驢子。

——東北民歌〈白吃飽〉

一九八九年五月裡，曾有異人指點我：天有異象，血光之災就在眼前。我似信非信，沒有當真，依舊我行我素。不料，六月初果然京師屠戮，血染長街。此一巨變，不但我從此去國他鄉，餘生漂泊，更兼世態跌宕，歷史翻轉，也是一路不回頭了。由此雖世道仍迷茫不可知，我猶信冥冥中會有神祕預兆示人。

近三十年孤寂偷生，窺覷世態於河漢微淺之際，臨摹感懷於星雲無語之時，每每瞠目造化之乖張，驚歎世道之冥迷，卻綿延十幾年，盤桓紙筆與鍵盤之間，幾度存廢，欲罷不能，幸得數十萬言，滿紙荒唐，不知所云，仍不失為零珠碎玉，所思所想，若編纂成冊，未知不是一本奇書？

我們經歷的，是魔幻的三十年，魔幻又無非三件大事：一、大屠殺與經濟起飛；二、民族主義與中國霸權；三、國際綏靖與歐美衰退。回眸所來之徑，可曾有人預知期間迷思：

一、中國崛起的訣竅

二、西方民主制包裹的利己內核

三、中共體制「馬基維利」化的脈絡

現代西方雖有十八世紀的突破，卻依舊仰慕中國之文明悠久；華夏自古「六合之外，存而不論」，原是沒有某種想像的維度；中外近現代史上，不敢說幾無人傑窺見東方的大災難，有之亦人微言輕，卻有一個大音似希的預言，竟然來自世界屋脊之上。

那裡有位頂級喇嘛，那時他還年輕，曾慧眼獨識所謂「五〇年紅光異象」。他說，當時天空有一陣接一陣的轟隆聲相繼而起，一道怪異的紅光，從爆破聲源方向的天空射出。整個西藏，東到四百英里遠的昌都，西南方三百英里外的薩迦，幾乎全藏的人們，都看到這個異象。多年後他詮釋道：那次不只是一場地震，而是一個預兆，這種異象，超乎科學，屬於某些真正神祕的領域。

預兆什麼？原來站在世界屋脊的這位雲端高僧，俯瞰東亞，乃至整個歐亞大陸板塊，窺見其大部分地域將陷入殺人如麻的世紀之禍，只是這雲端的神祕預言，令青藏高原之下的所有家國族群統統惘然不知，如南麓印度支那半島，古稱安南交趾一帶，六〇年代墜入人間地獄，戰爭之後留下一片滿目瘡痍的土地，一百萬孤兒、二百萬寡婦、五十萬殘疾人。高棉為禍最烈，竟有一個現代魔王波布（波爾布特），幾年之內殺掉三百萬人，境內骷髏遍野；赤柬統治時期，四分之一的國民，死於木棒爆頭之類的酷刑，大量逃出來的高棉人，都患有衰弱憂鬱症、創傷壓力症、睡癱、家暴、過敏恐慌、失語、凡事冷漠龜縮，自殘、心理病延禍三代人。

這個世界屋脊，終於也被「鐵鳥」鐵蹄蹂躪、信眾不惜自焚抗爭；毗鄰的西域回疆更難逃厄運，竟被軍管以「集中營」統治；整個東亞，綿延到中南半島，中國、朝鮮、越南的現代史，皆達至文明解體之境，暴虐史無前例。喜馬拉雅北麓的膏粱之地，億萬漢人膜拜「紅太陽」並聽其「關門殺人」四千萬，又任憑「設計師」屠城掠奪豪取，再容忍三代後嗣糜爛華夏葬送山河，以至於生靈賤如草芥，存亡已成兒戲，沉淪失去底線。一個徹頭徹尾的魔幻之境，全民噤聲竟無人追問：世道天良何至於此？

明末顧炎武作《日知錄》，分辨「天下」「國家」為二者：「有亡國，有亡天下，亡國與亡天下奚辨？曰：易姓改號，謂之亡國；仁義充塞，而至於率獸食人，人將相食，謂之亡天下。」所以六〇年「大饑荒」那會兒，中國就「亡天下」了，當年連劉少奇都對毛澤東直言：「人相食，你我是要上史書的！」中國三十年「民族主義」高歌猛進，八〇後以降還知道這點歷史的已是鳳毛麟角。

顧炎武之「亡天下」，還有更深一層，他是在講人倫防線、文明底線的大問題，他說朝代興亡更替，是無所謂的小事，但是假如一個民族突破了人倫防線，它就死了。中國的文革，是一場「多數人的暴政」，最後出現了霍布斯所說的「人與人的關係」倒退到「狼與狼的關係」的蠻荒境地；到這種境地，還能限制暴行的，只剩下每個人自己心裡的人倫防線。我們今天才驚訝地發現，那時的大多數中國人心裡根本沒有這條防線。這就是文革後巴金老人萬分痛苦的一件事，他問自己：孩子們怎麼一夜之間都變成了狼？

人倫防線是一個文明最原始的成果，也是它最後的底線。這條防線在中國文明中是由儒家經歷幾千年逐漸建構起來的，卻在近百年裡被輕而易舉摧毀了。摧毀的明證就是文革；「吃人」更赤裸裸地發生在廣西文革中。我們無法確定，究竟是中國傳統的人倫防線，不能抵禦如此殘酷的政治環境，還是它早已不存在？可以確定的是，中國人除了這條傳統的人倫防線，再沒有其他東西，如西方文明中人與基督的溝通。

中土的滅頂之災，早在上個世紀初就有沉痛預兆，即王國維沉昆明湖之殉難，此文化中人勘破大難臨頭，而億萬眾生尚沉睡不醒。陳寅恪詮釋道：「凡一種文化，值其衰落之時，為此文化所化之人，必感苦痛。其表現此文化之程量愈宏，則其所受之苦痛亦愈甚。迨既達極深之度，殆非出於自殺無以求一己之心安而義盡也……蓋今日之赤縣神州值數千年未有之巨劫奇變，劫盡變窮，則此文化精神所凝聚之人，安得不與之共命而同盡，此觀堂先生所以不得不死，遂為天下後世所極哀而深惜者也。」

陳寅恪悲唱「巨劫奇變」，尚在五〇年代，又幾十年逝去，中國才真真「劫盡變窮」，乃是穿越了一個「全球化」、攀附了一個「經濟奇蹟」、搭上了大江山川、賠上了千性萬命。尤其後三十年，中國的這個極權制度，穿越三道生死關隘——「六四」屠殺合法性危機、市場經濟、互聯網社會，不但毫髮無損，反而被淬煉得前所未有的強大與邪惡，以致近現代以來西方學界積累的「專制集權」知識，皆無力解釋這個「東方不敗」：它如何可以一場飢餓接一場文革，然後要救「亡黨」，卻再來一場大屠殺，便迎來二十年經濟起飛、貧富崩裂、階級對立和道德滑坡，有誰寫過這三十年的狂瀾、污濁、驚悸、血淚？又有誰梳理過思潮風俗、世態百媚、幽史穢聞、精靈魍魎？更有誰追問過它的肇始？

這已經亡掉的中國，還在「劫盡變窮」，卻直接銜接到「歲月靜好」，在一個油膩膩的「盛世」裡，連「思想也變成內褲」，加上不准「妄議」，巨嬰們把順口溜玩到了「後現代」水準，還人人具備了「馬桶精神」，按一下，什麼都乾淨了」；孩子們也「變不成狼了」，因為「喝水不達標吃食品有毒，蓋學校危房，校車沒錢，教育沒錢，醫保沒錢，社保沒錢，環保沒錢」……中國「亡天下」之後，再添「魔幻」歲月，莫非「鬼推磨」耶？

這場劫難的機制，又跟中華民族的近代恥辱，來了個徹底顛倒：舊式堅船利炮的西洋，數點著人權紀錄來簽訂單；往昔「反帝仇外」的黨中央，每一屆「核心」都是第一站去華盛頓報到；士大夫兩千年的浩然之氣，已楸然滅絕，神州好似被一個「外來政權」統治，一半靠的是知識界自動繳械；歐美貪婪中國廉價勞力，不惜讓渡諸多價值和信守，乃至昏昏然扶持了一個「韜光養晦」的極權對手，悔之晚矣。

還有北鄰的蘇俄。當年毛澤東要從農民嘴裡摳下糧食來，去跟史達林交換一個「工業化」，不惜中國餓死幾千萬。共產黨和社會主義，都是那邊「一聲炮響」輸送過來的，而今卻顛倒了，二〇〇六年普丁作「國情咨文」稱俄羅斯面臨人口減少的危機，一是大量移民，二是嬰兒出生死亡率高，兩者似乎都是某種信號：俄羅斯大地經過七十年暴政，已成一不適宜人類居住地，只剩下豐富的石油，挖來賣給東南穿金戴銀的小兄弟。

在世紀末的今天，中國的精神貧困更遠在物質貧困之上，這已是無可爭辯的事實。一九九四年以研究歐洲中古文化史著名的俄國史學家古烈維奇（Aaron I. Gurevich）在談到蘇聯解體後俄國的一般思想狀態時指出：官方意識形態長期壓抑下俄國民間文化的多層積澱，在極權體制崩潰之後，突然爆發了出來。無論是政客、史學家、學人對此都毫無心理準備。與此同時，數十年來宰制了史學思維的馬克思主義史學完全失去了信用，留下來的則是一片「哲學空白」（philosophical void）。而填補這一大片空白的便是神祕主義、「怪力亂神」（occultism），以至侵略性的沙文主義等等現成的東西。

幾年前我初讀此文便印象很深，今天我更感到中國精神的貧困還遠在俄國之上，因為俄國在極權時代仍存在著東正教的根荄，更重要的是文學的反抗傳統始終不絕如縷，有一些作家和詩人即使在史達林統治下也不肯在思想上作一絲一毫的妥協。我們只要一讀伯林（Isaiah Berlin）的那篇訪談錄便可見其大概。今天中國一般人民的精神飢渴所達到的深度和廣度，真可謂史無前例。

上引史學家余英時所言，他在上個世紀就曾「發生一個很深的感慨」，轉而不啻又成他的預言，哲學空白、神祕主義、怪力亂神、侵略性沙文主義，這些「精神貧困」，都在中國一一降臨了。

一個突然崛起的經濟大國，又獲得升級版集權方式，乃是二十世紀都未曾出現過的奇觀，然而這恰是中國之亡。余英時的第二層意思，又比較中俄知識分子，中國「士大夫」亡得更徹底。這個階層在古代輕易不向暴君低頭，哪怕千刀萬剮，而四九後最著名的大知識分子們，群體性向現代極權臣服，並以其知識的權威協助極權，彷彿整個中國文明死去，坊間過去有「京城四大不要臉」之謂，後來又釀成「盛世」裡文人名流「賽著不要臉」之競爭，令這半個多世紀，極權得以施行人文大殺，何嘗不是一部中國讀書人的恥辱史？

一年前資中筠與友人書稱：「京津滬三大城市，可謂烈火烹油之勢，錦繡繁華之鄉」，令她絕望！若論這個民族至今大夢不醒，還在明末清末，並不真實，民間無社會，底層求生活，令吃瓜大眾尚無政治含義；經濟起飛雖創造了一個富裕的中產階級，眼下卻只有外逃衝動；知識階層被徹底邊緣化，在金錢至上利益驅動的社會裡，不僅是權力的婢女，也是娛樂的丫頭，其政治上的含義甚至是負面的；黨內「改革成分」缺氧化、臨終化、僵化，比知識階層更加遁形；政治上的真實是，人大代表們居然是百分之百擁護專制。中國已經到了世事不堪聞問的地步，西洋也在衰退，世道黯然之下，梳理這三十年，得一部《鬼推磨》，或為一個大哉問，以饗讀者。

二〇一九年八月一日

第一章

虎狼

南非。一隻非洲雌豹捕到羚羊，卻躲在樹上不敢輕易下來，一群獅子在地面上徘徊，而兩頭幼豹正在山洞裡嗷嗷待哺。

近旁，兩個動物保護者架著攝影機，拍攝這個殘忍的場面。

大約二〇〇〇年春天，偶然在電視上看到《非洲獵豹》（*Running Wild*）這部電影，拍得扣人心弦，後來獅子們終於攀上樹去，咬傷獵豹奪走羚羊，雌豹傷重而死，遺下的幼豹尚無荒野生存能力，時刻受到大蟒、貓頭鷹、豺狼的威脅，被動物保護者收留，卻無法人工飼養牠們，唯有訓練牠們學會野生本領，返回大自然才能存活下去。幼豹一雄一雌，雄的就有些莽撞，膽子太大，為獵物掉進河裡被鱷魚吞食，只有那隻雌豹終於存活下來，返回原野。當初我看這部電影，卻不知道兩個動物保護者中那個女角克莉斯蒂，是由影星布魯克．雪德絲（Brooke Shields，波姬．小絲）扮演的。

英國人征服非洲，既對黑人殖民也搞動物保護。人類最早的動物保護者大概都是非洲的英國殖民地居民，他們雇用黑人幹活、伺候，自己卻去研究動物，一種很奇怪的邏輯。西歐文明除了猶太「啟示」、希臘「理性」、文藝復興、工業革命之外，還有探險、貿易等傳統，是其他文明相形見絀的，對大自然，包括動物、物種、環境等的研究、保護，也比其他文明覺醒得早，好像除了印地安人對大自然還有直覺之外，其他悠久文明都失去了這種向度。不過美洲印地安人似乎一直處在前文明期，跟大自然的關係還是一種巫術，而其他文明也都曾有過巫術，「軸心文明」的說法認為，那些古老文明正好是摒棄巫術才產生了「突破」，因此也就失去了對大自然的直覺？但西方人與大自然的關係已經上升為科學，不再是巫術，所以說科學也可以是一種終極關懷，是有道理的。

對大自然的覺醒，可以包含很多命題，在物種領域裡，人類作為靈長動物的覺醒，第一條就是去挽救瀕臨滅絕的物種，這幾乎是一種「上帝」的角色了，《聖經》諾亞方舟故事裡已包含這種命題；除人類之外的物種都沒有思維、語言而注定無法思考，人類是唯一可能扮演這種角色的，這裡不會有「物種平等」、「人類霸權」的歧義發生。但是在人類領域裡，問題就複雜起來，就「殖民」與「動物保護」這一對平行關係來說，動物不會質疑人類的「霸權」，任人擺布，事情反而簡單，牠們之於動物保護者的關係，只能是被捕獲、飼養、訓練、放生等一套程序，其中還必須被研究，才可能達到最終被挽救於瀕臨滅種的目的。那麼人類呢？殖民的一套程序可能包括征服、貿易、教育、文化輸出、政府訓練等等，是絕對的「西化」，如同必須先馴服動物的野性一樣，去除其文化中的巫術，其實西方殖民者一直在做這件事情，又以英國殖民者做得最成功，凡英國殖民地在獨立後（放生）都有制度化的良性後果，而法國殖民地後來都一塌糊塗，無非反映了英國人思路裡「野生保護」的技術比其他歐洲人都成功，這裡印度與新加坡的差別，無非是大象與羚羊的差別，跟動物保護者無關。

這裡已經談到政治這勞什子。人類從動物進化過來，經歷多次「覺醒」，其中極重要的一環，是明白了「政治」這件事，據說是從分配多餘食物開始的，而有了多餘食物才產生「政客」這種悠閒者，可是後來西方出現「政治學」才挑明，「政客」才是貪婪權力、操弄眾生、把玩歷史的主兒，其實早在明末清初，有個中國人就把這貓兒膩說透了，顧炎武《日知錄》分辨「天下」「國家」為二者，直言「保國者，其君其臣肉食者謀之」，難為他四百年前就有此前衛思想，比後現代理論還要透徹，於是我們知道，原來「政客」乃猛禽，一如《非洲獵豹》中的群獅孤豹。

老佛爺

紫禁城乾清門西側路北，有個養心殿，著名的「垂簾聽政」遺址。東西兩宮太后坐在皇帝（同治、光緒）後面聽政，中間設置數重紗屏隔開。據說現在還是按當年原樣布置。清朝祖制不准婦人干政，以簾子垂下隔開，表示聽政的太后不在朝廷上，照現在的說法，是「不好意思」。

這個政治遺址被原樣保留下來，或許是某種無意的疏忽，因為現代中國的統治者會不經意地模仿這個樣板，卻未意識到「歷史的恥辱」，雖然也是「不好意思」的。八〇年代末期那一幕「垂簾聽政」，在趙紫陽口述實錄《改革歷程》中，有甚為清晰的敘述，他用了「常委之上的婆婆」一詞，非常傳神——至少在年齡和性別上，「婆婆」都跟「太后」近似。

「現代養心殿」，就是鄧府。它在哪裡，早已是不公開的祕密，恨不得全北京老百姓都知道鄧大人住在地安門一帶，是米糧庫胡同的一座「大宅門」，至於幾號，說法紛雜，就不去管它了。這條胡同曾很熱鬧，按民國年間門牌算，一號住過陳垣、傅斯年，三號住過梁思成、林徽音，四號住過胡適，六號是于斌，中國天主教大主教，再往下是一座蒙古王府……說鄧府應是四號的最多，即胡適曾住過的宅子，抗戰時被花卉寫意大師陳半丁買去，園子占地五畝，故以「五畝之園」名之，解放初期陳半丁怕太招人賣掉了，若真是此宅，怎就沒留下點「文氣」，好抵消些許暴戾？

「垂簾聽政」的決策，便出自鄧府。趙紫陽回憶錄《改革歷程》交代了全部細節：一九八七年七月七日，胡耀邦辭職後的臨時守攤「五人小組」（趙薄楊萬胡），在鄧小平家裡開會討論十三大人事問題。鄧小平、陳雲、李先念三個元老不進政治局常委，今後還參不參加決策？鄧與楊、薄二人先密商，要設「常委之上的婆婆」，然後由薄一波在這次會議上建議趙紫陽：到十三屆一中全會，內部宣布今後重大問題仍要向鄧請示、由鄧拍板。此即「垂簾聽政」的由來，原來是在鄧府、由元老們自己決定的，趙紫陽只有聽命之份，這位共產黨的總書記，就像晚清乾清門西邊軍機處裡值班的一個章京。他下台後在這本書裡和盤托出細節：「鄧掌舵」是什麼含義？常委不僅要向鄧請教、向他通報，他還可以在家裡召集會議，重大問題可以由他來拍板——這哪裡還叫「垂簾聽政」？分明是「太上皇」了。而且，非常關鍵的一點：這是一個內部規定，不能公開的，一旦公開就會出大事，這到後來被證明了。

此即八九大衝突前夕的中共政治結構。時至今日，一個費解的問題是，一九八七年中共十三大已經實行中央委員百分之五差額選舉，令「左王」鄧力群在中央委員和政治局委員中皆被「差」掉，黨內外一派歡呼，民間定義這是一種「許說、許走、不許選」的開明專制，一個改良的勢頭，已經在鄧小平手裡出現，「垂簾聽政」的模式，也會在這個勢頭下漸漸消解，這是可以預測的，可是這個勢頭忽然消失了，難道它是被後來的政局動盪耽誤掉了？

趙紫陽也說明，其實年初廢黜胡耀邦，也是在鄧府辦的。一月四日他突然接到通知，「要我到鄧家裡開會……等到齊後，鄧就拿出一封信讓大家傳閱」，即胡耀邦的辭職信。關於胡耀邦失寵於鄧小平的種種，趙根據自己的分析，已交代在先，但何時、怎樣、誰人出面逼使胡耀邦遞交辭職信，連趙紫陽這個總理也一概不知，全是暗箱作業——從一九八一年起，鄧對胡就越來越不滿意，廢立之心已起，不過早晚而已。趙紫陽寫道：「耀邦不再任總書記，是一九八六年夏季在北戴河時鄧和老人圈子裡已定下來的事。鄧一九八六年在北戴河與老人們怎麼談的，同什麼人談的，我不知道，到今天也不清楚。」他只知道那時鄧曾對楊尚昆說，「他犯了一個大錯誤，就是看錯了耀邦這個人」。

幾個老人密商一番，就決定了胡耀邦的命運，可以說，「八九學運」已在此時埋下伏筆。趙紫陽描述，廢胡的那天，陳雲在鄧府會議上「說話較多，比較活躍，非常鄭重其事地宣布，今天這個會議的決定是合法的，合乎手續的……鄧就沒有考慮，不大在意，也不在乎這樣的事。」寥寥幾筆，兩個「婆婆」的形象躍然紙上，各有特色——陳雲的「此地無銀三百兩」，冰冷、虛偽，卻露出「不好意思」的尾巴來；鄧則是剛愎霸道，赤裸裸的實用主義，什麼黨章國法的，沒當回事過，這輩子他只怕毛澤東。

這批老人在十三大以後退出中央常委，純粹是演戲給國際上看的，但要演好這齣戲，就非得學西太后，煞費苦心設計出這個「常委的婆婆」模式。這裡還有一點蹊蹺。鄧的本意，是「今後常委只能有一個婆婆，不能有幾個婆婆」，自然這個婆婆非他莫屬，陳雲、李先念是不能「當婆婆」的，但是「婆婆」的名分問題，在十三大前始終懸而未決。陳李二人並非當年性情溫和的「東太后」慈安，不認可鄧自封「唯一婆婆」，而想跟他搞一屆「同治」朝。所以鄧小平刻意想複製一個「老佛爺」，並非易事。

廢胡之後，中國政局隱然動盪，趙紫陽雖代胡入主中南海勤政殿，但決策中樞已悄悄挪往故宮以北、景山背後的米糧庫胡同。八九期間的重大決策，皆出自鄧府，但在何時、何種情形下鄧府「偶露崢嶸」，卻沒有一定之規，隨意性很大，有幾種樣式：常委請示、鄧主動召集、楊尚昆引見等。

天安門事起不久趙紫陽即出訪——《趙紫陽傳》作者盧躍剛認為「六四」前夕訪朝（朝鮮）是趙紫陽一生最大的錯誤，李鵬趁空虛，請楊尚昆求見鄧小平聽常委彙報，誘出鄧小平的一席講話，而鑄成「四二六社論」，給學運定性為「反黨反社會主義動亂」，一招「見血封喉」，無轉圜餘地——從此學生與鄧小平，就尖銳地對峙在這個定性上，雙方都不退一步，縱使趙紫陽使出渾身解數也無用。其間，他也曾幾度請求楊尚昆，經由鄧的祕書和子女，試圖勸說鄧小平收回成命，皆被擋駕——這道「垂簾」難死了他。

四月二十五日這天，鄧小平接見楊尚昆、李鵬，是在玉泉山的軍委祕密駐地，他的一席話，後來流傳了兩個版本，一個版本中有鄧小平的「三不怕」（不怕流血，不怕罵娘，不怕制裁）；另一個版本中，鄧小平的原話是：「專政要用起來，流點血不要緊。」李鵬吩咐溫家寶在傳達前把它過濾掉了。

還有更奇的，「現代養心殿」裡的老佛爺居然失蹤了，前後十四天（四月二十八日—五月十一日）。一九八九年北京屠城，有無數待解之謎，這是最大、最核心的一個謎，人們卻鮮少論及，這是比當年廣場上揭穿他乃是「西太后垂簾聽政」更具爆炸性的一件事情，也是決定了後三十年中國圈地、崛起、稱霸，因而也影響了國際趨勢，乃是世紀之交人類走向的一個最原初的因素。鄧小平因此上了歷史座標，卻偉人祠或恥辱柱孰者，則須待後人論定。

鄧小平四月二十五日會見李鵬、楊尚昆，定性「動亂」之後，一直到五月十一日會見伊朗總統哈梅內伊，中間全部空白。

四月三十日趙紫陽訪朝歸來，立刻求見鄧小平。整整兩個星期，趙多次求見都被拒絕，也就是說，趙紫陽從調停廣場絕食那時候起，就沒有見過鄧小平。鄧的祕書王瑞林告訴趙，鄧最近身體很不好。直到五月十三日，趙才得以見鄧。

鄧小平幹什麼去了？

鄧小平完成了一個操作，為此而神隱，用了十四天。

鄧小平四月二十五日在「現代養心殿」定性「動亂」，等於他自己往油桶扔了一根火柴，學生的悲憤是「天空在顫抖，彷彿空氣在燃燒」，他們對他的回應就是「四二七」大遊行，隊伍打著「擁護中國共產黨」的橫幅，不帶憤怒地一道一道衝破警察防線，向全社會釋放的信息就是「人民勝利」，這個回合鄧小平徹底輸了，於是他起了殺心，他不是說了嗎？「專政要用起來，流點血不要緊。」

鄧小平決定採取軍事手段，平息學潮，然後改組最高政治權力。他親自去部署野戰軍的進軍京師計畫。據吳仁華（北京大學古典文獻專業出身）考證，這是非常複雜的一個部署，「調動多個軍區的部隊入京，以達到相互監督制衡的作用，使得各個進京部隊之間互存戒心，難以串連，避免發生兵變事件……對解放軍戒嚴部隊調度的每一個環節都經過了精心的考慮，做了一種『雙備份』、『雙保險』的周密安排。」也有研究發現，對付手無寸鐵的北京市民和學生，動用北京衛戍區的兩個警衛師和武警北京市總隊的兵力足矣，鄧小平卻從全國七大軍區，調動了三十五萬大軍執行「戒嚴」任務，所為何來？無疑也是為了防止「政變」或「兵變」。

這分明是要打一場正規戰役，作為總指揮的鄧小平怎可不運籌帷幄一番？十四天或許太緊促了吧？

為了完成這個操作，他延誤了會見伊朗哈梅內伊。

為此他堅決拒見趙紫陽，而後者正嘔心瀝血為他平息學潮。

二〇〇四年八月中旬，八十歲的李光耀在新加坡發表談話，高度讚揚鄧小平用暴力處理天安門事件，並直接引用鄧小平當時的講話——「鄧曾說，如果殺二十萬學生可以使中國保持一百年穩定，我就殺。」西方各大媒體都報導了這則新聞。

八九當年，中國大陸各級口頭傳達的鄧小平主張「殺二十萬人」的講話中，鄧小平是列舉印尼的例子，即蘇哈托在一九六四年屠殺二三十萬印尼人以保住政權，從六〇年代維持到八〇年代，恰好二十年。但是今天中共文獻裡所有關於鄧小平對「六四天安門運動」「採取果斷措施」的講話紀錄裡，都全部刪除了他關於「殺二十萬人」與「蘇哈托」有關的內容。李光耀卻把鄧小平晚年最見不得光的這段講話，言之鑿鑿地向國際社會合盤托出，還把「二十年」改為「一百年」，以此為鄧擺功。

對此《華爾街日報》發一社論，指出多年來上至官方高層下至鄧的家屬，都在有意迴避「六四」事件，就連「六四」主事者李鵬，也再三在各種公開、私下場合，撇清自己在「六四」血案中的責任。不料，此時卻冒出一個不識時務也不識好歹的新加坡強人李光耀，竭力把「六四」天安門血案當作鄧小平晚年最大功勞來大講特講。

六四屠殺多次被獨裁者當作「典範」。利比亞前領導人格達費（卡紮菲），在被暴民毆斃之前，就曾在電視演講，以北京武力鎮壓學運，派坦克殺入天安門，為他自己在利比亞的暴行辯護。

八〇年代晚期，嘉樂頓珠，達賴喇嘛的二哥，有一次來拜訪普林斯頓的流亡群落，他是藏人的蘇秦，周遊列國，連橫合縱，接觸過羅斯福、尼赫魯、蔣介石、蔣經國、鄧小平、胡耀邦，也曾率領康巴人跟解放軍打游擊，大家圍著他聊天，聽他講他的傳奇故事，期間他講了一句話，震懾眾人，也叫我至今難忘，他說：「中共的領導人，其實都是一些中國內戰遺留下來的土匪兵痞，他們對付事情的手段，就是殺人。」

「這是一個徹頭徹尾的邪惡決策！」

羅宇說。他稱之為「玉泉山鎮壓決策」，參加決策的人有鄧小平、楊尚昆、楊白冰、王震、李鵬、陳希同。玉泉山在京郊頤和園西邊，早被列為軍事禁地，也俗稱「西山」，鄧林《我的父親鄧小平》中提到：「一九七七年葉帥安排鄧小平住進西山軍委一個住處的二十五號樓，這個樓原來是王洪文住過的，葉帥住十五號樓。」鄧在八九期間，不會住在地安門米糧庫胡同，一直躲在這裡。

羅宇是前解放軍總參謀長羅瑞卿的兒子，曾任職總參謀部裝備部航空處處長，「六四」鎮壓後憤而辭職出走。二〇一六年夏他忽然給我來了一個郵件，並附上他起草的《六四風雲》電視劇本。原來他就住在賓州中部，離我的住處不遠，不久我請清華出身的六四學生領袖李恆清，開車一個多小時帶我去拜訪他，那是一個東岸典型的 Sleeping Town，鎮上只有一條街、一個餐館，周圍都是農田，其間配以商貿中心、住宅社區，以及州際公路。羅宇拎了幾瓶啤酒來跟我聊，他談到，「玉泉山決策」，軍委第一副主席趙紫陽沒有簽字，因此是非法的，這個要害乃是日後推翻「鄧決策」及其三十年後果的法規依據。

「鄧小平完全是愚蠢，天安門學生沒剩多少了，北京的學生都回校園去了，只剩下外地學生還在廣場待著，要不了幾天就散了嘛，哪裡用得著再派坦克去鎮壓？簡直就是蠢透了。現在中南海裡的人都清楚，這個邪惡決策當年就是毫無必要，還讓這個黨背上了非常沉重的歷史包袱，他們都想卸掉它，可是找不到任何機會。」

我對他說，六四屠殺，並非鄧小平的一時糊塗，屠殺後果對中共而言，就是亡黨亡國，但是最大惡果，是這三十年家園毀滅、人心淪喪。你要想拍電視，就要徹底釋放其中的全部含義。

「我要負責的，還是我那一小塊『邪惡決策』部分，」他說：「其他都是你的東西。」他七十多歲了，腦子很清醒。

關於鎮壓學運的「邪惡決策」，在中共高層使用的話語裡，其實就是「戒嚴決策」，另有一個來源的說法，提供了新的版本，即二〇〇五年出版的《陳雲晚年歲月》，透露一九八九年五月十七日的一個「元老密會」。

原來，五月十六日晚的政治局常委緊急會議上，趙紫陽不同意多數常委關於「決不向學運退讓」的意見，堅持與廣場溝通。第二天即五月十七日，常委再次開議，決定對北京部分地區實行戒嚴，趙紫陽辭職。此書透露，李鵬隨後向中顧委在京委員會議做了通報，「鄧小平、陳雲、李先念、王震等老同志堅決支持多數常委會議的意見，擁護中央（戒嚴）的決定。」《陳雲晚年歲月》公開的這個細節，具有重新詮釋「戒嚴決策」的含義，那就是五月十六日晚的政治局常委會，由於趙紫陽的反對和辭職，未能達成共識，決議無效，於是翌日晚上元老們跨過政治局常委會，做出戒嚴的決策，而這些元老中間，有的人已經「全退」，沒有任何官方的職位。這是徹頭徹尾的「垂簾聽政」的又一例，當然也是違法的。

二〇一九年六月初，「六四」三十周年之際，新世紀出版社一本新書《最後的祕密》在香港面世，披露中共兩次高層會議的鎮壓決策、支持鄧小平、批判並罷黜趙紫陽的過程，一九八九年六月十九日至二十一日中共中央政治局擴大會議，和六月二十三日至二十四日的中共十三屆四中全會，一共二十七份機密文件，由一位黨內不具名的高級官員複製並保存至今。本書包括在中共政治局擴大會議上，十七位中共元老支持鄧小平及擁護鎮壓決定。王震、彭真、徐向前、楊尚昆、聶榮臻、萬里、宋任窮、李瑞環等都嚴厲批評趙紫陽。

其中王震兩次發言指海外敵對勢力採用和平演變手法進行滲透，言辭最為激烈，將趙紫陽支持的改革派稱為「像林彪那樣的大小艦隊」、「控制一大批輿論工具，到處搞政治性沙龍、演講和集會，甚至鑽進黨和國家的核心部門，占居重要崗位」、「上下勾連，內外串通，長期以來進行思想的、輿論的、組織的準備和精心策劃……發動利用社會上的流氓政治團夥和地主官僚、封建軍閥反動階級殘餘及社會渣滓，企圖以動亂直至暴亂，達到推翻中國共產黨」；並逐個列出了他所認為的海外勢力如何影響學運：金錢收買、思想文化滲透、派遣特務、盜竊情報、製造謠言、挑起動亂、扶植內部敵對勢力等，「除了直接出兵，什麼都用上了」。

王震亦表示，如果「鎮壓反革命暴亂就此完結，我很不贊成」；他還提交了一份書面講話，是唯一有兩份發言稿的人，細數具體措施：「該殺的殺，該判刑的判刑，勞改、勞教一大批……戴了帽子的，勞改勞教的，一律吊銷城鎮戶口，送到偏遠地區，強制勞動。」

在黨內資歷高於鄧小平的元老陳雲未出席會議，以書面的形式提交兩句話：「一、趙紫陽同志辜負了黨對他的期望。二、我同意中央對趙紫陽同志的處理。」陳雲並未明確表示支持鄧小平使用軍隊鎮壓的決定。

據悉趙紫陽列席參加了政治局擴大會議，但沒有被安排發言，但他在會上要求講話，為自己解決危機的行動辯解，自此之後趙紫陽被軟禁直到逝世。

袁世凱復活

晚清有個「袁項城」，在帝制傾廢之際，憑出賣、度勢、投靠、離間、暗殺等等，總之是嫻熟的權術，逼退宣統，壓服民國，竊得總統，旋又復辟，玩出了馬基維利（馬基雅維利）也難描述的政治遊戲。大凡極權中樞虛弱的時候，總會有玩家出來弄權，八九危機中也不例外，只不過是小巫見大巫。

這裡的關鍵，是晉見「老佛爺」的管道。西太后「垂簾」時代，大臣想見她，必先通過太監李蓮英、小德張，至少野史演義上這麼說；朝臣能見到慈禧的，大概只有恭親王奕忻和李鴻章，也要經過太監才行。所以在山寨版「垂簾」時代，鄧小平想見誰，或誰想見鄧，必須通過楊尚昆，可見這個人位置的吃重。在這種制度設計裡，楊尚昆甚至比「老佛爺」還關鍵，八九悲劇，他何能脫了干係？

「楊家將」這位老大，文革前的中南海大管家，成為鄧與政治局常委的聯絡人，位居中樞，當時可以隨意出入鄧府的，只楊一人。楊尚昆曾單獨去鄧府兩次，趙紫陽毫不知曉，在他的書中也沒有痕跡；可是張良的《六四真相》裡，甚至出現「談話紀錄」，既然在「垂簾」中，又是私下場合，怎會留紀錄？除非是楊的事後追記，為了留檔自保。在八九大衝突裡，楊窺視鄧的態度需分秒不漏，怎會只去兩次、每次又怎會不留紀錄？楊開始支持趙、反對戒嚴，後來大顛倒，唯鄧之馬首是瞻，但他自己的小算盤究竟是什麼，至今一筆糊塗帳，甚至趙紫陽到死對他毫無芥蒂，筆下頗多褒詞。

楊尚昆有縱橫捭闔的空間，關鍵更在於「軍委主席」一職的懸浮。皖南才子吳稼祥曾在大內行走，頗諳機關，也是他最早提出「二十世紀的袁世凱」這個概念，我們不妨聽他怎麼說：

> 中共十三大時，我是中央主席團會議祕書，在一次主席團會議上，楊尚昆向大家表功，敘述他是怎樣勸留鄧小平的。他說鄧小平要在十三大全退的決心很大。薄一波發動中央顧問委員會各支部對他進行車輪戰法，輪流勸小平同志不要退，都鎩羽而歸。薄只好請

高人出馬，找到了楊尚昆。楊見鄧，只說了一句話，就把鄧說服了。可見他的內功何等深厚。他說：「小平同志，你全退，我們贊成。但是，你想過沒有，三軍統帥誰來做？」他看了看鄧的表情，然後輕輕地說：「你放心，我還不放心呢！」

這分明是在告趙紫陽的狀。鄧全退，三軍統帥自然是總書記趙紫陽，還用問嗎？問過以後，知道鄧想到了趙，馬上補上一句，「我還不放心呢！」「我」是誰？軍委常務副主席。話的分量夠重了。鄧想了想，說：「我有個條件，你們不答應，我就全退。我推薦趙紫陽做軍委第一副主席，我隨時把軍委主席一職交給他。你們答應了，我半退，只兼軍委主席一段時間。」

這是中共江山社稷的死穴，打天下一代凋零，後嗣空虛，「鄧改革」走過十年，漸漸觸碰到它，一定波瀾大起，所以八九是一劫，過了它之後就出現「自己子弟」的安排了。當時整個元老層戒心趙紫陽，破局只能政變。楊尚昆於是有了玩火的機會。

讓我們看吳稼祥如何分析。他說，鄧小平只要讓出軍委主席，楊就隨時準備搞掉趙紫陽了。四月二十五日趙紫陽赴朝鮮訪問，行前他怕有人搗鬼，特地交代，他不在北京期間，不許召開中央常委會，作重大決定前要讓他知道。誰知趙剛上飛機，李鵬就主持召開了中央政治局擴大會議，隨後楊尚昆就帶領他和李錫銘、陳希同去見「老佛爺」，引出鄧「三不怕」（不怕流血，不怕罵娘，不怕制裁）講話，吳稼祥在此點睛：

此舉十分高明，用謀略術語說，這叫一箭雙雕。首先是把鄧小平逼到牆根，不怕流血是你說的，只要發生流血事件，帳都會記在你頭上，鄧在人民心中的地位完了；其次是把生米煮成熟飯，給學生運動定好性，讓趙紫陽回國後沒有迴旋餘地。接受四二六社論的結論，趙就要帶頭鎮壓，但功勞是楊尚昆、李鵬的；不接受，就要冒與鄧小平直接對抗的風險。當時我就聽說鄧的一個女兒對這樣的傳達很有意見，說，「怎麼他們的話都沒有了，只有我爸爸的？」

楊尚昆在另一端，又忽悠趙紫陽，一直給他以撐腰的感覺，以致趙從頭到尾都說「尚昆是支持我的」。趙從朝鮮剛回來，第一個給他打電話的就是楊，他問趙紫陽：「我們該怎麼辦？」——這是什麼意思？是套趙的話，引誘跟他聯手，軟禁元老嗎？從權力結構來說，當時楊尚昆跟誰結盟，天平就會傾向誰。吳稼祥如此破解：

他已經套出鄧小平「不怕流血」的話來，把他置於無路可退的尷尬境地；如果再套出紫陽「對老人動手」的話來，那紫陽也就徹底掌握他手裡了。無論怎麼幹，他都會立於不敗之地。假如密謀敗露，他說自己那樣做是有意套紫陽的話，好向小平彙報；如果反鄧成功，老人們一網打盡，只剩下他一個元老。他的野心是要代替鄧小平做幾天老皇帝玩玩。

一番腥風血雨後，楊尚昆最終背棄趙紫陽。楊尚昆的「國家主席」頂戴上，沾著趙紫陽的血，末了還是鄧小平奪了他的頂戴。「大玩家」玩別人，最終也玩了自己。

但幾年後，這位「鎮壓執行人」，又對三〇一醫院軍醫蔣彥永說：六四事件是我黨歷史上犯下的最嚴重的錯誤，現在他已無力去糾正。這個細節來自神祕的《楊尚昆日記》：

一九九八年三月二十五日：「今天北京三〇一醫院醫生蔣彥永來我住處，向我彙報他訪問台灣的情況。他彙報完畢後，向我提出了一個問題：我能否把自己真實的想法和經歷告訴您？我說當然可以，他便講述了六四期間他搶救被子彈打傷的民眾情況，其中還包括一名解放軍少校。也談了他對六四的看法。他問我解放軍怎麼能夠向老百姓開槍？我聽了以後，無語。他還告訴我，他和其他一些黨員起草了一封給人大和政協的信，要求平反六四，並從口袋中拿出這封信讓我過目，我看了後，過了很久，說，六四是我黨歷史上犯下的最嚴重的一次錯誤，我年紀大了，已經無力糾正，但只要共產黨是一個堅持實事求是的政黨，就一定會糾正這個錯誤，在適當的時期為六四平反。」

據傳一九九七年十一月，楊尚昆就自己的日記，向中央政治局請示：「我身體極度虛弱，有可能去見馬克思，如何處理有關我的日記資料檔案？」李鵬代表中央政治局常委會告知楊尚昆：「現在工作繁多，也很複雜，還是你保管好。」一九九八年三月二日，在中共第十五屆第三次全會後，楊尚昆又提出有關資料問題。中共中央主席江澤民代表中央政治局常委會，對楊尚昆說：「常委和部分政治局委員都看過，還是由你保存比較合適，考慮到多個方面：黨內團結、黨的形象、鄧小平同志功過評價等方面。」直至楊尚昆逝世後，他的日記一直由中央政治局屬下的機要局保管。二〇〇九年三月，中共對楊尚昆日記作了啟封，有限範圍作黨史研討，不作政治結論。

又據吳稼祥分析，二〇〇一年橫掃中外的「天安門密件」（又稱《六四真相》），也是「楊家將」背景，為了洗刷「屠城」罪責，此說很有見地。

這個「袁世凱視角」，實乃「六四公案」至今唯一公開的高層祕密，其中有關胡耀邦與楊尚昆的談話，留下很多珍貴細節，讓人一窺「虎狼」原貌：

一九八八年七月十四日：耀邦告訴我，沒想到小平同志這麼霸道，聽不得任何的不同意見。竟然搞垂簾聽政。很後悔採用卑鄙手段搞倒華國鋒，扶持鄧小平。耀邦說，西單民主牆就是在鄧小平的慫恿下搞起來的，目的就是搞臭華國鋒，讓鄧小平上台。但沒想到，鄧小平上台後便把民主牆封掉了，把魏京生也抓進了大牢。

一九八八年七月十九日：耀邦告訴我，一九七六年四五事件也是鄧小平慫恿他搞起來了的。他已經與作家師東兵在八八年三月和四月兩次談過四五事件的來龍去脈。是祕密地在家裡與師東兵見的面，連家人和祕書都瞞住了。耀邦告訴我，七六年一月十五日，鄧小平在周總理追悼會上致完悼詞後，找到我說，今天我給總理致悼詞，或許我們死後就沒有人給我們致悼詞了。我們不能坐以待斃，要搞點行動。三月中旬，鄧又找到我，說他的孩子聽人說，四月五日清明期間，有人決定去天安門給總理送花圈。這是個好機會，要想辦法把事情搞大，給主席一個刺激，證明並不是人人都聽他的。耀邦又說，小平讓我找幾個幹部子女，讓他們去工人中間鼓動一下，把矛頭對準江青和張春橋。但有個別人把矛頭對準主席，這也是我們沒有料到的。另外，那些人又大搞打砸搶，打傷了許多的解放軍，小平後來也很生氣。認為這是讓他下台的直接導火線。這也是後來我們沒有給四五高調平反的原因。因為如果那幾個人不把矛頭對準主席，不搞打砸搶，主席根本就不會讓小平下台。而他就會在政治局會議上反擊江青和張春橋了。

七六年四月五日鄧小平專門坐車去了天安門一趟，觀察廣場的動靜。回來後，透過家人對我說，廣場人很多，幹得好！但他謊稱是去北京飯店理髮的。其實鄧小平一直都是讓北京飯店的師傅去他家理髮。

一九八八年八月五日：又和耀邦見了一面，耀邦說，小平是過河拆橋式的人，你要當心。同時，耀邦又向我透露了一件大事，說這是他最見不得人的事件，不說出來對不起自己的良心。八〇年四月，我們當時以清理「三種人」為理由，將北京市公安部門二十四名科級到處級的幹部騙到雲南大理祕密槍決，當時還派了王震去現場觀看。我問，為啥子祕密槍決他們，他們犯了啥子罪？耀邦說，他們當時掌握了我和小平是七六年四五事件幕後指揮的證據。另外，有些人也掌握了鄧榕和其他的高幹聯動成員是一九六六年八月五日打死北京師範大學附屬女子中學副校長卞仲耘凶手的證據。當然，還有人也掌握了聯動成員於六六年八月在北京大興縣殺死大批所謂的「黑五類」人員的證據。我說，我知道這件事，殺人的主謀高福興和胡德福不是當時就被判刑了麼？耀邦說，是呀，可高福興和胡德福在七五年九月突然翻供了，說是聯動成員幹的。他們是冤枉的。但七五年九月小平同志已是政治局常委，把這件事壓下來了。八三年小平指示我給高福興和胡德福平反，我便照著做了。但北京市公安部門的幾個幹部祕密向這些「黑五類」人員的家屬通風報信，結果這些家屬便起來鬧事，反對給高福興和胡德福平反。小平很震怒，指示我將北京市公安部門的這幾個幹部也作為三種人祕密殺掉。我聽了後很震驚，說我們現在講法治，怎麼可以這樣隨便殺人，四人幫也沒有這麼幹過呀？耀邦說，所以我內心有愧呀。但我已經指示將這二十四名幹部作為因公死亡處理了，也給了他們的家屬撫恤金。其中五個幹部也授予了烈士稱號。

一九八八年八月六日：耀邦說還有一事很後悔，凡是群眾給他寫信攻擊鄧小平的，他一律轉給公安機關，要求嚴厲查處，並將查處結果告訴他。結果有三百多人被判刑，其中六十多人自殺。

人與坦克

六四大屠殺後第五天，一九八九年六月九日，鄧小平首次露面，接見戒嚴部隊軍以上幹部，他有一個講話，其中特別提到「坦克壓過去」，他說：

這次平息暴亂中，我們那麼多同志負了傷，甚至犧牲了，武器也被搶去了，這是為什麼？也是因為好人壞人混雜在一起，使我們有些應該採取的斷然措施難於出手。處理這件事對我們軍隊是一次很嚴峻的政治考驗，實踐證明，我們的解放軍考試合格。如果用坦克壓過去，就會在全國造成是非不清。

這個細節刺目地披露，即便是決策殺人的屠夫，也在顧忌「坦克會不會輾人」；或者他已經被告知鎮壓中發生了「坦克輾人」，而故意在第一時間欲蓋彌彰？

北京大學古典文獻專業出身，後來成為「六四」屠城研究開拓者的吳仁華，親身經歷了極恐怖的場景。六月三日夜晚他留守在天安門廣場，與千名學生面臨屠殺之夜，「廣場槍聲不斷，天空就像放煙火」，直至清晨六點，他隨學生由廣場撤退到西長安街六部口一帶，遭遇戒嚴部隊坦克從後面追趕上來，「坦克行駛的聲音非常大，地面都在震動。大家都說『坦克來啦，坦克來啦』。」吳仁華回憶，他們快速地翻過路邊鐵欄杆，逃過坦克追輾，卻也有一些落在後面的學生，躲避不及，被坦克當場輾死：

我看到很多學生遺體躺在自行車上，現場非常血腥，非常震撼，太讓人憤怒。我當時想，如果手裡有原子彈，我一定抱著它衝去跟決策者同歸於盡。

他清楚記得，那輛坦克的編號是一〇六號。吳仁華早上十點鐘回到政法大學，看到教學大樓前擺放五具血淋淋的學生遺體。他跪下放聲痛哭，這一刻，塑造了他的後半生，他將餘生用來發掘真相、追討凶手，三十年裡完成了《天安門血腥清場內幕》、《六四事件中的戒嚴部隊》、《六四事件全程實錄》三部著作。

由肖強主持的《中國數字時代》的「六四檔案」收錄一篇署名「雨源」的文字〈「六四」坦克輾人真相〉，記錄「六部口毒氣彈，五個被輾死的學生」，恰好是吳仁華目擊的一個旁徵：

我隱約能聽到六部口對面的哭聲。我壯著膽子從最西面的坦克前繞了過去，來到了六部口十字路口的西南角。當時到處都是哭聲，待我走近一看，我一下子呆了，眼淚就像流水似的一下子湧了出來，坦克附近的情形太慘了，我實在控制不住，放聲大哭起來。五個被輾死的學生橫亂地躺在靠近人行道的柏油馬路上。最西面的一個離人行道二米多遠，頭朝著西北仰面躺著，腦袋中間開了個大洞，像豆腐腦一樣的白腦漿，參雜許多紅血絲向前刺出一米多遠。另外四個倒在他的東面更靠近人行道的地方，其中兩個被壓到了自行車上，和自行車黏到了一起。

據《自由亞洲電台》二〇一五年一月二十九日報導，加拿大國家圖書館和檔案館最近解密了大量有關一九八九年「六四」時期的文件。加拿大解密檔中一批外交備忘錄，描述了該國駐華使館官員掌握的部分屠城情況，當中包括一名老婦跪在士兵們面前為學生求情反被殺害；一名男孩拖著一名抱著兩歲孩童的女人逃走時被坦克輾過。根據紀錄，軍隊一度殺紅了眼，「士兵不斷開機關槍，直到彈藥用盡」，甚至「有坦克掉頭，將示威者輾成肉醬」。

人與坦克，成為六四話語中最為血腥、也最為本質的內容。北京體育學院學生方政，也在六部口被坦克碾斷雙腿，一九八九年六月四日凌晨，他和一個同校女生正從廣場和平撤退：

忽然傳來很多的爆炸聲，正好在我身邊也有爆炸物爆炸了，然後就升起來一團兩三米直徑的濃煙，事後我才知道這是一種毒氣彈。我身邊的女同學就站立不住了，摔倒了。我當時的第一反應就是把她往路邊，人行道那邊轉移。就在這個時候我的餘光看到，有輛坦克很快地向我們開過來，正對著，很快的逼近了我。坦克前面的炮管，都快到我頭上了。速度很快，想躲閃就已經來不及了。我自己就感覺到一種很沉重的壓力在身上，整個身體有一種緊縮的感覺，被軋上了。當時還有點意識，坦克的履帶絞住了我的腿和褲子，拖行了我一段，震動了幾下以後，我從坦克上掉下來，滾到了馬路邊，後來就沒有知覺了。

一九八九年六月四日，長安街上，一名中國男子，身著雪白的襯衫、手提兩個購物袋，獨自一人，隻身阻擋迎面而來的十幾輛坦克。

美聯社攝影記者魏德納（Jeff Widener），此刻正在附近一家酒店的陽台上，立刻按下快門，捕捉到這一對峙畫面。當時坦克試圖轉向繞過坦克人，但距離很近幾乎要從他身上輾過去。有關這一交會瞬間的影像，成為二十世紀最著名的照片之一，「坦克人」成為六四事件和八九民運的象徵，他也在全球範圍內成為自由和反抗的象徵，在照片、電視節目、海報和T恤中成為永恆。

但是直到三十年後，「坦克人」仍是一個謎。「正是坦克人的神祕使他得以永久存在——這讓他成為許多西方價值觀與希冀的符號。」美國路易克拉克大學（Lewis & Clark College）副教授珍妮佛．赫伯特（Jennifer Hubbert）說。

中共「六四」大屠殺死亡人數至今是謎。二〇一八年六月，香港《壹週刊》在翻查當年美國白宮的機密檔案中，發現華府曾透過中方戒嚴部隊線人，獲悉了中南海內部文件，評估

「六四」死傷民眾多達四萬人，當中一萬零四百五十四人被殺害。華府的機密檔案點名稱，中共第二十七集團軍要為流血負責，「六四」凌晨這支軍隊持最具殺傷力武器，在天安門廣場見人就殺。

二〇一三年四月，前蘇聯關於中共「六四」檔案解密文件顯示，「六四」大屠殺死傷三千人。

調兵過程中出現令人震驚的三十八集團軍軍長徐勤先抗命事件。楊繼繩的《中國改革年代的政治鬥爭》透露：

當時，徐勤先因患腎結石在北京軍區總醫院就治。五月十七日，徐勤先接到北京軍區的開會通知。這一天，他剛好結石被排出，情緒很好。參加會議的有幾位軍長。北京軍區副司令員李來柱宣布中央軍委命令，讓軍長們當即表態。其他軍長沒表示不同看法。徐勤先說：

「口頭命令我無法執行，需要書面命令。」

「今天沒有書面命令，以後再補。戰爭時期也是這樣做的。」李來柱說。

「現在不是戰爭時期，口頭命令我不能執行！」

「那你就給你的政委打電話，傳達命令。」

徐勤先給政委打了電話，然後說：「我傳達了，我不參與，這事和我無關。」說完就回到了醫院。他回來後同朋友談起這件事時說，他作了殺頭的準備。他說：「寧肯殺頭也不能做歷史的罪人！」

關於徐勤先抗命，還有另一個版本，出自他當年的司機。據稱徐勤先並未向前來傳達命令的人提及「口頭命令」，而是只提出一個問題：「為什麼這次非要攜帶重型武器？」——他指的是坦克。對方敷衍了他一句：「那我回去請示一下。」接著第二次再來人，就直接褫奪了徐勤先的指揮權並逮捕他，同時另派人來指揮三十八軍。

後來徐勤先受到軍法處置，在法庭上他也拒絕認罪，卻撂扔下一句話：「不是歷史的功臣，就是歷史的罪人！」此話直指鄧小平、楊尚昆，在軍中引起極大震動。

六四之後，楊尚昆否認他知曉軍隊開槍，說他當時正在人大會堂，聽到槍響後也感到突然。反對鎮壓的上將張震質問過楊白冰，到底是誰下令開的槍，楊白冰說他只是執行命令；北京高幹子弟中盛傳徐聶兩位老帥和陳雲，去世前都曾要求鄧小平講清楚到底是誰下令開的槍。

上峰不願承擔責任，軍隊便背上沉重包袱，尤其執行鎮壓任務的部隊，壓力尤大。傷及大批無辜群眾，和國內外的巨烈反彈，令解放軍視開槍為恥辱，地方組織群眾慰問在北京擔任戒嚴任務的部隊，後者都一再聲明他們沒有向群眾開槍。

二十七軍的境遇頗為典型。該部隊回到駐地石家莊後受到極大壓力，軍隊幹部的家屬，在地方都受到單位同事指責，他們的子女上學時受到其他學生的圍攻，菜店拒絕賣菜，糧店拒絕賣糧。二十七軍將士強烈要求軍首長能出面澄清事實，還他們一個清白。軍黨委不得不致信河北省委、省政府，請求他們秉告鄉親父老：「二十七軍這次沒有向首都人民開一槍」。

坊間據稱二十七軍是替三十八軍背黑鍋。三十八軍一怒之下狀告中央軍委，誰知軍委態度模糊，稱「開槍不一定不對，不開槍也不一定對，以後這件事不要再提了。」當時以代軍長名義率軍進京鎮壓的後任軍長張美遠，情緒低落，意欲退休回老家。一九九〇年初，總政治部擬在「六四」一周年廣泛宣傳「平暴」偉大意義，回擊國際上的「反華浪潮」，當時中央主管宣傳工作的李瑞環予以否定，總政主任楊白冰質問為何，李說是鄧的意見。「平暴」中曾被授予「共和國衛士」的軍人及家屬復員轉業前，紛紛要求從檔案中拿掉「平暴的業績」，擔心到了地方工作受歧視，更不願子孫後代背歷史的黑鍋。

至今，據說查遍軍委文件，始終找不到確鑿無誤的開槍命令。傳說鄧小平口頭上對楊尚昆有交代，楊尚昆偷偷錄了音。「楊家將」憑鎮壓擄獲大權，洋洋得意，遭忌各方權勢，終於被讒言到退居二線鄧小平那裡，據稱是江澤民使的壞，更有八卦稱，「九二南巡」後鄧小平搜查了楊白冰辦公室，搜出錄音帶，打倒了「楊家將」。

加拿大解密的「六四」文件中，包括中共政治局常委試圖向瑞士轉移鉅款的情況。

據《英國電訊》報報導，前《南華早報》駐京記者 Tom Korski 自加拿大國家檔案館取得一批機密外交文件，裡面記載加拿大使館人員引述時任瑞士駐華大使稱，八九民運爆發後，中共當局高層擔心政局不穩，中央所有政治局常委曾經接觸他，打探如何將鉅款轉移到瑞士銀行。

南方保守黨

美國新任駐華大使李潔明看鄧小平一針見血：「他屬於《舊約全書》那種人，一位不怕付出流血代價的革命家。」

但是他的老闆布希總統，卻給這位「六四屠夫」發去一封含情脈脈的長信。六月三日晚，軍隊開始進攻北京，布希即去電鄧，但沒有找到人；也有一種說法，鄧根本不理他。翌日（六四）上午，布希受到國會強烈聲浪的衝擊，要求總統立即同北京斷交，召回駐華大使，並採取總統所能做到的最嚴厲制裁措施。前大使洛德夫人包柏漪也從北京發來電文：「共產黨政權合法性已消失了」。可是六月二十三日，布希致長信給鄧，信中充滿了感情與恭敬措辭，表示他本人不願介入中國內政，並尊重兩個不同社會體制之間的差別。布希表示願意作為朋友般展開談判解決紛爭。

隨即布希祕密派遣斯科克羅夫特將軍（Brent Scowcroft）和伊高貝格訪問北京，並煞費苦心，為了瞞住媒體，對通信和專機作了嚴格保密措施，兩人自帶報務員，乘坐經過偽裝的C-141，像一架商用運輸機，空中加油，中途不停，二十二個小時直飛北京，七月一日到達。

他們向鄧小平解釋布希所受到的壓力，要求鄧合作，並強調美國的制裁是為了政治需要而並非永久性的。鄧小平的態度是我才不勒你們那一套呢，極其強硬地說：

中華人民共和國，是中國共產黨領導人民打了二十二年仗，如果算上抗美援朝，就是打了二十五年仗，犧牲了兩千多萬人，才贏得勝利。中國是一個獨立的國家，內政不容任何人干涉。中國不會跟著人家的指揮棒走。不管遇到什麼困難中國都能頂住。中國沒有任何力量能取代中國共產黨的領導。這不是空話。我們希望中美關係遵循「和平共處五項原則」繼續發展。否則，關係變化到什麼地步，責任不在中國。

中國卻別有深意地發表了鄧小平與斯考克羅夫特舉杯祝酒的照片，對美國輿論產生重大影響，比如一九九二年柯林頓在競選中，就說布希跟北京屠殺學生的人合作，令布希付出了代價。當年布希還批准出售四部波音七五七客機給中國。

然而肉食者之間也是要掐的。輿論說布希有一招老謀深算，即送「六四綠卡」給中國留美學生，將中國近二十年來被訓練成功的極少數人才大多留在美國——鄧小平恢復高考，十二億人裡受過高等教育的充其量不過一千萬，百分之一；這中間的百分之一即十萬人，由西方正規訓練出來的，其中十分之一即一萬人，乃是中國菁英裡的菁英，全數留在美國，這筆買賣鄧小平是賠得精光，中國資源匱乏、人口膨脹，算下來只有人才是唯一剩下的資源，還讓人才最豐富的美國掘走了。鄧小平輸在文明落差上，你可以顢頇，但是美國也不能跟你玩這一套野蠻的。

德州佬是要幫四川佬還是要坑他，全憑你怎麼看，但是這種純粹的肉食者「友情」顯然被美化了，老布希乃是用「六四綠卡」，說服國會通過最惠國待遇給中共，而往後三十年，西方慷慨給予中國的「戰略機遇期」，便始之於此，所以四川佬最終忽悠了德州佬，也要等三十年後，才由川普、彭斯出來驚呼「我們上當了！」這都是大歷史，我在這裡卻想講一點私人的小歷史。

八九年二月二十六日布希在長城飯店舉行總統告別宴會，一個選錯了時間、地點、客人的德州烤牛肉宴。即將卸任的洛德大使，有一個「中國持不同政見者」邀請名單，我也在那上面。那天傍晚，我坐輛小車往北京東郊趕去，沿途只見軍警林立、如臨大敵，我也不斷被警察攔住：「出示你的邀請函！」越接近那個飯店，攔截得越頻繁。我雖然一一過關，並最終落坐宴會席，同桌的還有當年「四大青年導師」之一李澤厚，但是我們都不知道，那一路上瘋狂的攔截對象，只有一個方勵之，彷彿一個國家的整部機器在阻截一個人。這幅景觀，文革中都沒有出現過的，真是大開眼界。後來讀老方的回憶文字，才知道「當局採用的五大對策」：一是戒嚴截車，二是「最高特工」攔路阻截，三是「停擺公共交通」，四是陪同「散步」，五是「護送」到記者招待會。

在當代中國政治史上，這是具有多重意義的一個標誌性事件。它測試了所謂「改革開放」

的邊界，展現了中共初級的國際交往和外交禮儀的水準，也包括其社會監督控制技術——中共當年真是「小兒科」，社會監控技術也有一個「現代化」過程，也是經濟不「起飛」就沒錢去買的。在另一端，這個事件也測試了中國異見者的承受力、公民社會的虛實。我覺得，後者其實更重要。一個極權社會的蛻化，必定導因於異見陣營的成長。當方勵之幾乎還是「冠蓋滿京華，斯人獨憔悴」的時候，你也別指望這個體制會收斂、社會能改善。

方勵之後來跟我描繪過他們當時的感覺：「就像在荒野裡被一群狼圍追堵截」。這個形容，給我印象深極了。這也是對八〇年代的另一種寫照——通常的說法是「開放」。今天，「荒野的感覺」，可以擴展到國內的無數維權律師、異見知識分子、訪民、民營老闆，甚至主張復辟文革的左派們。

講大白話，北京一場學潮，對四川佬來說是一場「暴亂」，對德州佬來說，也不過遙遠一點，乃是「東方」什麼地方的一場「騷亂」，然而兩者還是有區別，那就是死不死人和死了多少人。可是，「東方」的含義正變得非常具有吸引力，這是在中國做了幾年大使的老布希比任何人都明白的：一個龐大的市場。尼克森甚至在六月三日晚北京屠城之際急電布希，叫他別急於弄壞雙方關係，要從長觀察。他們都屬於「南方保守派」。

說起美國南方保守派，還有一個頗文雅的稱呼：新保守主義，卻絕對離不開石油，這是美國右翼的特徵。九〇年代初，有位國防部次長沃爾福威茨，研製出「美國第一」路線圖：一、控制全球能源和戰略資源；二、壓制所有潛在對手（包括以法德為代表的「舊歐洲」和聯合國一類超主權組織）；三、通過控制戰略資源，扶植「新歐洲」、「新中東」。他跟迪克．切尼、拉姆斯菲爾德並稱「三大右王」，然而他們還沒來得及照劇本演繹，「九一一」突如其來，倒也給了他們大幹一場的機會。美國發動摧毀伊拉克、利比亞、敘利亞以及阿富汗等的討伐戰爭，將中東伊斯蘭世界原本脆弱落後的結構化為沙漠，誰知中東難民卻可以橫渡地中海湧向歐洲，又令原本已被福利主義拖累的歐陸再被難民危機困擾——歐陸老牌帝國經兩次大戰已淬煉出「人道精神」，不忍坐視自己的前殖民地糜爛，更不忍拒難民於國門之外，真是「老革命遇到新問題」，而它們的小弟弟美利堅圖謀的「新歐洲」也化為烏有。

自二〇〇〇年起，小布希又當了兩屆總統，美國隱然有了一個「布希王朝」，已經出現壟斷政壇的世家現象，但民主政治底下民意只喜歡這類「太子黨」，也是沒有辦法的，因為老百姓認為政治這門專業也得讓「專家」來做，只有政治世家才能成專家嘛。布希家族是典型的商人階層，小布希也搞過石油，他上台一定是富人當道，而南方保守政治的信仰，國內經濟政策上主張大幅減稅、小政府、少管制、低品質政府服務，鼓勵資本主義和私人財富充分擴張，不怕貧富差距繼續擴大；他們覺得繳納高稅不應救濟窮人，而是應該用於美國為了全球市場發展軍備。美國的戰略是什麼？是以全球為市場維持美國一地的高消費，對華政策就是要中共合作，乖乖提供市場和廉價勞力，成為第二個南美，而尼克森、季辛吉（基辛格）的聯中抗俄已經過時，須轉變為中國成美國的投資場所，變成第二個日本，這種戰略設計也說，自近代以來中國跟美國是仇恨最少的兩個國家，中美結盟對美國最有利，但是中國的民主化呢？天曉得。

右翼當道八年，引出一部《華氏911》，美國最傑出的紀錄片導演麥可．摩爾，質疑布希家族跟沙烏地王室、乃至賓拉登家族的曖昧關係，出兵伊拉克發戰爭財，暗示布希政府催化九一一的「陰謀陽謀」，上映第一個週末拿下全美票房冠軍，摘取了坎城「金棕櫚」獎，但是有人則點出，它是替真正禍首賓拉登和沙烏地王室開脫。把美國言論自由發揮到極致的這位「民粹」藝術家，一貫的風格是煽情和娛樂反諷，由此在中文語境裡獲得「美國骨灰級左派憤青、資深的民主社會主義者」頭銜，他的憂國憂民傾向，令他的作品越來越滑向政治宣傳片。

我也看過一部「美國右翼」紀錄片，頗令人驚駭。那是二〇〇八年歐巴馬（奧巴馬）競選時，HBO電影頻道裡播出的，有人專門拍攝賓州、俄亥俄、印地安那、威斯康辛等中西部大州保守派的聲音，上鏡頭的清一色白人基督徒，國內政策上反福利、反社會主義、反同性戀和墮胎；國際政策反共反納粹，新近又加上一個反恐（反回教），所謂「右翼」的含義便在此，於是在鏡頭裡，歐巴馬成為一個多重交叉的左翼目標：因主張福利和社會主義而成「馬克思」，又因主張緩和跟回教的關係及撤軍而成「賓拉登」，不知為何又稱他「納粹」？美國右翼明顯有些「反智」傾向（討厭哈佛以及芝加哥——黑人政治大本營？）、僵化、非黑即白、意識形態至上，實在跟共產黨很相似，其優越感來自基督教之上帝「神授」，與共產主義者自命有「神聖使命」一樣。

二〇〇九年八月盛夏，我們還住在德拉瓦州，太太傅莉牙疼，竟是假牙下面的殘留牙根感染，我只好帶她往北去賓夕法尼亞界內找牙醫，頂在我們州頭上的那個賓州縣份叫Chester，幾英里便進入那裡，沿途竟是大片的牧場，美輪美奐的綠草坪一望無際，還有童話般的木柵欄和英俊的馬匹。賓州南緣這一塊並非農田，而是富庶的養馬居民，怪不得賓州一向都是保守共和黨的大本營，這些殷實農民也都是最基本教義派的基督徒，他們的生活環境，藍天綠茵靜謐，跟都市裡的快速擁擠緊張，不啻兩重天，太舒適豐裕了也不能沒有上帝，只是跟貧民窟裡的人不是一個上帝罷了。到了這種地界，你也才會理解那些反對歐巴馬醫改的保守派。我們來此已七年，竟未北上幾步逛逛這片牧場仙境！

「笨蛋，是經濟！」

這是一九九二年貼在柯林頓競選總部牆上的一句標語。無疑，我們也可以拿它來做「柯林頓八年」、乃至往後所有美國總統的政策主軸，以致後來終於有一個商業大亨勝選入主白宮。

進而，「笨蛋，是經濟！」何嘗不是中美關係的一個要害，並且在後來的全球化時代也成為國際外交關係的要害？

再進一步，柯林頓的「笨蛋，是經濟！」，其實正中鄧小平下懷，而成為中共及鄧後兩代繼承者的政策主軸，只不過修改成「笨蛋，是貿易！」，北京幾十年一貫制，並且大獲全勝；

最後，在爭奪市場、攫取利潤掩蓋下的政治博弈上，究竟誰是笨蛋，是中國還是美國？也就是說，三十年後，誰在訕笑而誰大呼上當？

究竟是誰忽悠了誰？

美國也有一個「黃金盛世」，柯林頓、希拉蕊（喜萊莉）是那個時代的金童玉女，雖然也伴隨著性、謊言和醜聞，而且大剌剌在電視新聞裡為大眾所消費。柯林頓常被描繪成「魅力無窮」、「光芒四射」，其實他是一個運氣太好的窮小子，他的兩個前任、南方保守共和黨人雷根和布希，拖垮了死對頭蘇聯、推倒了柏林圍牆，又收拾了海珊（薩達姆）、拿下伊拉克石油，美國正拔劍四顧心茫然呢，這時他坐進了白宮；等著他的，又是一波科技浪潮，電腦跟商業嫁接成功，零售商與資訊管理手段聯姻，互聯網技術直接成為生產力；還有一樣，就是股市紅火肥了升斗小民，美國想不「繁榮」都難。

但是美國的繁榮，缺了海外市場絕對不行，而自冷戰落幕後，這個市場的概念，也只鎖定在一個地域：剛剛走出毛時代的中國。尼克森講過一句著名的話：「以長遠的觀點看，我們根本承擔不起讓中國永遠處於國際大家庭之外的後果，因為它會滋生幻想、心懷怨恨而威脅鄰國。」這一派被稱為「密切合作派」，也叫「熊貓派」，它強烈批評「六四」屠殺後的對華「經濟制裁」，焦點集中在「最惠國待遇」問題上——這一待遇美國傳統上是不予共產制度國家的，最初為了聯中制俄而由卡特破例──「熊貓派」大老尼克森撰文說，取消對中國最惠國待遇，最大的受害者並非中國，而是「仰息自由市場的人們」。時至九〇年代中期，中共以「市場」交換「西方接納」的策略已經奏效，西方已經離不開香港這個轉口貿易基地，參眾兩院為此通過把最惠國待遇與中國人權掛鉤的法案，老布希給予否決，遭到柯林頓強烈批評。

華盛頓的政客們為了市場、貿易、廉價勞動力，拿了西方文明裡一個高層次的稀有價值，去跟魔鬼作交換。然而最有趣的是，兩廂都沒明白這當中的價值混亂，因為兩邊在不同的文明層次，高層次文明也是不懂低層次文明的。北京那邊將人權視若糞土，也多少覺得金錢還有點髒；西方資本主義，不僅利潤當頭，也人命高於天，他們反而不懂，這個星球上還沒有一個通用的人權標準，貧窮的、集權的、國家至上的第三世界，人命不值錢，這道理反而要讓中國異議分子們多坐幾年牢，才給他們啟了蒙；但是他們掛鉤人權，卻絲毫不能改善中國的人權狀況，反而被北京拿去煉成一種「人權外交」來跟他們玩兒，每年春天華府這裡討論一次，北京那邊還得查一查監獄裡有沒有「可換」的人犯。恐怖主義的目標，正是利用西方人道主義所給出的妥協，並充分地榨取這種妥協。「人質危機」本是國際恐怖組織同西方人玩的遊戲，在華盛頓的培訓之下，中共竟坦坦蕩蕩作了世界上最大的「人質綁票國」。

這種遊戲連續玩了七年，柯林頓上台便要另找一種更有效的玩法，他其實比老布希更徹底：貿易與人權脫鉤，接納中國進WTO，承認其永久交易夥伴地位（PNTR），這既是美國「重建」中國的開始，也是「養虎遺患」的開始，它比六四屠殺後布希「想幫鄧小平一個忙」所造成的後患，不知道嚴重多少倍。這廂江澤民心領神會，送上兩件大禮：中國簽署聯合國「經濟、社會和文化權利公約」，釋放魏京生去美國。

一九九七年江澤民和柯林頓互訪兩國，北京尤其對柯林頓頗為放得開，破天荒允許他到北大演講，也電視直播；中國電視也直播了江澤民與柯林頓的聯合記者會，這都令美國感覺中國領導層和江澤民很自信——這是不是就導致了柯林頓的那個錯覺：接觸政策，也就是讓中國入世，就會導致中國的政治改革？但是，柯林頓政府絕對向國會誇大了這個錯覺，否則國會永遠不會批准中國的 PNTR。

中間又來插曲。中國駐南斯拉夫大使館被炸和考克斯報告，令中美關係雪上加霜。考克斯報告（Cox）指控中國竊取美國核武等科技，將成為美國的下一個敵人——它後來被擱置，不過二十年後還會被川普政府再撿起來。北京那邊，江澤民也被指「出賣國家利益」，被迫檢討「中美關係」政策，前中國社會科學院副院長劉吉遭受嚴厲抨擊。其實，兩邊的政客都是在玩，柯林頓和江澤民二人反而是從所謂「大局」著眼不願鬧崩的。

二戰期間，馬歇爾到中國斡旋，希望國共達成和平協定；韓戰期間，杜魯門政府希望阻止毛澤東派兵跨過鴨綠江；越戰期間，詹森政府相信中國會節制在南越的參與，這一切統統落空了。所以柯林頓的天真，是有遺傳基因的，他的落空，至少也有三條：市場經濟並沒有開發中國的公民社會，反而被中共引向發展國家資本主義，做強做大國營企業，還奢望「二〇二五中國製造」，要做世界老大；第二，美國分享技術給中國，也被他們拿去升級對社會的全面控制，而且還盜竊更先進的技術，反噬西方；第三，美國也沒有震懾中國放棄世界軍事野心，更沒能阻止他們在太平洋地區的步步進逼，甚至謀求取代美國的地位。這一切，都要耗費近三十年歲月，才令華盛頓相信，卻悔之晚矣。笨蛋，是經濟嗎？

那麼好的景氣年代，偏偏鬧出了總統緋聞，老天爺真是對「代議制」的西方，刻薄了一點。一九九九年三月三日，ABC主持人芭芭拉對陸文斯基（萊溫斯基）的電視專訪，長達兩個小時，據說當這個節目插廣告的時段，許多大城市的蓄水量急劇下降，因為無數人乘機上廁所，不願誤掉任何一分鐘。

「柯林頓時代」結束於一個性醜聞。那天我在家看這個電視專訪，頗感慨美國當下的風俗。你可以看到一個當今美國青年的典型模式：我行我素，無羞恥感，名氣第一，分寸感的精明在於不犯法，唯一的恐懼是坐牢，對真正的權勢避之唯恐不及。這大概是西方現代文明以個人權利意識至上，唯以法律繩之所造就的人格。這胖妞的可愛之處，是不知道仇恨和報復，甚至沒有那種心眼，她說她被美國憲法「強姦」，那意思似乎是一種榮耀，如同她可以軋姘頭軋上總統，別人還沒這個本事呢。芭芭拉很厲害，問她為什麼保存著那條帶精液的裙子？她回答很妙：好玩呀，而且我裙子很多，以此避開了道德問題，或者壓根兒聯想不到什麼「道德」，可是對老太太芭芭拉來說，那裙子是「髒」的，胖妞這一代已經對此沒有髒的意識，這大概是個很微妙的文明的代溝；問她對檢察官作何感想？她很機敏的拒絕回答，非常世俗而現實；最大的矛盾還是對柯林頓，絕對沒有怨恨，胖妞知道自己被利用、受辱，但似乎也心甘情願，好像那是自己應該付出的代價，並且最終還是情誼不肯割捨。陸文斯基在此是能夠贏得世俗的絕大好感的。最後被問道：將來如何對子女交代？「媽媽犯了一個大錯誤」，還是笑著說的，似乎這只能是一個玩笑，子女絕對不會認真，還一定會心裡暗暗佩服這個當媽的呢。

至此，道德的張力已經達至頂點：人是最容易犯錯誤的生靈，尤其是道德的錯誤，在人性的合理性面前，道德化為烏有。而且，捍衛道德常常是一切惡的合理性的開始。

柯林頓是六〇年代「雅痞」對美國的報復，一種文化的報復：降低清教徒文化的道德標準。可能，這也是美國維持世界霸主地位必須付出的代價。看來，西方民主體制中的所謂「民意」，的確是由媒體操縱的，「民意」對議員們的表決選擇有極大影響力，因此媒體可以影響議會政治，是貨真價實的「第四權力」，這是「民主」體制的運行規律之一；而「民意」本質上又是被經濟狀況操縱的，政府搞好經濟，讓大多數人有錢可賺，安居樂業，這個政府就合格了，其他都可以不計較，這其實很符合資本主義的本質，經濟決定意識形態，所以馬克思在一定意義上還是很有洞見的。美國文化有其內在的分裂性：自由主義的價值與全球利益的貪婪，兩者最後要平衡在物欲滿足上，只有抵銷清教徒價值，最大多數人的最低利益，這個所謂「公平」在美國是實現了的，但必須以雙重標準犧牲全球的「最大多數人的最低利益」為前提。這就是美國神話的本質。不過，上帝的公平又在於，要美國人付出道德代價：

這就是柯林頓。冥冥中的「公平機制」在另一個英語國家也是起作用的：英國的黛安娜。讓這個古典世界唯一倖存的皇室出醜，又粉碎現代價值夢幻中的這對「金童玉女」，可能是一個真正的「古典的終結」。英格蘭精神始終是一個謎：他們的「理性」究竟是什麼？

狡黠一笑

一九九九年五月間一天下午四點鐘，魏京生從新澤西高速公路上給我打電話，說他下高速就走錯路，要我去接他。那天我們家的晚飯，是煮綠豆稀飯和烙餅，加鹹菜，他吃得津津有味，還抱怨他妹妹連鹹菜都不肯給他買。

我清晰記得，九三年九月某日車禍後的我，在水牛城一家醫院的大廳裡，等候妻子去做復健時，聽到廣播新聞裡說，坐牢十八年的魏京生被釋放了，不久他再次入獄，然而最終他將是中美貿易媾和中的一個關鍵角色，他自始至終是一個強烈的反對者，他說美國讓中共賺大錢，鑄成了大錯。

最早柯林頓派國務卿克里斯多福去北京，考察讓貿易與人權脫鉤的條件是否成熟，就想會見出獄不久的魏京生，但是中方阻撓他們會面。魏京生回憶說，中共黨內兩派勢力都不希望看到他與克里斯多福見面，「有一派反對江澤民的人就說，你要見了克里斯多福，貿易和人權就脫不了鉤了。所以一定要把你抓起來。但是江澤民這派認為，如果把你抓起來了，反而貿易和人權脫不了鉤。」

美國比中共還要在乎。在中國大陸有重大市場的那些美國公司，以及學界人士、退休的美國官員，一直敦促中共要為它自己在華府的利益努力，這方面最賣力的是季辛吉。然而，中共諸多違反人權措施以及以軍事演習恫嚇台灣的舉動，連國會山莊的那些「北京友人」們都非常擔心。六家美國大公司替中共在美國營造形象，直到柯林頓政府終於「脫鉤」，將貿易與人權分開來處理，「密切合作派」的觀點又占了上風。

然而，在中國入世後的三年裡，美國從中國的進口增長了百分之九十二，出口增長了百分之八十一。象徵著美國文化的可口可樂、搖滾樂和好萊塢電影也走入了千千萬萬尋常中國百姓的生活。二〇〇五年，中國已成為世界第三貿易大國，僅次於美國和德國，並在二〇一二年躍居世界第一。與此同時，美國對華貿易赤字的猛增，二〇〇一年，美國對華貿易逆差為八百三十一億美元，到二〇〇五年，對華貿易逆差飆升至二千零二十三億美元。到小布希卸任總統之際，美國對華貿易逆差已增至二千六百八十億美元。

到了九七年底，美國國會討論是否給予中國永久正常交易夥伴地位，魏京生說：「實際上 PNTR 那場鬥爭，在國會確實是美國近代以來最大的、最嚴厲的一場鬥爭。雙方觀點很尖銳，沒有一個議員敢說我不投票、缺席，也沒有一個人棄權。你必須表明你的態度。因為共產黨那邊的壓力也很大，白宮的壓力也很大。到最後快投票前幾天了，還有一個星期，人家統計，我們反對這邊的票數還是比他們那邊多。柯林頓都急了。」為此他在白宮會見了魏京生。

眼下九九年魏京生對中美危機的分析，有點離譜。他說炸貝爾格勒中國大使館是故意的，原因乃是歐洲將美國捲入科索沃危機，卻又去聯絡中國，使美國軍方恨極，就在德國總理到北京那天，大使館被炸，於是斷了他們聯手的機會。在中國那邊，這場危機又給了反對江朱的勢力一個反撲的機會，這個勢力的後台乃是喬石，北京這場民族主義高潮的後台其實是喬石，他一年前被江朱搞掉，正在伺機反撲，如今他可聯絡軍方批江的「親美路線」，先將矛頭對準朱鎔基，迫使江不敢再進世貿——魏京生癡迷於時政分析，但是一直都是國內那種揣度「小道消息」的老套兒，他分析，以喬石在中共經營多年的資本來看，他的勢力絕非如此輕易就會退出舞台，喬石勢力若上台，開始一定會極左——腐敗加「親美」，可能成為下一步中國最大的政治罪名，六四屠殺反而時過境遷了，在相當程度上，社會矛盾的焦點已經轉移，上海幫與柯林頓，聯手以腐敗吞噬中國，成為今日眾矢之的；美國這邊，Cox 報告出籠，國會也不可能批准了，這就逼得江非反美不可，由此江可能先犧牲朱，一旦江朱聯盟垮台，鄧小平安排的第三代就瓦解了，下面就有好戲看了。

六月間《紐約時報》著名的專欄作家 William Safire 撰文說，他這個禮拜想跟魏京生吃個晚飯，因為很仰慕這位反共異議者。他對魏的描繪也頗傳神：這是一個壯實、知性的黑髮男人，臉帶狡黠一笑，身姿昂然，海外另一些中國異議分子希望他在監獄再待十八年……。

這是一個很有意思的觀察。魏京生不僅不為中共所容，也不為他的同類所服氣，但他在政治上其實很清醒，在外國人看來他反而是intelligent（知性）的。魏本人大概很討厭中國知識分子，也有他的偏見，但是他這個人不吃捧，也不小性兒，對人有較好的判斷。西方人對人事的看法很值得我們借鑒，他們首先是超越道德判斷，然後是不問動機的，再有一點，是他們因為不願自己的特性被公眾社會同一化，因而也必須容忍其他任何人的特性，甚至strange，怪癖，所以他們不會品頭論足，容忍異端，只在保持距離下相安無事。這是一種現代文化，還是西方的傳統？中國的人際關係、人事習俗，在其傳統上是沒有任何不問道德、不問動機、容忍異端的資源的，所以大概只能是柏楊所說的「醬缸」，一切都攪作一團亂麻，人際間只有虛偽的應酬和欺詐，到政治層面則只有無規則的內鬥、傾軋。魏京生肯定一身毛病，甚至有一點「光棍」，可是他知道自己的位置，這個位置也是國際間承認的，他就在那裡發揮他的作用，這種作用，也不斷被他的同黨們破壞著、抵消著，要看命運還會給他多少時間和機會，他會不會撐不到時候就被自己的同黨們吞噬？他能熬出來嗎？

二〇〇〇年十一月十五日《華爾街日報》發表一篇揶揄魏京生的長文，極盡嘲弄之能事，以描繪魏之病態心理異常為主，很成功地告訴讀者他已經被中共監獄摧毀，是一個病人，從此文標題上就知道了，〈中國異議分子在美國自由中坐牢〉：

> 魏京生正沿著九十五號州際公路，在午夜的天空下急速南下。他從租來的斯巴魯後視鏡往後瞧著，並說他必須開快點兒，「我不確定是否有人在跟蹤我」，德拉瓦州正以每

小時一百英里的速度越過。

魏先生每天睡眠不足五個小時，手上隨時撚著任何牌子的香菸，從紐約到華盛頓四小時以上的行程，他只需兩個多小時開完，而潛在的追趕者會埋伏在每一個拐彎處。

這當然包括中國政府，畢竟它在極殘酷條件下監禁了這位民主人士十八年之久；還有跟隨他的中國民運人士——他管他們叫「瘋狗」，也有共產黨的代理人；有哥倫比亞大學，他的贊助人和房東，正在驅逐他，他說是因為政治原因；還有柯林頓政府，雖然他們在一九九七年歡迎魏出獄，「也是希望我死掉啦。」魏先生駕駛斯巴魯高速通過路牌時說道，那路牌上寫的什麼他不懂。他把他最近的多次車禍歸咎於神祕力量想讓他消失。

報導中最有內容的，恰好是關於中美貿易：

「有人說魏跟全世界作對，」大衛・韋爾克（David Welker）說，他曾是魏的助手。「要知道他是被單獨監禁的。」他剛放出來不久，美國的學者和政客向他介紹中國政策，一九七九年他被抓的時候，中美雙方互不信任，保持距離，但是這幾年裡，兩國在經濟和文化上已經深深地交織在一起，現在最大的問題是，華盛頓是否應該拿貿易作為影響中國人權的工具。

魏先生並無任何建議。他的解決方案是：完全切斷對華貿易。哥倫比亞大學教授安德魯・南森（Andrew Nathan）說：「我們跟他說：『這不在考慮之中，算了吧』，他從此不再搭理我們。」南森（黎安友）在哥倫比亞大學幫助安排流亡者，魏來到後不久他就與之接洽。「魏先生的觀點不是政策性的。」

從此倔強的魏先生走上一條沒有友誼和聯盟的失敗道路。他孤軍奮戰，不顧一切地反對中國政府。

當美國報紙拒絕他的文章或政客拒絕見他時，魏認為這是柯林頓總統命令的，因為柯林頓是對華自由貿易的擁護者。「我認為柯林頓是我的敵人，他也認為我是他的敵人，」五十歲的魏先生說。「當然，他不能直接說，但他可以叫別人讓我閉嘴。在中國，他們把你關進監獄；在美國，他們有其他方法來控制你。」

關於政府視魏先生為敵人，一位美國國務院官員說：「這不是真的。」至於魏說美國政府希望他死的說法，這位官員說：「他有權發表自己的意見，但安排車禍並不是美國政府的運作方式。」

在「孤立和創造」的小標題下，這篇報導認為魏京生的「固執」是監獄造成的。

他在監獄的頭七年都是單獨監禁的。他縮回到自己的頭腦中去了。他發明了節能高壓鍋和抗風打火機，後來又養了兔子。但大多數情況下，他撰寫批判中國領導人的大塊文章。警衛為了干擾他而不斷找茬兒跟他說話，要不就打他，或者讓他徹夜不眠。他並不反對這樣的接觸方式。

「一個人獨處十年，而不失去理智，大多數人都做不到，」他坐在自己的公寓裡，穿著T恤，光著腳，玩著一個銅製打火機，形狀像馬桶——「中國製造」他說。他的全部牙齒的確都脫落了（他現在戴著一套假牙），卻菸癮極大。「人家問我恨不恨鄧小平。我說：『我幹嘛要恨他？』」他說：「我最恨那些被中國政府虐待過，卻仍然替他們說話的人。」

北京釋放魏的幾個星期後，柯林頓總統把他召到了白宮。在長達三十分鐘的會晤中，魏先生以他的立場，跟美國國家安全顧問桑迪．伯傑（Sandy Burger）就華盛頓與中國接觸的政策，展開了激烈的爭論，最後柯林頓不得不勸架。

在不久後的國會簡報會上，魏先生與海外持不同政見者又發生一場激烈的爭辯，他稱對方是間諜，而對方控告他誹謗。去年在布魯金斯學會（Brookings institution）紀念北京「血腥鎮壓天安門廣場」十周年研討會上，他指責華盛頓與北京共謀，震驚了許多漢學家，「當然，我們絕對無法證明，中國發生的屠殺完全是美國政府的責任。但無論如何，這為我們提供了一個視角，去審視美國在人權問題上的態度。」

魏先生與政治現實之間的鴻溝，在華盛頓最為明顯。如今，魏將大部分時間用於就中國問題遊說政界人士。差不多要上午十一點之後他才出現，穿著寬鬆的藍色短褲和皮鞋，手裡拿著一盒法國高盧香菸，與保守的家庭研究委員會成員舉行戰略會議。他們贊同魏反對與中國建立永久正常貿易關係的立場，但當魏通過翻譯跟進討論時，他才知道該組織已經承認了該法案的失敗。（眾議院在五月份批准了該法案，參議院在九月份批准了該法案。）現在，該組織正在選擇其他議題：墮胎、農業關稅，以便集中火力。

「我們應該把所有這些問題都放在人權的保護傘下，」魏先生插話說。「星期四是西藏議題，星期五是人權議題，」一名遊說者提醒大家。魏先生不說話了。

後來，他在馬里蘭州郊區的一家百貨公司與「看不見的敵人」發生衝突。他要買一台大螢幕電視，可是他的信用卡被拒。「他們又給我添麻煩了，」他說。他聲稱，中國特工曾竄改他的信用卡。接著第二張卡管用了。

魏先生孤獨的生活並沒有困擾他。他說，當中國政權垮台，他當選總統的時候，歷史將證明他是正確的。「大多數人不同意我的觀點，但從長遠來看，他們會發現我是對的。」他說：「我的想法是在監獄裡想出來的。」

我記得魏京生跟我抱怨過，他的車胎無緣無故被人扎破，他說這是蓄謀他開上高速公路就出車禍，我說你有點疑神疑鬼。後來他又來我家時，我則問他：「你讓那位《華爾街日報》記者坐在你車上？否則她怎麼知道你開一百英里速度？」

他狡黠一笑：「是啊，我沒防她。」

著名漢學家林培瑞（Perry Link）給我寫來下面他的看法：

我個人認為《華爾街日報》的故事太刺耳了。遺憾的是，現在要想挑魏京生的毛病很容易，他的朋友和崇拜者（我自己也是其中之一）一直擔心這樣的文章最終會出現。這篇文章提出的實質性問題大多都是很有道理的：是的，魏偏執、武斷，他的輕率行為使他失去大多數潛在盟友，而且他與當前華盛頓關於中國的辯論的現實和可能性嚴重脫節，所以他在西方失去了威望和影響，那是當他從監獄被釋放並開始流亡之際所產生的很高期望，一個合理和重要的新聞故事。毫無疑問他仍然應該得到一些基本的同情和尊重，但是我覺得《華爾街日報》的文章缺少這些東西。例如，一個更加平衡的作品，可能更需要詳細地描述一個事實，即魏的不拘一格的頑固人格，恰好是令他能夠存活於十七年監禁，而他的明智和基本的人性（更不用說他的政治信念了）仍然完好無損。至於他不停吸菸，我認為這是當下美國一個很情緒化的問題，但是除了責難魏，文章中出現過六處，還有什麼重要含義嗎？一般的人，把他從將近二十年的中國監獄，突然放到華盛頓遊說場合的聚光燈下，可能在一年內就成了無可救藥的癮君子。

《華爾街日報》的這個記者叫張彤禾，Leslie Chang，曾到廣東東莞，花兩年時間追蹤採訪兩個打工女孩，後寫成《工廠女孩》一書出版。她的觀點自然是抨擊「剝削」，而且反對「全球化」，那恰好是中美貿易所締造的，兩端的受益者，是華爾街和中國權貴。

第二章

師夷

一九八八年，秋高氣爽的北京，我和錢鋼蹬著自行車，奔馳在二環路上，快到前門了。這位軍旅報告文學作家，寫過《海葬》、追溯北洋水師覆沒大悲劇，正氣喘吁吁的告訴我，他去煤渣胡同尋訪李鴻章的總理海軍軍務衙門，渺無蹤影，卻意外發現李鴻章故居賢良寺，寺旁正在興建「王府飯店」，那地皮恰是當年海軍衙門舊址，有一架巨型吊車高聳，上書日文「熊谷組」三個字。錢鋼說：「太諷刺了！」

幾年後，我在海外又讀到唐德剛教授那部膾炙人口的《晚清七十年》，他也曾將「北洋水師傳奇」娓娓道來，寫得聲情並茂，並對照當今，來了一句點睛：「一百四十多年之後，我們搞『洋務』的歷史又『重演』一次罷了。」

「洋務」始於林則徐幕僚魏源的那句話「師夷之長技以制夷」——「夷之長技」，只限科學技術，即堅船利炮。唐德剛界定「鄧改革」，不過是一次「洋務重演」，指的正是共產黨也只學西方「先進技術」而不動「制度」，「六四」後又開門狂引外資。

一八九五年甲午戰敗後，李鴻章向伊藤博文簽下《馬關條約》，賠款白銀兩億六千萬兩、割讓台灣，直隸布政使陳寶箴見光緒「泣曰：『殆不國矣！』」其子陳三立自武昌致電張之洞：「請奏誅合肥以謝天下」，雖然他們父子的問罪，不是責李「議和」，而是責他不肯力爭避戰，將國家「戲付一擲」。晚清自林則徐禁煙以來，與列強輕啟戰事而招禍，至甲午重創，始覺亡國滅種，遂成近代激變起點，一發不可收拾。

唐德剛稱李鴻章是「四化」祖師爺（辦夷務），以海關收入的百分之四十，約四百萬兩銀子，建成一支「世界第八大海軍」，但因為沒有「第五個現代化」（改制）而功敗垂成；梁啟超又說他是「以一人而敵一國」——合肥的剋星，就是那個挪用海軍經費造頤和園（至少一千萬兩）、也絕對不肯改制的西太后；日耳曼鐵血宰相俾斯麥曾揶揄李鴻章只會打內戰，中堂歎道：「與婦人孺子共事，亦不得已也。」最終，他還得背「喪權辱國」的黑鍋。

不過唐德剛說，「同治中興」這幫科甲正統出身的名臣，都是「槃槃大才」，「老實說，後來我們及身而見的國共兩黨之內的高幹黨官，有幾個能和這大群翰林進士之中的『文』字輩人物相比。」然而，難望祖師爺李鴻章之項背的鄧小平，因六四而發狠話「殺二十萬，穩定二十年」，果然二十年叫它崛起，只差還沒造出航空母艦來。

中共的「洋務運動」震驚西方，二〇〇五年美國兩大通俗新聞週刊先後以封面故事和系列報導推崇之，顯示他們接受了這個施行屠殺的獨裁專制，因為中國經濟的高速增長，啟動了冷戰後委靡不舉的西方經濟。另一層意義就是，這次「新洋務」成功了——李鴻章的那一次，只引進器物而不觸動大清政體，因北洋水師覆亡而被歷史否定，導致的一個思想史結論是：一個制度只做經濟層面的改革，而不涉及政治制度乃至思想、文化層面的變革，注定失敗。今天中國的「第二次洋務」，難道要修改這個思想史結論了？

唐德剛歷數清廷腐敗，從滿洲八旗「鐵杆莊稼」、賣官鬻爵，直說到「四萬兩銀子一天的宮廷生活」，他的結論也是：「我們甲午戰敗（一八九五年），非由於器械之不精也、資源之不廣也，或人才之不足也。我們之敗，是敗在顢頇落伍、貪污無能的政治制度……原來沒有趕上時代的政治制度，則縱有超等的堅船利炮，舊瓶裝新酒，也無濟於事。」

唐教授辭世前，應該是看到了中國「崛起」的，可惜我們不知道他作何感想。二十年來，中共甚至就是靠「腐敗」而「起飛」的，拿「同治中興」跟它相比，要算很廉潔的了，不要說「同治名臣」，不可與中南海的那班工程師們同日而語，連西太后都難望江胡「盛世」之項背也。

他們創造了一個「中國模式」，令古今中外統統「跌破眼鏡」：這個「奇蹟」的發生，既不是經由了西方殖民，也不是本土資本主義，而是靠血腥的集權維穩；支撐這個模式的內在邏輯，不是反資本主義的馬克思理論，而是「亡國滅種」的民族恥辱和恐懼。由此觀之，甲午國恥在一百多年前，就為中共儲備了「崛起」的意識形態能源。這一百多年，中華民族基本上是白忙乎了。

趙紫陽

半個世紀的美蘇對抗，在東亞築起一道冷戰疆界：台灣海峽、朝鮮半島的三十八度線、中南半島的北緯十七度線。在這個結構下，東亞持續了四十年的相對穩定，出現了日本的「經濟奇蹟」和亞洲四小龍的經濟起飛。回頭去看，好像沒有蔣介石、毛澤東兩個東亞強人，以及金日成、胡志明兩個小獨裁者，就沒有工業東亞；其實更基本的因果，乃是沒有美國的軍事訂單，就談不上東亞快速積累財富的勞動密集型產品的來料加工模式。曾經的殺戮戰場、分疆裂土，竟孕育了東亞繁榮，這種偶然性，也種下了日後的隱患。

八〇年代，蘇聯帝國崩解，東歐陷入經濟困境和民族纏鬥，英國發生歷時最長的經濟萎縮，失業人數大增；連冷戰大贏家並打勝海灣戰爭的美國，也出現戰後最大的經濟衰退，整個西方跌入不景氣的陰霾。相比之下，地球另一邊的東亞，卻成了一個亮點。日本取代美國成為世界最大的債權國，一九九一年台灣外匯存底超過八百億美元，居世界第一。朝鮮半島軍事對峙也緩解了。

對於剛剛走出封閉、極權的中國來說，最便捷、難逢的機遇，就是把一百多年前的「洋務運動」找回來，只需要把關鍵字從「奇技淫巧」轉換為「姓資姓社」而已。鄧小平一九八〇年從廣東擢升趙紫陽來做總理，是為一場「新洋務」的啟動。此際的分殊，在鄧小平主張有限市場經濟、對外開放，而陳雲則堅持中央計畫指令，並以「反自由化」、「清污」牴觸之。四五年間通貨膨脹，一九八八年零售物價指數上漲百分之十八．五，人心浮動，第二年便爆發學運、戒嚴鎮壓。這段「新洋務」觸礁於民間抗議，並誘發高層權爭，以至於流血政變，因「垂簾聽政」故事重演，與晚清頗可一比；趙紫陽的「一個中心（經濟建設），兩個基本點（「四項基本原則」、「改革開放」）」，亦頗得張之洞「中體西用」的神髓。這次洋務運動與晚清最大的區別，是毫無外患（割地賠款），鄧小平亟需跟洋人做生意，乃是「救黨救國」。

「要吃糧，找紫陽」，一個前現代農業社會的偉大順口溜，實在是低估了這個中原人。趙紫陽洞悉發生在東亞的一種「滾動」：

> 從亞太地區來說，首先是美國把這種勞動密集型的生產和製造業轉移到日本。日本利用這種機遇發展起來了。然後美國、日本又把這一部分生產、製造業轉移到四小龍那裡去。隨著四小龍經濟的發展，日本、四小龍正在把這一部分產業轉移到東盟國家。這種經濟結構調整的過程，從世界範圍也好，從亞太地區也好，是不會終止的。這種經濟結構滾動式的轉移對不發達國家確是一種機遇。過去由於我們閉關自守，不開放，又實行僵化的高度集中的體制，資訊也不靈通，所以好多次機會都錯過了。現在這個機會再不能錯過。

他還必須說服中南海裡只懂「吃飽肚子」的那批人——餵飽四億人，曾是四九上台的這個政權令西方刮目者。他在醞釀「把沿海一億到兩億人口」，推進這種「滾動」裡去。「大進大出，兩頭在外，開展國際大循環」，雖然那時他接見台灣長榮集團董事長張榮發，還半信半疑地問：你們台灣不簡單，地方那麼小，外匯儲備就有幾百億？張說，這不難，你們只要按現在的政策搞下去，不用很久你們就會有大量的外匯儲備。如果說鄧小平稱得上「改革總設計師」，他不過就是選對了趙紫陽這個人。

這裡講一個蠻有趣的細節，來自趙的祕書李湘魯。任教澳大利亞的經濟學家楊小凱，一九八九年元月請李湘魯轉交一封信給趙紫陽，認為中國人口龐大，加入國際市場會破壞國際經濟結構的平衡，造成全球資源短缺，導致國際政治格局的變化，等等。趙紫陽僅聽李湘魯簡述了楊的觀點便說，這些意見我都知道，不聽了。事情一定要做。

李湘魯當時感覺趙很「決絕」，後來隨著時間推移得越久，才越看得清楚，他說：

沿海發展戰略讓中國贏得了二十年以上的和平發展機遇，對世界經濟和政治格局產生根本性的影響，是一九八〇年代最富遠見也最成功的經濟戰略設計。當人們每每得意於中國坐擁數萬億美元的外匯儲備，躋身世界第二的GDP時，我就不由得想起紫陽那天決絕的回答。

趙紫陽說他在廣東工作多年，比鄰港澳，對國際市場和對外貿易了解得早一些。從這裡也可以解讀更深一點的中國現代史。從歷史長程看，中國的內陸性從根本上抑制了南中國和海洋的作用。二十世紀初以來，從中國東南興起的資本主義的政治和經濟力量，在短短半個世紀裡就被歷史淘汰，蔣介石之敗退大陸，即是新興資本主義力量無法戰勝中國強大的內陸性的一次歷史性失敗。一九四九年奪取政權的共產黨，就是靠這個內陸性贏得了江山，但是它不過是在中國複製暴秦暴隋，統治不到三十年也同樣被這個內陸性拖垮，陷在貧困落後裡不能自拔。趙紫陽當總理後，就籌畫沿海發展戰略多年，及至開發十四個沿海城市為特區進行海外貿易，無非是放開對南中國的捆綁。這個南中國對於香港、台灣、日本乃至歐美的意義非同尋常，它就是所謂「亞洲第五條小龍」，後來的「太平洋時代」也好，「大中華經濟圈」也好，甚至色厲內荏的「大國崛起」，都不過是它的延伸。

趙紫陽有本事引來滾滾「通洋之利」，卻不幸被天安門學潮折損。他從北韓回來發表五．四亞銀講話，七所大學復課，形勢已緩和。這時何東昌卻放話說趙講話跟「四二六社論」不一致，不代表中央。趙紫陽在回憶錄中說：

由此學生就越發有顧慮，要求對「四二六社論」有個說法，而那邊一些人則堅持「四二六社論」不能退，並還搜集一些有刺激性的材料往鄧那裡送，還發表一些刺激學生情緒的話，搞兩面挑。而我和學生也沒有聯繫，兩面都不買我的帳，我處於十分困難的境地。學生這邊越要求對「四二六社論」有說法、對政府施加壓力，鄧的那邊決心也越來越大；學生鬧得越厲害，李鵬、北京市委對鄧小平的影響也就越來越大，這就形成了僵局。

此乃一場歷史大波瀾的漩渦、風眼、關鍵細節，一個低劣格局的政治運作的奧祕。它也令人聯想起晚清，光緒下祕詔，維新黨人卻去找了袁世凱，於是帝制維新的契機喪失，王朝崩潰、軍閥坐大，社會解體，又為血流成河的革命作了鋪墊。

一個偶然的因素，某個人的選擇、錯失、性格毛病等，導致了長久的歷史走向，其背後的制約因素，則是極為淺顯的。顢頇的歷史怪獸哪裡會有什麼規律可尋？不過是無數人的偶然行為的一個綜合結果而已——前現代社會的結構，沒有橫向聯繫，特別是其權力結構中，上層與下層更無聯繫管道，所以權力頂峰即使存在所謂「改革者」，其成功的機率也很渺茫，毋寧只是運氣和賭博。

趙紫陽受良知驅動，而反對開槍鎮壓，不惜牴牾恩師鄧小平，被廢黜後也拒絕檢討，真正難能可貴。他在回憶錄裡也不避諱談黨內刮起一股「倒趙風」，其間自是一些意識形態和權力的錯綜複雜，但是他把中國推進「國際大循環」，有傷及中共權力根基之虞而令元老們恐懼，才是他下台的原因。

韜光養晦

「六四」屠殺和接踵而來的蘇聯東歐巨變，也許是一個巧合，卻對北京政權的合法性，構成前所未有的挑戰。鄧小平當即提出兩個方針：「韜光養晦」和「絕不當頭」，前者應對西方制裁；後者應對蘇聯解體所引起的「社會主義陣營」坍塌局面，鄧小平的話叫做「我們不扛大旗，誰願扛誰扛去」。兩者的基本策略，都是避開鋒芒，不當「出頭鳥」，以爭取喘息的機會。稍微熟悉中國歷史的人，都會由此聯繫起類似越王句踐「臥薪嘗膽」、韓信「胯下之辱」的歷史典故，甚至幾年前林彪對毛澤東的「韜晦之計」，也是一種「古為今用」。可惜對淵源流長的這種中國「光棍」傳統，西方現代政治學很缺乏研究，而這段頗有研究價值的中國外交史課題，至今空白。

九〇年代初中共的重大戰略變更，並未引起西方的注意。基本上，中共把社會主義與資本主義的較量，從冷戰形態轉換成另一種經濟競爭的形態，嘗試極權制度以市場經濟改革而存活下去的途徑，他們正是通過西方的經濟學觀點，看到了相當大的可能性：經濟生活的國際化、區域集團化（西歐、北美、東亞三個「經濟圈」的出現）使美國主導的「世界新秩序」矛盾叢生；跨國公司和跨國銀行對世界經濟和貿易的控制，是超制度超國界的，其利潤第一的本質決定了中國巨大市場在國際事務中的舉足輕重；全世界居民不分國籍都更喜歡舶來品，使勞動力低廉的中國對西方具有長期的競爭優勢，等等。因此，他們認為：

——世界經濟處於低潮，發達國家在衰退和滑坡，「我們所處的東亞地區，又經濟最活躍，發展最快」，「我們可以利用矛盾，趨利避害」，「盡快調整產業和產品結構，提高國際競爭能力」；

——「國際上資金短缺將會長期存在，但我們周邊的日本和四小龍卻有剩餘資金提供」，「我們有天時、地利、人和之便。只要不斷大力改善投資環境，特別是加快體制改革，我們在引進外資上仍有較大活動餘地」；

——世界軍備競賽下降，各國都在調整戰略，九〇年代是發達國家和新興工業國經濟轉型時期，「這對我們也是一個重要機會」，「可利用他們轉型的時機，引進設備，填補空缺」……

總之，一九九二年前後中國充分認識到經濟發展的外部環境的有利性，並且強調「危機感和緊迫感，絕不再喪失這次有利時機了」。鄧小平的基本思路，是在國際間絕不取代前蘇聯挑頭與美國抗衡，而是偃旗息鼓，開放市場，養精蓄銳（增強綜合國力），待以時日。不錯，中共的確是在走進國際市場和國際「大家庭」，但是它不是來當「乖孩子」的。

今天回頭去看，「六四」後成功打破西方制裁，頗得益於主導這一時期中共對外政策的這個最高準則。一九九二年九月中共外長錢其琛發於黨內的《關於國際形勢問題》報告中稱：「面臨這樣巨大的變化（指「六四」後的國際制裁），我們對外工作的基本方針是冷靜觀察、穩住腳跟、沉著應付、韜光養晦。經受了一次又一次的衝擊和風暴，可以說我們站穩了腳跟。」

錢其琛特別談到「打破西方制裁」的有計畫部署，其第一步就是海灣危機時沒有在聯合國安理會使用否決權，頗有深意幫了美國一個忙。有趣的是，美國政治家對這種中國式的韜晦之計全然沒有感覺——李潔明接受香港《開放》雜誌採訪中，列舉四個事件證明「中國願意成為國際社會一員」的看法，第一個提到的就是這件事。可是，你聽錢其琛是怎麼描述的：

「我巧妙利用美在海灣問題上有求於我，去年（一九九〇年）底實現了外長對美的正式訪問，會見了布希總統，打破了美不許兩國部長級官員互訪的禁令，是中美關係的一個突破。」進一步撕開這個口子的辦法，是說服美國不再堅持西方國家在世界銀行對華貸款上保持制裁的一致立場，當年就拿到了七個億。他們對此叫做「分化瓦解」、「充分利用西方各國之間的矛盾和美國統治集體內部的矛盾」，其中又特別利用美日之間的矛盾，最先使日本放棄制裁，第一個去投資，給予充分優惠，讓西方各大財團和公司急得直跺腳，自然會去遊說國會。到這個火候兒上，中國便組織赴美採購團，一次就簽了十二億的合同。

一九九三年夏天，鄧小平突然說了一句「國際環境對我們有利」，其指蘇聯垮掉了，中國解除北方威脅，可以走向太平洋了，當時出現很多說法：「太平洋時代」、「中華經濟圈」、「天時地利對我們有利」、「走向大洋練兵」、組建遠洋海軍，向俄國買航空母艦，等等。這個改弦更張，令國務院國際問題研究中心詮釋鄧的判斷，對國際形勢作重新評估：

——兩極格局崩潰，世界大戰打不起來；

——蘇聯瓦解解除了來自北方的威脅；

——東西方的矛盾已經轉化為西方內部的矛盾，美國已明確把德國和日本定為主要對手，而不可能把中國當作主要對手；

——歐洲依然是美國的對外戰略重點（外貿的三分之一和國外投資的二分之一），亞太地區在相當長時期不會取代歐洲，美國不可能揮師東向；

——亞太出現真空，要由中國來填補。

基於這種估計，一九九四年以後中共的對外態度，迅速突破「冷靜觀察、穩住腳跟、沉著應付、韜光養晦」格局，開始頻頻主動出擊、咄咄逼人，其情緒化的、不克制的態度是九〇年代初以來所鮮見的。最突出的就是製造台海緊張局勢，甚至不惜在東亞海域搞「導彈危機」，由此引起東亞周邊國家，以及日美的不安全感，絕非前幾年「如履薄冰」政策的自然延續。

因為「韜光養晦」也是中共一貫衡度實力以「隨機應變」的權謀，期間參雜黨魁個人事功野心、情緒誤判等因素甚多，如這次台海危機，明顯肇因於「統一台灣」乃鄧小平可超越毛澤東的罕見機會，令其不惜一搏，但是因此觸犯整個東亞、犧牲中共具有巨大經濟和戰略意義的亞太地區的形象，常情上講不通，也得不償失。不久中共果然在智慧產權問題上對美讓步，並以此為標誌，又開始「韜光養晦」起來，內部文件和公開宣傳均重提鄧小平「六四」後「韜光養晦」的策略。作為指標含義的《中國能說「不」》一書的出現和暢銷，正好是中共前一段對外擴張在民間產生的情緒後果，但是這種情緒已不符合中共新近的收斂策略，此書才遭到壓制，卻在國際間造成錯覺，掩蓋了中共的這種政策轉軌。中共徹底摒棄「韜光養晦」計謀遲至二十多年後的習近平當政，但是其機制仍然一脈相承，不過是黨魁個人事功野心、情緒誤判而已。

海派

「六四」屠殺後，連楊尚昆、王震等老人都出來呼籲不要干擾經濟建設；陳雲的心腹宋平，也到「上海幫」裡去挑選幹部了。大家都覺得，還是鄧小平的老把式單純、管用，不管這個江山姓資姓社，只要姓共就好；上上下下都高喊「把經濟搞上去就能防止和平演變」，民間的大實話卻是：「不改革等死，改革找死。」這又引出晚清故事來，當年慈禧殺了維新黨人，又鬧出一場「拳亂」，自己竟被八國聯軍逼出北京。訂了奇恥大辱的《辛丑和約》後，她也想搞變法了，問榮祿如何。榮祿老老實實告訴她：變法能救中國，但救不了大清。當下鄧小平找來的兩任總書記都裁了，他也只好接受元老們從上海選來的江澤民，但是沒有人知道江是塊什麼料。

隔開三十年距離再來評估，你會發現中共這個制度，猝不及防中產生的接班人，往往是最佳人選。前面的一個例子是華國鋒，毛澤東臨終指定他「你辦事我放心」，他反而決策抓了「四人幫」，改朝換代。下一個例子，就是江澤民，他幾乎是以一個京劇二丑的模樣登場——後毛時代的中共「統治人格」，有一個「祛魅」趨勢，從毛到鄧，「魅力」一次性大跌損；再從鄧小平經由江澤民的「丑角（滑稽）型」，走到胡錦濤的「平庸（唐氏綜合症）型」，不期然吻合了「韜光養晦」的權謀，若非精心設計，而是本色如此，皆稱得上為騙取天下的大奸。

九〇年代末，民間謠傳秋日某晚，在哈同公路佳木斯到樺川路段，有數不清的青蛙跳到公路上，被急速行駛的車輛壓死，透過車窗可以看到遍布公路上的青蛙屍體，支離破碎，坊間由此生出一則「蛤蟆精」段子，影射江澤民。當民間瀰漫著一種蔑視情緒之際，《南華早報》中國版編輯林和立卻指出，江澤民是一位被低估了的政治家，端看他上台後的手段：頭一招是借黨內民間的「六四」怨氣，以「陳希同、王寶森」大案，擺平驕橫的北京市委；二是針對最具挑戰性的喬石，否決中紀委關於各級紀委獨立於地方黨委的方案、反對全國人大提議將「武裝力量服從中國共產黨的領導」改為「對人大負責」，也籠絡了軍方，兩招便令喬石勢力急劇跌落。

縱觀「江核心」時代，這廝幹了幾件事情，叫中共平順捱過「六四」危機：

一、讓黨和國家皆徹底腐敗、爛掉，即所謂「悶聲發大財」；

二、與西方妥協，絕不跟美國搞對抗；

三、師夷之際，也操弄「義和團」於股掌之上；

四、以民族主義替代馬列主義，作為執政的意識形態。

據說，鄧小平給江澤民的政治遺囑是：「絕對不跟西方翻臉」，然而江在國內放縱仇外思潮氾濫，以為平衡；再大舉引進外資，又拆除「社會主義」，將中國轉型為廉價勞力的世界工廠，重鑄政權合法性於「經濟起飛」基礎之上，打造出一個「軟紅十丈」的盛世，不可謂不成功。

從上個世紀末起，中國人染上「憎羨交織」的人格分裂心態，始之於江澤民操弄的「內外二元分離」——政府親美親西方，卻煽動民眾仇外仇日。一九九二年春有一場「反殖民文化運動」，自瀋陽至北京、上海、武漢，刮起了一陣拆招牌風，所有帶有「媚外」色彩的店名，紛紛換招牌，重辦營業執照，如「帝王」改為「國旺」，「帝國」改為「祖國」，「路易十三」改成了「英模城」；上海甚至擴展到更換街名，因為「封建主義、殖民主義色彩太濃」。

這個搞笑時代，也是「抗戰神劇」的高產期，值得一議，所謂「情節雷人台詞低俗」，被網友用「四化」形容：戰爭遊戲化、我軍偶像化、友軍懦夫化、日偽白癡化——在沒有言論自由的社會裡，人性受到某種禁錮，社會人格的發展就被限制在一定的宣洩區域，如逞口舌之快，又借互聯網獲得長足發展，氾濫無度，以此解釋中國人靠低俗、下流過嘴癮蔚然成風，再恰當不過。這絕非僅僅「文化商業化」而已，背後須有制度化的政策和財力支持。

二〇一六年夏海牙法庭裁決中國對南海沒有主權，網上出了一個段子：中南海決心打大仗，是不必懷疑的，現在的問題是：一、戰場選在橫店還是中山影視城？二、戰役任務到底交給八一廠還是華誼兄弟？三、前敵指揮選馮小剛還是張藝謀？四、還用不用抗戰神劇名角、嫖娼被抓的黃海波？反正中國只贏不輸。

英國諾丁漢大學亞洲研究所網上刊物「亞洲對話」（*Asia Dialogue*）一篇分析文章統計，二〇一二年中國政府批准三百零三套新的電視劇當中，超過一半的故事是關於「革命」，其中絕大多數都是反日戰爭劇本。對製片商而言，只要抗日的劇集申請批文，必定可得，而且製作低成本，日本人畢竟也是亞洲人，導演只需聘用中國的臨時演員扮演日本兵，他們大多數都是鄉下的農民，每天工資只是七美元。這些抗日劇大多在日間播出，所以觀眾大多都是退休老人或者鄉下人。然而這些電視劇的品質頗受詬病，最典型的例子，是女演員葛天在劇中把一枚手榴彈藏在她的私處，他的男友在關鍵時刻把手榴彈拔出來引爆而跟日本軍官同歸於盡，其引來的評價是「賣弄色情也是愛國」，而很多抗日劇都有被性侵害的中國女子，又構成另一種荒誕。

中國的仇日反美民間活動，多年發展後漸生成為一門數以億計的愛國宣傳生意。浙江省橫店蓋了一個規模龐大的影視城，號稱「東方好萊塢」，自二〇一六年以來，旅遊業的受益達到一百六十五億元人民幣。以每年平均計算，單是橫店這個影視城就出產了五十套抗日電視劇。一名姓施的臨時演員告訴記者，他最忙的一天，需要在八套不同的抗戰電視劇裡扮演日本鬼子，他當天死了八次。

不久中國在「釣魚島」爭端中爆發的反日狂熱，表演了由官方操縱的民間「政治參與」模式，令全世界跌破眼鏡：中共二十年來、尤其是茉莉花運動以來，最忌諱街頭運動，不惜耗費高於國防費的巨額資金來防堵，今天居然肆無忌憚地「自我導演」一場群眾抗議、砸店燒車、蔓延一百多個城市，規模空前。他們要向國際社會證明，他們用「民族主義」就可以把人民玩於股掌之間。慘不忍睹的是，民間鬱積的憤怒，借由「刺刀對外」的官辦臨時孔道而發洩，人們竟也自得其樂。

美國 B-2 戰略轟炸機投下的五枚鑽地彈，由貝爾格勒中國大使館地下室發出來的神祕定位信號引導，飛進那裡開炸——原來一架被擊落的 F-117 戰鬥機殘骸，隱藏在此，而中國人不知道它的內嵌式電源仍在工作。這個意外給世紀末添了一個大麻煩，剩下就看中美兩廂政客怎麼擦屁股了。江澤民玩了好一陣子仇外民族主義和親美政策的平衡，玩得叫老毛老鄧都要刮目相看，這個意外如果打破他的平衡，就會把中國撥到另一條道兒上去。政治局緊急開會，竟然同意學生上街遊行。學生也是找碴兒上街，北京、上海及全國各大城市的學生圍攻大使館、燒汽車，幾近暴動，外電稱「學生怎麼同政府配合得這麼默契？」從 CNN 電視新聞裡看，那些遊行示威的北京學生，跟十年前的天安門學運，完全是另一代人，感覺「天安門時代」真的結束了。中國的青年，如今是恨死美國，卻做夢都想來這個最恨的國度。北京反美怒潮第四天突然收場，顯示中共可放可收，已然成為擁有宗教式狂熱擁戴的東方強權，與伊斯蘭互為軒輊了。

江澤民似已穩住大局，上海幫很得勢，感覺有一個「海派」在中國崛起。近代中國說「海派」，專指「上海灘」，晚清開埠，通商口岸，華洋雜處，十里洋場，既是江浙財團的大本營，也是國民黨的大都市，乃中國「現代性」開場之地；中共歷來也有「海派」，早期在「白區」的周恩來、陳雲，都有旅歐留蘇、受訓於第三國際的背景，也對毛鄧均有駕馭的技術，都是不倒翁；文革中，又有「四人幫」發跡於上海，橫行一時，天怒人怨，留下螃蟹「三公一母」之談。

一九九六年初，正是我帶癱瘓妻子瘋狂求醫之際，常常跑紐約曼哈頓和法拉盛找針灸醫生，有一次偶遇艾端午，就聊了幾句，聽他大講一通怪論。他說，國內民族主義情緒極高，百分之九十五的人願「為祖國而戰」；江澤民是中共歷史上最親美的領袖，但內部對他壓力極大，李登輝訪美成功後，全國各省通電批評江軟弱；中共欲與美國一戰，而美國軍方算過帳，同中國開戰需花七千億，沒有這筆錢；李登輝向日本承認「拖美國下水」與中國一戰，此乃日本削弱美國之謀算，中美之戰後日本便天下無敵。這套怪論正在中國流行。

師夷之際，又操縱「仇外」，乃是晚清以來的一個傳統，最著名的事件，即西太后找來義和團「扶清滅洋」，鬧出「庚子之亂」，引來「八國聯軍」，否則這一切都不會發生。所謂「外辱」的根源都在「內擾」，當時慈禧要廢光緒，而民間有一個「反清復明」的地下組織，清廷將其轉化為仇外工具，初始好像很聰明，哪裡知道不堪一擊，結果《辛丑和約》賠得更大。但是後來列強大多退款，尤其美國設「庚款獎學金」，第一批留學生中便有胡適、趙元任、竺可楨，他們後來開啟了「五四」時代。這個變局，讓我們看到的，不是人事，而是一股趨勢，無可阻擋。此歷史之詭譎。

鬼貓

鄧後這一代「海派」，以江澤民為傳人，脫去中共基本教義派的冥頑愚昧，較有工具性，與國際交往能張能弛，而且一口氣做了二十五年，讓胡錦濤當了十年傀儡。「六四」大開殺戒，陳雲便說「還是我們自己的子弟接班比較放心」，卻不料江朱幹得太出色，太子黨朝他們要回這江山社稷，也非易事，二〇一〇年夏紛傳北戴河會議，「老同志」宋平代表萬里、喬石等，怒批江澤民「禍國殃民」。江澤民的邏輯則是，你們野戰軍開進京師殺人，要我來「挽回合法性」，那是容易的嗎？我不要說什麼禮義廉恥了，流氓特務黑社會都使上也不管用，所以才重用周永康這種肆無忌憚之徒嘛，但最終還得你們來埋單呀。

鄧後「繼承人」也出現危機，跳出來一位「薄二哥」，挑戰「弱主」胡錦濤，鄙夷其為「漢獻帝」——被董卓扶為天子的陳留王，這個典故他用得太妙了：江澤民不正是那個董卓嗎？習近平有今日，全依仗「上海幫」加「團派」的能耐，以谷開來毒殺洋人而擺平其夫，薄熙來終於成了被鴆殺的「少帝」。

前面提到趙紫陽開啟「新洋務」，遇學潮而折損，所以「六四」是一個分水嶺，九二年「鄧南巡」，啟動後期「新洋務」，直接誘因則是「蘇東波」共產體制坍塌大潮的威脅。後期的「李鴻章」是朱鎔基，大舉引進外資，對內拆除全民福利，兩招而已，後者尤為慘烈。兩招得以施行的政治保證，是「六四」屠殺的震懾，社會急遽兩極化、衝突頻仍、穩定代價攀升，政權性格嗜血化。當年為「六四」鎮壓積極獻策的何新，擔憂穩定，反撰一文指責朱鎔基：「綜觀某公去任後之國民經濟隱憂深重。財政入不敷出（六年赤字累翻五倍）。草民流離失所眾多。結隊抗議者有之，打家劫舍者有之，自殺爆炸者有之，投繯跳河自焚者有之，社會不安之象日顯……其諸多政策，利近害遠，竭澤而漁，遺患將來。」

其歷數朱的施政誤錯九大項：

一、不顧中國自身國情全力推動與國際接軌，以致不惜犧牲一切以求加入WTO，實際是欲以國際規則約束國內體制，借外力以促內變。

二、切斷國企金融支援（「停奶斷血」），將銀行資本轉入股市。以此推動國企「轉制」即私有化。以為國企問題根源在於所有制及冗員，遂大力推行轉制以及大規模失業政策，其名言是「下崗分流，減員增效」。但此舉是在事先沒有任何社會保障支持的背景上實施，其政策後果即造成流民遍野的大失業局面，釀成嚴重社會不安定因素。

三、在加入WTO條件上對農業及農產品方面讓步甚大，犧牲農民利益甚多。又將地方稅負（行政開支來源）的重頭放於農民頭上，導致農業稅負高昂，農民負擔增重。大量農民為謀取現金，棄本失業盲目外流，田地荒蕪，社會呈現不安定。

四、以股市金融運作作為銀行營利手段。銀行乃與大莊家聯手操作從股市中圈錢。形成具中國特色的金融泡沫經濟。而中國的超級金融富豪（「新階層」）亦一批批從股市圈錢中誕生。

五、當今中國豪富者富可敵國田連阡陌，而貧窮者無立錐之地。而朱猶認為兩極分化並不嚴重。（二〇〇〇年三月新聞會）

六、謂改革必有犧牲，要求失業者忍耐、承受之，其左右鼓手甚至公然在媒體鼓吹「不惜犧牲一至二代人」。

七、本欲使金融市場直接與西方並軌，終由於亞洲金融危機及為江李牽制未果。

八、本欲大力引入西方會計、證券、金融機構使之監理甚至主導中國經濟管理層。因美國安達信等醜聞頻發未果。

九、實施教育產業化、醫療市場化政策，使毛時代遺留之全民免費（低費）普及教育及全民衛生體系完全崩潰。

何新之類的「屠城派」都迴避一個更大的要害，即「新洋務」洞開國門，向西方輸送利益。滿清戰敗而「割地賠款」，如八國聯軍攻入北京之後的《辛丑和約》，中國賠償四億五千萬兩銀，但是滿清再昏瞶，也是打敗了才賠款，而今中國總理卻是年年到歐美拿大訂單、撒銀子，「新洋務」十年之間，中國廉價產品使美國消費者節省了六千億美元，兩廂對比，孰者為恥？從晚清賠款走到「世界大工廠」，中國用了一百六十年，西方列強當初賣你鴉片，也是逼你做生意嘛，一百多年的「國恥」中國人算是白受了。

「同治中興」講富國強兵，雖有西太后拿海軍的銀子修了頤和園，但是還落下一支北洋水師。到了朱鎔基時代，任憑「圈地」賣地、國企私分，最後落實到外匯儲備達六百五十八億（二〇〇五年），以及三十萬個「千萬富豪」，只占總人口的百分之零點零二三。利益都到了西方和少數國內權貴那裡，百分之九十九以上的中國老百姓，自然成為「新洋務」的受害者；再搭配「拋棄社會主義」，鑄成「新三座大山」——教育、醫療、住房三波「商品化」，將中國人民送回「舊社會」，民間有諺云：「房改是要把你腰包掏空，教改是要把二老逼瘋，醫改是要提前給你送終！」

朱鎔基幹的，其實跟「洋務」無關，乃是「家務事」，也是兩條：第一，權力尋租，由二百個權貴家族瓜分國有資產，如李鵬家族的電力、江澤民家族的電信、陳雲家族的銀行、周永康家族的石油等；第二，一九九三年中央與地方分稅，瓜分「世界大工廠」的紅利，中央拿大頭，腐敗驟起；地方實行土地財政、強徵強拆、城鄉濺血，形同「第四次國內戰爭」。這是「六四」屠殺的邏輯後果，既然鄧小平殺了學生娃娃，指定江朱來接班，其使命就是拿這座江山（權力、財富、土地）來賄賂全黨，放任各級政府權力尋租；這江山橫豎要分了，當然是「少東家」們抽頭籌、分大額，吃掉國營企業這搖錢樹；兩屆「工程師」政治局常委，不過是打工的，負責向全黨分配剩下的土地恆產。鄧小平的「一部分人先富起來」，此乃「貓論」精髓，最終需要一個人來執行完成，而且得是個能人，此人可稱之為「鬼貓」，他就是朱鎔基。朱有句豪言壯語：「準備一百口棺材，一口留給自己」，其實乃空口白牙，他從頭到尾都很清楚，最終買單人是鄧小平。

一九九七年二月鄧小平去世，到場參加追悼會的人，均在家屬列隊裡，看到了其幼子鄧質方，而他人間蒸發至少兩年了，當時中央電視台的轉播鏡頭，也只將鄧質方一閃而過，顯然事先接到了上層的特別通知，兩年裡鄧質方活不見人死不見屍，所為何來？原來，一九九五年二月鄧小平還在世，江澤民就下令把對外聲稱是鄧小平「義子」、與鄧質方「一筆難寫兩個方」的周北方抓捕，又親自批示判處死刑，緩期二年執行，沒收個人全部財產的「依法判決」。周北方乃原北京首鋼董事長兼黨委書記周冠五之子，「京城四少」之一，其在香港買殼上市，公司名為「首長四方」，「首」即首鋼、「長」即李嘉誠的旗艦企業「長江實業」，「四方」則是鄧質方的房地產企業，香港富豪為了討好鄧小平而紛紛認購，使鄧質方賺得盆滿缽滿，他不僅在上海有龐大的實業，還在北京、天津、廣州、深圳、珠海、大連等近十個大中城市大肆販賣土地使用權，以權斂財，積累了一百五十億財富……有一次鄧質方在澳門葡京賭場過一把癮，一夜之間輸掉一億九千萬人民幣，何厚鏵知道他可能賴帳，連續宴請三天不放他走，直到周北方動用首鋼五千萬美金，把錢打入法國，然後轉往澳門的戶頭後，鄧質方才得以脫身回到北京。老鄧追悼會，是鄧質方最後一次露面，據說他定居美國，也已入籍。

崛起

此刻，在國際視野裡的最大新聞，卻是「中國崛起」，其最初信號來自兩本英文週刊。封面上章子怡笑容可掬，背後襯著萬里長城和上海東方明珠塔，兩件中國的標誌性建築。二〇〇五年五月初，最新一期美國《新聞週刊》推出封面故事：中國的世紀（China's century），用二十一個版面進行密集報導，從商業、教育、電影等多個角度解讀當今中國，它明確闡釋就是：中國的崛起已不再是預測，而是事實。但是這個特別報導是留有餘地的，以「未來是否屬於中國？」為總題，因為崛起的含義，只在經濟層面。

比如，中國激活世界經濟。數字表明，中國一切都很大，有十三億人口，是世界最大的煤、鋼鐵和水泥生產國，是世界第二大能源消費國和第三大石油進口國，這樣一個經濟體，為全世界帶來了明顯和驚人的利益，特別是對於美國，廉價的中國產品，在上個世紀使美國消費者節省了超過六千億美元，更有一種分析認為，中國經濟的強勁增長，使全世界經濟免於蕭條。

過去四百年中，全球強權有兩個主要變化，第一個是十七世紀歐洲的興起，第二個是十九世紀末、二十世紀初美國的獨大，現在中國與印度的興起以及日本的持續發展，代表了亞洲的崛起，這是不是意味著歐洲和美國衰落了呢？

中國採取的發展策略，跟當年日本的崛起很不一樣，中國對外開放，吸引國際投資和貿易市場，使得許多國家都要依賴中國市場，從美國、德國到日本，出口中國成為推動本國經濟增長的重要方式，大家都離不開中國了。

西方人很敏銳一點：他們的科技領先地位失落了嗎？五年內中國博士數量將超過美國，而美國在科技領域的世界地位有所下降，美國科研人員主要是外國學生和移民，這些人構成了先進工業國家的經濟基礎，現在美國發現他們培養的科學家、工程師、技術人員等菁英人才，都紛紛回到自己的國家去了。

由於中國的崛起，漢語正在美國成為繼英語和西班牙語之後的第三大語言。美國學生熱學中文，小學生的家長都把自己的兩個孩子送去學漢語，百分之三十的學生從幼稚園開始就用漢語學習數學和科學。

接下來六月中旬最新一期美國《時代》週刊，毛澤東畫像上了封面，但是隱圖為「路易威登」品牌標識，並以「中國的新革命」（CHINA'S NEW REVOLUTION）為總題，來詮釋她的崛起。這本雜誌的看法，顯然更深刻一些，它說雖然去年美國從中國進口成衣價值達一百一十億美元，美國也從中國進口價值達一千八百五十億美元的其他貨物，儘管中國產品在美國無處不在，但對大多數美國人而言，中國依然神祕，他們憂慮中國還持有巨額的美國債券；中國的公司與美國競爭，爭奪石油等重要資源；它在地域的影響，比如北韓核武器、台灣問題等，對美國的政策皆有掣肘，所以如何把中國崛起的力量有效地和平地融進全球的系統，才是關鍵。

這本雜誌還傳達了中共領導層希望「穩定」的信息，說最近十六年，是中國前所未有的穩定發展期，胡錦濤也期望把這種穩定保持下去，其關鍵則是「加強而不是削弱共產黨在中國社會生活中的角色」，這已經是在替中共鼓吹「四項基本原則」了。但是它也指出，關鍵還是國內問題具有較大風險：貧富差距加大，由於改革而帶來的不確定因素等等，這些才是「不穩定」因素。

這年秋天，柯林頓再次訪問中國，二〇〇五年九月八日下午，他走進河南省人民會堂，作了一小時的演講，題目是「談美國經濟，看中國發展」。他跟中國聽眾說他想跟他們討論一些關於中國經濟，以及今後幾年國家將會面臨的挑戰，極為諄諄善誘：

第一、中國通過高儲蓄、大量出口來實現的高速發展，還會持續多久？應轉型為開拓國內經濟，這就必須貨幣增值，提高人民收入水準；

第二、能源缺口，全世界十至十五年內就會因為石油短缺而陷入經濟危機，中國應該發展風力和太陽能兩項新能源，減少排放；

第三、控制愛滋病；

第四、中國不要在亞洲稱霸。

柯林頓的演講，當然不是衝著河南這麼個農業窮省的老百姓，而是中南海。

二〇一一年七月二十三日晚八點半左右，在溫州境內，兩輛動車尾追脫軌翻車，四十人死亡、一百七十二人受傷，乃是一個極具象徵含義的「高速」悲劇，網上議論，出軌的隱喻是，中國就是「以全體乘客為人質」的「一輛高速而和諧的動車」。其實，中共就是一個「高速黨」，其「高速」特徵甚至不是外加而是內生的，如毛澤東五〇年代的「超英趕美」大躍進，並非地緣政治或冷戰，逼迫他們必須實行「高速」發展模式，也並非毛的「烏托邦」浪漫情緒所致，毋寧是「統治合法性缺失」，令其欲借經濟「高速」來作填補，釀成了大饑荒，繼而又以「文革」十年的群眾運動做「政治修補」。這一次的「翻車」，恐為「屠殺」危機，引發更深刻的合法性欠缺，令鄧小平又做「資本主義大躍進」的「經濟補償」。全世界尤其歐美，豔羨東亞這列「高速」動車，一方面唯恐它不來拉動全球經濟，另一方面又憂心它那噴射性的污染，然而他們不知道，中共的治理代價是從來不計算「人和自然」這兩項的，它操控自如，可快可慢，但是速度已經成為「合法性」，慢下來就會革命，舉個例子，包圍首都北京的河北省，鋼鐵年產量二點二億噸（二〇一二），如果全球排名，中國第一、河北第二、唐山第三、日本美國才是第四第五，這就是為什麼北京成了「霧霾之都」，然而如果天安門要辦什麼典禮，中南海一聲令下，河北全省小高爐統統熄火，北京照樣藍天白雲。予取予奪，全在統治者，然而他會聽柯林頓的嗎？

「民族危亡」

「中華民族到了最危險的時候」——中國國歌裡的這句詞，忽然在二〇〇六年，成了「時代最強音」（套用一句文革用語），我看到至少有兩篇文章用它做標題，極轟動的一篇，是劇作家沙葉新的《腐敗文化》，拿它做副標題，列數國內腐敗奇觀之「無底線」、「超想像」，讀來驚心動魄，是難得的好文。還有一篇，出自「烏有之鄉」網站，作者張宏良，標題上多加了「再次」二字，有副題「紀念毛澤東誕辰一一三周年」，於是「最危險」的內容就不大一樣了，但也相當「嚴峻」，抨擊矛頭指向「國際壟斷資本」。

先說張文，其主旨是中國再次「被瓜分」，「成為西方發達國家隨意擠壓的『國際奶牛』」，「不僅是犧牲了這一代人的福利，更可怕的是掏空了子孫後代的資源基礎」。作者列舉的數字很驚人，比如，中國以僅占全球百分之四的ＧＤＰ總量拉動了全球經濟增長的百分之十五，四年內為世界貢獻的ＧＤＰ總量約一點五萬億美元，但付出的代價是：百分之八十的江河湖泊斷流枯竭，三分之二的草原沙化，絕大部分森林消失，近乎百分之百的土壤板結，三分之一的國土已被酸雨污染，三億多農村人口喝不到安全的水，四億多城市居民呼吸嚴重污染的空氣，世界銀行報告列舉的世界污染最嚴重的二十個城市中，中國占了十六個，全國六百六十八座城市的三分之二被垃圾包圍，有毒食品已經百分之百的覆蓋了全部行業，中國每億元GDP工傷死亡一人，二〇〇三年死亡達十三點六萬人，是名副其實的「帶血GDP」，假如算上私企外企隱瞞的數字，每年死亡人數相當於一場南京大屠殺……。

此文認為中國被西方「殖民化」，罪在「買辦集團和漢奸集團的作用」，所以中國人民又面臨「民族救亡任務」，而且「仍然只能依靠毛澤東思想」。顯然，對於一模一樣的事實（上述環境代價），可以得出南轅北轍的結論，不過我們最終會發現，分歧還是基於事實的不同，其中也包括被隱瞞或忽略的另外一些事實、歷史。

毛澤東雖然沒讓中國成為「國際奶牛」，但他殘酷地從中國人嘴裡摳出糧食來，拿去跟蘇聯交換「國防工業」和核技術，等於用耕地極少而人口最巨的中國農業，同時來供養整個蘇聯人口，其代價便是人所共知的「大饑荒」，中國餓死三千六百萬人（採楊繼繩數字），到了「人相食」的空前慘境；有人喜歡比擬，比如前文的「相當於南京大屠殺」，這裡也好有一比：老毛在中國製造的大饑荒，相當於美國扔在長崎的那枚核彈，在中國扔了四百五十枚。

更甚者，毛澤東是明知故犯。根據張戎夫婦的《毛澤東：鮮為人知的故事》，假如一九五八、五九兩年不出口七百萬噸糧食，中國一個人也不會餓死；而「大躍進一開始，毛就告誡中共高層做好大批死人的思想準備」，並且多次大講「死人」——五七年他在蘇聯說：「為了世界革命勝利，我們準備犧牲三億中國人。」在「八大」二次會議上又說：「人口消滅一半在中國歷史上有過好幾次。」五八年底有一次講得最露骨：「我看搞起來，中國非死一半人不可，不死一半也要死三分之一或者十分之一，死五千萬人。」「死五千萬人你們的職不撤，至少我的職要撤，頭也成問題。」「你們議一下，你們一定要搞，我也沒辦法，但死了人不能殺我的頭。」

「中華民族到了最危險的時候」，我們便很難確定，究竟哪個時段才算「最危險的」，是大躍進的五八至六〇年呢，還是中國發生「經濟奇蹟」的近十年？究竟是鄧小平的「對外開放」更出賣中國利益呢，還是毛澤東拿幾千萬條性命去買蘇聯的核技術更缺德？毛澤東搞文革把中國整到了「崩潰邊緣」，鄧小平則為了糾正文革而搞改革外加開放把中國弄成了「殖民地」，孰者更不可忍？

所以「最危險的時候」，對中國來說已經是常態，「救亡」乃是永遠的任務，〈義勇軍進行曲〉也不妨一直唱下去——這便意味著中國人只能到境外去找罪魁禍首，以及倒楣的根源，從傳統上的日本人、蘇聯人到歐美人，「全球化」後新添了「跨國公司」，還有「海外經商留學的幹部子女配偶」（可能「裸官」家屬就包含在這一項裡），自然也包括海外民運分子、法輪功、達賴喇嘛、流亡維族人……。但是，到二〇〇六年「新洋務」造成的禍害，已經顯露無遺，則是左右兩派的一個罕見的共識。

中國高速起飛的內幕極為血腥，用西方學術如經濟學，很難破譯它，所以康乃爾訓練出來的章家敦，預言不準《中國即將崩潰》。剝奪私有財產最內行的這個列寧式政黨，施用鐵腕，將十五世紀英國的「羊吃人」圈地運動，重演於二十世紀末中國，它是如何可能的？大致上，中國用以俘虜西方消費者的商品，只是輕工業產品，尤其是紡織品和服裝，這裡的經濟學問題複雜而微妙，從產出地來說，中國龐大的紡織業主體，在國營體制下形成巨大規模，而又成功私產化，才能變成接攬全世界訂單的超級服裝業，而舉世無兩，這是中國低廉的棉農生產，與城市低廉的紡織、服裝勞力形成一條龍產出，才能做到的，在世界上也是絕無僅有，這個轉型，是否只有極權體制才做得到？否則利益分配的糾紛早已抵消了任何效率；而在消費地，西方壟斷了高科技產業而使勞動力價格居高不下，再也無法承擔生活用品的低廉產出，必須尋求新的產出地來維持生活費用不高漲，這個兩廂情願的遊戲，才是中國經濟奇蹟的底蘊。

事實上，中國發明了一種「資本主義」，或者說在全球化之中，資本主義獲得了新的生命、形態和體制，以及新的意識形態，而學界目瞪口呆，不置一詞，因為依靠過去的經典知識和理論，已經解釋不了，導致人文知識發生嚴重危機。當以蘇聯為首的「共產主義制度」崩解之際，解釋其失敗似乎輕而易舉，可是面對中國這個新的怪胎，大家只是給出一堆新名詞：「後工業社會」、「福利社會」、「媒體社會」，「後資本主義社會」、「後現代社會」、「後極權社會」等等，一向剖析資本主義的顯學「自由主義」學派，也集體失聲，大家心安理得地躺在派克、托克維爾、伯林、哈耶克等經典大師的理論體系上睡大覺。

國內學界亦蜂起解釋「崛起」，所謂「盛世學」成時髦，其實也可視為對一場「新洋務」

的評估。有所謂「新左派」，以「獨立自主」來解釋中共與西方、國際社會、WTO等的不合作部分——國家超控，此即「未崩潰」的奧祕，但不誠實地隻字不提這塊自留地裡的「一黨天下」；也有人批判「人為割裂」前三十年與後三十年，而要尋求六十年的「一種整體性視野和整體性論述」，那大概就是「前三十年極權」與「後三十年買辦」的整體性而已。總之，揭示鄧小平這次「新洋務」的根基，應追溯到將他打成「最大走資派」的毛澤東那裡，方為一條完整的「中國道路」，這卻是一個超越左右兩派的新範式，還沒有被人發現呢。

但是中國的「新洋務」顯示，西方的資本輸出，成為後起國家極權體制的幫凶，也加深了那裡傳統的奴役觀念，由此而驗證的是：資本主義所需要的海外市場，惟有配套專制，才最符合利潤原則；而專制掌控下的市場經濟一旦成立，便明顯優勢並有效於自由制度下的西方市場，特別是廉價勞力的拼比（「搶爛市」）加劇西方的失業，令其更依賴進口廉價產品，以餵養中產階級，所以利潤原則最終解構到西方自己身上。這些，都要等到三十年後，西方才會恍然大悟。

楊小凱斥林毅夫

中國的「新洋務」，並未進入西方學界的視野，那裡似無人在乎（或者看不懂）東方這麼一場巨大的經濟行為，誠為悲哀，也叫他們後悔不已；但是中國的經濟學界，爭論早已激起，有所謂「歌德派」和「唱衰派」，但是比較專業的，據說是楊小凱、林毅夫、張維迎的四次交鋒，焦點是「國家進步有無捷徑？」這是官話的表述，應該解構成這麼一句：落後國家有無投機取巧的路徑？林毅夫論證：「中國可以利用與發達國家的技術差距所形成的『後發優勢』來加速經濟發展，而制度轉型並非決定性因素。」由此產生以下問題：

A、制度模仿和技術模仿

很多爭吵，毫無意義，引一句楊小凱的話，便可一言以蔽之：

我講的後發劣勢在西方研究的人也不多，有一位過世的經濟學家叫沃森，他在財政聯邦主義、政治經濟學等領域很有建樹，「後發劣勢」概念就是他提出來的。他提出的英文名稱叫「Curse to the Late Comer」，就是「對後來者的詛咒」。他的意思就是說，落後國家由於發展比較遲，所以有很多東西可以模仿發達國家。模仿有兩種形式，一種是模仿制度，另一種是模仿技術和工業化的模式。由於是後發國家，所以可以在沒有基礎制度的情況下通過技術模仿實現快速發展。為什麼說「詛咒」呢？就是說落後國家由於模仿的空間很大，所以可以在沒有好的制度的條件下，通過對發達國家技術和管理模式的模仿，取得發達國家必須在一定制度下才能取得的成就。特別是落後國家模仿技術比較容易，模仿制度比較困難，因為要改革制度會觸犯一些既得利益，因此落後國家會傾向於技術模仿。但是，這樣做的落後國家雖然可以在短期內取得非常好的發展，但是會給長期的發展留下許多隱患，甚至長期發展可能失敗。

B、憲政和專制在經濟發展上的優劣

因為中共這個制度，一路靠「投機取巧」（韜光養晦、戰略機遇）而來，亦頗為得手，當然樂見學界將他們這一套「下三路」，詮釋出「後發優勢」理論來，可登大雅之堂，但是絕對想不到，所謂「御用經濟學派」裡有一個大將，竟然是台灣金門前哨的先鋒連長，泅海投奔而來的，林毅夫以詮釋大陸「經濟奇蹟」為投名狀，不會有任何負擔，以交換成為一個常任的全國政協委員。

然而遠在澳洲的一個普林斯頓博士，被視為「最有能力摘取諾貝爾獎的華人經濟學家」，卻對故國「奇蹟」憂心忡忡——「成事不足敗事有餘」、「執政黨從事贏利性事業」、「制度化腐敗」等等，他就是楊小凱，前文提到他在八九年曾致信趙紫陽，這次他站出來批駁「御用經濟學」，與林毅夫有一場「制度」的論戰，他舉例力陳「先做個學習成功制度的好學生」：

其一是英國的例子。工業革命的成功不是一個純粹的經濟現象，而是一六八八年光榮革命建立了一套憲政遊戲規則，政府的機會主義行為就被限制住了，人民的機會主義也就跟著減少了，所以工業革命才會在英國發生。機會主義也就是坑蒙拐騙，這在中國目前非常盛行，個體戶的坑蒙拐騙只是小事情，真正的問題是政府的坑蒙拐騙。政策初一和十五不一樣，就是國家機會主義。只有在憲政制度下，政府「分餅」才能盡可能公平；

其二是蘇聯的例子。靠國有企業、專制制度和中央計畫，絕不可能實現成功的工業化。蘇聯一九三〇年代卻用這一套，通過模仿資本主義成功的工業化模式和技術，實現了工業化，這是短期的成功，曾經被哈耶克和米塞斯等人批評，但是今天我們看到，它的後果，使俄國的憲政和法治的制度基礎設施至今未穩固建立起來，俄國人民為此付出極高代價，不但長期經濟發展受損，很多人更因此被迫害至死。這是一個後發劣勢的例子；

其三是南北美洲發展的對比，也是「好資本主義」與「壞資本主義」的對比。南美洲資源豐富卻是發展中國家，北美洲資源貧乏卻是最發達地區，原因有三：一是北美實行地方自治，稅收主要用在地方發展，而南美宗主國只是把殖民地看作一個稅源，地方自治性很弱；二是北美是一個新教國家，南美是一個天主教國家，而天主教對經濟發展的影響是負面的，基督教影響則是正面的；三是北美實行的是聯邦制，而南美實行單一制。「壞資本主義」除了官商勾結、政治壟斷，還有收入分配不公，抑制經濟發展；

其四是林毅夫用印度做例子，來說明憲政改革不是成功的經濟發展的必要充分條件，楊小凱則分析，印度是個自然條件極差的國家，由於年降雨量極少且極不穩定，十九世紀前，印度經常因為乾旱發生餓死幾百萬人的大規模饑荒。英國殖民印度前，印度的經濟發展水準比中國低得多，印度獨立後由於實行了憲政體制，雖然經濟發展表現不佳，但卻再沒有發生大規模饑荒。而中國的自然條件比印度好得多，但卻於風調雨順的一九五九年發生中國歷史上和平時期最大饑荒，餓死至少三千萬人，連劉少奇都痛心疾首「人相食，你（毛澤東）我是要上史書的！」其次，他又引諾貝爾經濟學獎得主阿瑪蒂亞・森所指，印度一九四九年獨立後廢止英國人的自由貿易制度，推行自給自足，學習蘇聯搞國家主導的發展戰略，發展很多國營企業，限制自由市場和私人企業在發展中的作用。印度比中國遲十年左右才改革這套蘇聯式發展戰略，因此，印度經濟發展與中國的差距並不是憲政體制造成，而是蘇聯式的發展戰略造成。以印度的自然和社會發展條件，如果沒有憲政體制，印度今天一定是內亂，種族衝突不斷，大規模饑荒不斷的國家。

其五清朝的洋務運動，是歷史上的一個例子。日本政府是抱著當個「好學生」的態度模仿資本主義制度，基本不搞國營企業，政治制度也學西方，搞政黨自由和議會政治，只是不肯放棄天皇的實權。但是後來中國搞的洋務運動，卻想在不改政治制度的條件下，用國有制（官辦）、合資企業（官商合辦）、承包制（官督商辦），再加上通過模仿技術，來實現工業化，這一來就使國家機會主義制度化，政府既是遊戲規則制定者，又是裁判加球員，壟斷資源，私人經濟無法生長起來。

其六楊小凱目睹「新洋務」又在重複舊洋務：

八十年代和九〇年代的中國，以國有制（官辦）、合資企業（官商合辦）、承包制（官督商辦），通過模仿香港和台灣的勞力密集產品出口導向新工業化模式，及大量模仿西方新技術來實現工業化，這種極落後的制度，在今天卻被很多人說成是「制度創新」。

我國家電行業的例子也很能說明問題。政府壟斷銀行業、保險業、汽車製造業、電信業，並用模仿新技術和資本主義的管理方法來代替制度改革，也是中國的後發劣勢。另幾個中國的後發劣勢的例子是電子商務、股市和期貨市場。中國股市的硬體已經趕上甚至超過了香港，但它嚴格限制私人公司上市，也不給私人公司開證券公司的許可證，因此股市成為向股東吸血來補助低效的國有公司的工具。大家已看到了國有公司壟斷的條件下，期貨市場買賣就是坑蒙拐騙，不可能成功。對於電子商務，有不少人相信網路經濟中國有後發優勢，但我卻相信電子商務方面中國也有後發劣勢。只要看看絕大多數網路公司都是國有公司或合資的，我們就不難理解這一點。合資在洋務運動時期叫做「官商合辦」，也就是說政府控制，而最近南韓的教訓告訴我們政府控股是要壞事的，信用卡和私人支票都無法普及。

中國五〇年代也自認在電子工業中有後發優勢，結果超英趕美的豪言壯語成了歷史笑話，當年在電子工業方面與中國差不多的日本，反而靠老老實實學資本主義制度成了工業大國。二戰後，美國軍事占領當局為日本起草了一部憲政主義（而不是將政府的無限權力制度化的蘇聯式）的憲法（由公民投票通過），國會又通過公平競爭法，解散了壟斷性私人財閥，形成經濟中的戰國紛爭局面。憲法中的私人財產神聖不可侵犯的原則及專利制度成為日本成功的動力。

C、經濟學要講良心

國內很多譁眾取寵、政治宣傳式的「經濟研究」之所以禁不起時間的考驗，並不因為這些經濟學家學識不夠，而是他們缺乏起碼的學者「良心」。並不需要很多研究，一般老百姓都知道的事實，卻被經濟學家們的研究用新名詞搞得像雲霧山中的東西。一九五六年強迫合作化的事實被人說成自願，上世紀九〇年代初圈地運動股份化運動中人所共知的大規模貪污，在中國經濟學的文獻中卻找不到系統的紀錄，還是一個不做經濟學術研究的何清蓮用記者方式給我們留下了一些這方面的記載。因此我們要利用這個機會大聲疾呼，經濟學界的研究要講良心，要尊重事實，不要替有權有勢的人做宣傳造勢。

楊小凱大聲疾呼，卻壯志未酬，英年早逝，在二〇〇四年罹患癌症去世，享年五十六歲。二〇一八年楊小凱親友和學生共同努力，編譯集結《楊小凱學術文庫》（九卷本）出版，凝結了他一生的思想精華；一九六八年文革中，他年僅十九歲發表一篇〈中國往何處去〉，獲刑十年，後再成為最早從經濟學識破「中國崛起」的先知，其結論被中國驚心動魄的腐敗和權貴社會所證實，雖然他生前是寂寞的。世間已無楊小凱。

驚心動魄的腐敗

中國這三十年的「奇蹟」，其實不在「經濟起飛」、也不在「極權升級」，而是另外一件事情：腐敗的奇蹟。

沙葉新書寫中國腐敗的「驚心動魄」，歸納出諸如集團化、部門化、市場化、黑幫化等規律，以及「貪官品性底下、骯髒」之吃、喝、玩、賭、色等駭人奇觀，然後寫道：

我「野心勃勃」地試圖勾勒當代中國的腐敗全景。「勾勒」之後才深感我的不自量力。這個「力」還包括「想像力」。因為當代中國的腐敗，是全社會的，是各方面的，是極瘋狂的，是無底線的，是難理喻的，是超想像的；當代中國的腐敗，沒有做不到的，只有你想不到的，因為沒有人具有這樣超凡的想像力。如今連幼稚園的孩子都會給阿姨送紅包，你能想像得到嗎？在當代中國，在機關、在銀行、在軍隊、在課堂、在法庭、在病房、在超市、在菜場、在大街、在小巷……二十四小時，任何角落，隨時隨地都在發生腐敗。腐敗就在你眼前，腐敗就在你身旁，腐敗就在你不會懷疑之處，腐敗也在你想像不到的地方……腐敗在當今中國已經成為了行為準則，成為了生活方式，成為了政治制度一個組成部分，已經成為可以侵蝕精神生命、影響民族性格的一種「文化」！

沙葉新的誠實，已經預言了「腐敗」的超越性，那的確是他沒有見到的。遲至二〇一八年，坊間流傳一段神祕錄音，裡頭是兩個人的對話，破解者分析，乃是「一位有留學背景的民間策士，向一位來自部隊大院的紅二代」講解世道祕聞，前者口音是潮汕人說普通話，而且大舌頭。這段錄音所透露的腐敗內容，不僅挑戰國人乃至西方的想像力，而且還給出相當直率的答案，毫不諱言中國今日的現實：

八九年中國人還有夢想，無非是左夢或右夢。今天的民眾看不到前路，感覺沒有奔頭了；

中國商人賺到一千萬元以上，必須官商勾結；賺到五千萬元以上，商人的命就不在自己手裡了；

共產主義是虛無縹緲的口號。最現實的選擇就是江澤民的「悶聲發大財」；

軍隊形成了以老鄉為基礎的幫派，最大的是山東幫與河南幫。中國人就是愛認地域和血緣。習的軍改初步打破了軍內幫派體系，作戰能力還不行；

貧富分化不可逆轉。掌握貨幣發行權的中共統治者終極思考的問題不是賺錢，而是不惜一切代價保證政權永固，並讓個人生命以更高品質活下去，活得更久；

中共統治者追求永生之術，用士兵血液提煉血清，用於消除器官移植的後遺症；黨內有人想搞比希特勒還希特勒的統治，這是建立高科技奴隸社會的幻想；黨國鑒於蘇聯東歐的教訓，必做兩手準備，一手是更凶狠地鎮壓，另一手是預留退路，把子女錢財轉移到外國；

中國像一艘巨輪就要撞上冰山了。誰有直升機？誰有救生艇、救生衣？大家心裡很清楚。

這段錄音的最大特色，是透露了以顏色標誌的一個極新穎的腐敗話語：藍金黃綠。

藍：即互聯網。通過收買台灣、香港的通信商、網路商、名人、大V、媒體，控制這些人，用金錢收買、抓小辮子、給市場給利益等等；通過網路控制港澳，控制香港這個金融中心。更重要的是通過網路控制言論，控制人們整個的精神世界，也就是洗腦。

金：金錢，往哪裡輸送利益？通過上海、昆山的台胞，上海在廣東開廠的台胞，主要這三個地方，故意放水讓他們免稅，到最後讓他們偷稅，給他們輸送利益，進行法律的綁架。

黃：女色。有幾個地點，是台灣人的墳墓：昆山、上海和東莞，還有澳門；香港人的墳墓，是東莞、廣州、澳門。因為台商愛賭，愛洗錢，港人也如此，通過賭給你輸送巨額的籌碼，讓你贏錢，也可以讓你輸得家破人亡。凡是去澳門賭的，大多數就跟著嫖。這樣就掌握了所有台灣高官商人名人的性、吸毒、賭的醜聞，永遠威脅著你。

最後這個緣，駭人聽聞。

中共統治者追求「永生」，現在歸類於一種叫異種共生的生物技術，將「年輕血液」輸送到老年人體內可達到逆轉年齡的功效。大舌頭說：

這個在中國是很成熟的啊。這麼多年輕的當兵的，他們是第一梯隊。提煉出來的血清可以很大程度上緩解器官移植以後導致的各種複雜的症狀。你看吶，器官移植啊，有一個巨大問題，就是排異，需要吃藥。而那些藥呢是致癌物。中國器官移植有多少例？為什麼從〇七年以後爆發性增長？全世界現在都跑到中國來，參與這個東西。這不重要。包括以前軍隊裡的軍醫，體系裡面的知情人，跑出海外說，也沒掀起什麼波瀾。因為這是一個世界通行的暗渠黑溝。現在中國在全世界哪方面是真正領先的？中國最大優勢是啥呀？人口啊！中國這麼強大的人口基數有多麼豐富的DNA庫啊！這些東西是世界上最頂級的統治階層真正通用的貨幣。不是錢。不是什麼飛機、遊艇。錢都是他們負責印的，他會在乎他掙多少錢？如果你懂得這種技術存在的話，假如你有這方面情報的話，你就會發現，現在社會上發生的一切事情就都可以解釋了。如果人的壽命和身體健康，是以前人的自然的生老病死只有短短的撐死了八、九十年的話，社會就會形成，自然而然地有個良性循環。因為生老病死這是最關鍵的一個轉輪。這是人類社會權利也好，財富也好，最核心的。如果你明白了這東西現在可以操作，而且呢是存在著很大的成功率的情況下，你就明白了為什麼有那麼一群人選擇不撒手。但是，作為台上的領導跟以前也不一樣啦。為啥？他可能死不了啊！也就是說，他對整個會場啊，整個局面的控制能力啊，比以前強的很多。這個領導，他已經積累了三十年的籌碼。

中國的現代極權，可以說已經出現「狂人」，他們為什麼可以如此肆無忌憚？大舌頭說：

中國人的遺傳基因是選擇私欲的滿足而不是理想的實現。社會最大公約數是消滅貧困；

中國十幾億人沒有宗教信仰，只能靠血腥集權，適用於以家庭為單位的中國人像螞蟻一樣的向心力。胡錦濤之後，換薄，換習，都得走這條路；

中國農耕時代留下的政治文明受到工業文明和資訊文明的衝擊，處於上下不匹配的關鍵時期，最大的隱患是崩盤；

中國只能走民族主義，表現形式是國家集權；

北京風水壞了，四合院文化不適應現代文明的要求。解決方案有三條：一是遷都；二是將行政格局全部重新劃分；三是要建立扁平化的資訊系統和利益分配結構；

中國轉型會很困難很血腥。潮流和國運推著人走，一不小心就沉到水底或被拍到岸邊；

現在的格局必定會打破。螳螂捕蟬，黃雀在後。誰是黃雀？

這段錄音，透露所謂「長生不老技術」之際，也暴露了中共權力繼承的一個重大危機，那是從前聞所未聞。自稱「法道濟」者，在網上評論大舌頭錄音有以下分析：

如果你了解現在長生不老技術和器官移植技術已經發展到很高很成熟的階段的話，而且你能夠掌握實現這些技術的手段、財力和人脈，你就會明白，掌握最高權力的帝王為什麼遲遲不願放棄權力的原因。不論是誰，追求高科技條件下的生命延續以及健康長壽，本來也是人之常情；但是，問題是江澤民在垂簾聽政依然完善運轉，依然掌握著黨政軍根本大權，中共第三代到第五代的權力交接還沒有進入實質階段，遠沒有完成；而老太上皇不但沒有表現出按照事先約定好的計畫交出權力的應有意願和誠意，而且同時卻熱衷於和新一代領導分享權力，討價還價，試圖保存一部分政治權力，在這種情況下，必然會給中共高層一種惡夢的感覺，這是很自然的事。試想如果新的生命科學成果，使江澤民煥發青春，得到額外的十年甚至二十年，甚至更長時間的健康與生命，那這將對中共第五代、第六代意味著什麼？

鄧小平、陳雲選對了江澤民嗎？

這是不是「六四」屠殺的報應？

中國人接受這樣的統治者，難道就為了自己一點微薄的物質改善嗎？

第三章

江山

二〇一九年四月十五日，巴黎市中心濃煙升騰，聖母院上空火光沖天，教堂尖塔已在烈炎中燒得通紅，旋即便斷裂跌落。巴黎聖母院建於一一六三年，經八百五十年歲月洗禮，安度法國大革命和兩次世界大戰——二次大戰中巴黎淪陷於納粹之手，希特勒以炸毀聖母院相挾，逼法國交出所有猶太人，維琪政府只得服從，因此她至今保存完好，乃是以集中營焚屍爐內的猶太人性命換來的，今天卻不幸遭此一劫。全世界都揪心地看著這場大火。這是文明的一個劫難。

在多年仇外的中文互聯網上，泛起陣陣幸災樂禍的說詞：

我們的萬園之園圓明園在一百多年前英法聯軍點燃的火光沖天的大火中永遠的消失，如今的中國人只能看著遺址扼腕歎息。那是他們放的火，毀的是我們中華民族的文化精神！風水輪流轉，我不得不惡言以論。萬事皆有報應，燒了我們的園子後所劫文物還不肯完璧歸趙。

說句實話我沒感覺!!聖母院又如何?!

歐美國家的所作所為，殖民，掠奪，殺戮，哪一點相應了上帝?!

既然沒有教化人心的作用，燒了就燒了，因緣如此，無須執著!!

上天終給我們的圓明園報復了，這一把火本應該由中國人親手去放，或許能解消部分百餘年來埋藏在每一個中國人內心的憤恨！下一個節目——火燒英國皇宮……

除了淺薄的仇恨，不存丁點文化的教養，或文明的積澱，這不是最要命，雖然這些文字顯然也玷污了中文。這些人，對於一座世界上最具標誌性的中世紀建築，一個凝聚了無數的文化、歷史記憶和人類苦樂的象徵物，一件普世的瑰寶，完全不能投入自己的情感，卻無緣由的抱著恨意——這東西不是他們從娘胎裡帶來的，而是被什麼巨大的力量，從外面楔入他們的心靈。

這個東西，就叫著「民族主義」。

臉書上也有這樣的帖子：

美國九一一、校園槍擊案、日本大地震，每逢人類社會發生災難，中國都會一片歡騰，大家歡天喜地，幸災樂禍。這次巴黎聖母院大火也不例外，中國人比過大年還要興奮，一個個揚眉吐氣，奔相走告，終於一雪圓明園的前恥。

很巧，四月中旬，也是西方所謂的「聖周」，我開筆寫「江山」這一章，起頭正躊躇怎麼寫「民族主義」這勞什子，偏就遇到法國巴黎聖母院這場大火，而某種中國式的反應，恰好給我提供了再生動不過的範例，何不順手拈來？然而，挖掘這東西的來龍去脈，不免要牽涉一段中國現代思想史。

雪恥

一九九一年春，我從巴黎轉來普林斯頓的第二年，尚在哈佛讀博士的丁學良寄給我一個副本，並附言道：「這樣的昏話，實在看不下去，你應駁他一駁。」那是刊登在台灣《海峽評論》上的一篇文章，作者顏元叔，緣起他讀了何新的什麼宏論，「老淚縱橫」：

「信不信，我為亞運一百八十三塊金牌，也情不自已地流淚——無他，只因為我們中國太需要成就，太需要出人頭地！」

此人極為霸道，別人告訴他長江黃河污染嚴重，他竟破口大罵：「你這麼糟蹋你自己的祖國，你究竟是『人』還是『狗華人』？」

丁學良最看不下去的昏話，是顏氏說中國的科學家「累死，多值得的死！她不死，千千萬萬她與他不累死，中國科學怎麼迎頭趕上西方！怎麼出人頭地！」「所以，中國人必須以一條褲帶束緊千萬億腰桿，中國人才得解放！」諸如此類的昏話，不勝枚舉。（隔了三十年再去引述它，特別是背襯了目下中國兩極分化、冤獄遍地、狼煙四起的圖景，我都有點替對方臉紅。）

讀罷我便按捺不住揮就一文，作題〈對苦難漠視的殘忍——讀顏元叔大作有感〉，三月二十一日在香港《信報》刊出，我尚不知顏氏何許人也，只知他是台灣大學外文系教授，自然是留過洋的，而留洋階層中多因憎恨西洋而倍愛中華，乃是某種心理扭曲，原不必認真的，我也只是憑了一時的義憤，去駁斥那種近乎蠻橫的歪理，因為受不了他們這般辱沒死於中共專制的幾千萬人，他們留洋只徒然惹了些自卑和偏激。但是，那時節大陸裡面黃金滾滾、跑馬圈地之間，有些什麼精神層面的東西在生成，卻是我們看不清楚的，並非只有基督教、法輪功，這個體制也在打造新的意識形態，以取代原來老舊而廢棄的。

不久，我在普林斯頓大學東亞系葛斯德東方圖書館裡混亂翻閱時，無意間發現從中國大陸進口的期刊雜誌中，竟也有那本極左的《中流》，以公開反對鄧小平搞資本主義而著稱，其九一年六月號闢一專欄，名曰〈愛我中華的心聲、壯我中華的呼喚〉，將顏文和《信報》上的拙文「一字不易，未加刪節」地刊出，擺開一付約稿、摘登來信的大批判架勢，這是文革及政治運動中黨報必行的老套數，而六四屠殺後中共宣傳機器對所謂「長鬍子」的大批判，一般是不主動找靶子來打的，挑選我與顏元叔的筆仗大做文章，應屬罕見。

《中流》的編者按說，顏文刊出後「在社會上引起十分強烈的反應」，「我們不斷接到來自各方面的讀者的來稿、來信，以及在其他各種場合的反映。其中有思想戰線的老前輩，也有來自最基層的普通讀者」，前者指魏巍、吳冷西、程代熙等，後者冠以「來自廣大讀者的回饋」，則包括農民、中學生、教師、退休幹部等等，不一而足，來稿來信皆一派文革大字報的謾罵風格，則是絲毫不奇怪的。可惜我只找到三期《中流》（九一年六、七、八月號），不知道這場「圍剿」究竟持續了多久，卻看到了晚近二十年裡風起浪掀的民族主義喧囂之端倪。

我對顏元叔等輩的駁斥，有兩個重點，反過來成為他們批判我的重點，現分而述之。第一，針對顏氏大讚中國大陸老百姓「一輩子吃兩輩子苦」乃是值得的「煉獄」，我舉毛澤東五九年「趕英超美」導致大饑荒餓死三千萬人，予以駁斥，而魏巍等人對我的反駁，唯有徹底否認這場大饑荒而已，並斥為「反共傳單上的下流語言」。今天，「大饑荒」真相在中國仍是禁區，所幸我們終於有了楊繼繩和他的悲憤之作《墓碑》，真相已大白天下，再也不能禁止了。容我只摘引《墓碑》前言的一段話：

> 餓死三千六百萬人是一個什麼樣的概念？這個數字相當於一九四五年八月九日投向長崎的原子彈殺死人數的四百五十倍。這個數字相當於一九七六年七月二十八日唐山大地震死亡人數的一百五十倍。這個數字超過了第一次世界大戰的死亡數字。第一次世界大戰死亡人數只有一千多萬人，發生在一九一四—一九一八年，平均每年死亡不到二百萬人。中國一九六〇年一年就餓死一千五百萬人以上。大饑荒的慘烈程度遠遠超過了第二次世界大戰。第二次世界大戰死亡四千萬到五千萬之間。這四五千萬人是在歐洲、亞洲、非洲廣袤的土地上、七八年間發生的，中國這三千六百萬人是在三四年間死亡的，多數地區死人是在半年之內集中發生的。

數字有時候比理論強大得多。顏元叔等人也許不知真相，但他們所秉持的一種「發展與國家強盛的反人道傾向」，是違反普世價值的，他們有的人從未在極權制度下生活過一天，卻天然具有反人道的極權意識。

另一個爭論重點，是長江、黃河的泥沙化問題，顏氏所代表的可稱為「掠奪型發展與經濟增長觀念」，即晚近二十年中國經濟起飛所帶來的環境代價，今天已成不爭的事實，無需我們在這裡多費口舌了。因《槍炮、細菌和鐵》一書獲普立茲獎的賈德·戴蒙（Jared Diamond）教授，二〇〇五年出版《大崩壞：人類社會如何選擇敗亡或成功》，其中專設第十二節「中國，蹣跚巨人」（China, Lurching Gant），他評說中國近百分之十的年增長率：

> 「受惠」於這些輝煌的事功，中國的環境危機演為最烈者，並持續崩壞之。空氣污染、生物多樣性減損、農田流失、沙漠化、沼澤消失、草原荒蕪，和人為自然災害之規模與頻率增大，如物種侵入、無限制放牧、江河斷流、鹽鹼化、土地侵蝕、垃圾堆積、水的污染和匱乏，還可以列出很長的單子。各種環境問題皆導致巨大的經濟代價、社會衝突和健康問題，其中某一個單項都足以引起中國人的嚴重關切。但是以中國巨大的人口、經濟和區域，其環境問題勢必不止是個國內事務，而將泛溢到世界其他地方，凡是與中國分享一個星球、一個海洋、一個大氣層的皆將漸次受到影響，亦即中國的環境問題也

將「全球化」。

不過顏元叔的大作，實在是「國家話語」的一篇傑作，乃是何新，更不要說魏巍之流寫不出來的，未知後來習近平怎麼沒把它收進中小學課本裡去？顏元叔雖然是從台灣出去留美的，但是他把留學中的個人經驗，諸如「受歧視」的屈辱、尷尬、掩藏內心的痛恨等等，極準確地昇華到一種集體的、種族的層次，於是就具備了作為「國家話語」的檔次，而注定會被中共收編。但是「國家」最看重的，是顏元叔所提供的這種私人經驗中的恥辱、自卑、仇恨的成分，也就是所謂「恥」——近代中國飽受西方列強欺凌，中華民族的歷史記憶中無疑儲存了大量的「恥」，那是為「民族國家」建構預備好的「精神財富」，可以用來刺激、麻醉、洗腦國民，以便於駕馭和統治。二戰時期中共躲在陝北養精蓄銳，對蔣介石指揮國軍浴血抗戰作壁上觀，但是奪取政權之後，它宣稱自己才是抗戰主力，以便最大化「國恥」資源，還逕自延伸到一八四〇年才滿足，非撈夠「恥辱」泔水不甘休，這種精明令人望塵莫及。

可愛的顏元叔教授，還有魏巍他們，都號稱是馬克思主義信徒，卻對晚近三十年中國的貧富崩裂之大不公平，不置一辭，熟視無睹，還推波助瀾，不免也是那個「低人權、低福利、無工會、高消耗」發展模式的罪人；另則，這些文人以極左理論為極右的政治服務、以仇外心智為從西方引進資本、文化作粉飾、以褊狹愚昧的國家主義餵養毫無個人權利意識的民眾，凡此種種，皆營造著某種人格分裂的精神氛圍，而彌散於中國近三十年，令民族和個人都很難建立自信、少受傷害，這便再也摘除不了「東亞病夫」帽子——這頂帽子，才是最恥辱的。

盛典模式

中國領導人，也包括它的大眾，不遺餘力地準備一場大秀，向世界宣布他們收復了國家尊嚴，抗議它勢必點燃民族主義，引起這個制度的反擊。這種根植於歷史的自尊傷痕，牽扯了中國、西方和日本。中國現代認同的最關鍵因素，乃是外國製造的遺產：中國國恥，其始於十九世紀中葉鴉片戰爭的失敗，以及中國僑民在美國的恥辱待遇。這個進程又因為日本成功的工業化而加劇。二戰期間東京入侵並占領中國大陸，在很多方面要比西方插手中國來得更具心理摧毀，因為在亞洲，日本的現代化成功了，而中國卻失敗了。這個自卑感深植於中國人的心中。此受害感在二十世紀初期，即在中國成為一種理論，並作為基本要素塑造它的認同。「百年國恥」的新文學也隨即出現……今春西藏人對北京的抗議和晚些時候全世界對奧運火炬的抗議，使北京舊式的政治控制又緊繃起來，其宣傳語言也倒退回毛時代，一個官員說達賴喇嘛是「披著羊皮的狼」，令人驚訝的還有後毛時代出身的年輕人對BBC和CNN的憤怒抗議和網路威脅，他們的教育程度和世俗化，皆超過其父輩，有人還曾期待他們有可能走出中國人的「受害迸發症」呢，其實他們同樣是中共宣傳的對象，一個個都被改造成跟他們父輩一樣的愛國主義者。

二〇〇八年夏北京奧運會故作誇張，乃是它要演出一幕「雪恥」大秀，國際社會是看懂了的，上面引述的美國漢學家夏偉（Orville Schell）在美國新聞週刊的點評〈中國的挫折焦慮〉，便使用了一個字眼：humiliation（恥辱），並詮釋得甚為清澈：「中國終於可以自我陶醉於它的國家認同，從受害者轉為勝利者，全賴奧林匹克的點金術。一場盛大的象徵性的一舉成功的比賽，意味著中國歷史上的恥辱一筆勾銷，翻過它那受難遺產的一頁，這個國家走向了春天，在世界舞台上重生，儘管中國人可能還會不對勁地繼續尋找他們的自信。」——其實我覺得，從江澤民到胡錦濤，不遺餘力地「中奧」，並以所謂「舉國體制」辦體育，死磕國際競技場上的「冠軍」，乃是下意識裡被「東亞病夫」這個恥辱所驅使的，只是連他們自己都沒有意識到而已。

一個民族得了「自卑症」，這種文學性的描述，科學上成立嗎？挫折須靠成功來醫治，一種心理治療，但是心理學即使對於個體也尚在初級階段，對於一個民族和社會，就更是不著邊際了。印地安人的後裔，據說患有憂鬱症，與現代社會格格不入，是不是所有挫折的種族，都有這個問題？大概大洋洲的毛利土著人亦然，但是非洲黑人呢？再說，還有另一類的挫折民族，如二戰後的德國人、日本人，洗劫全世界之後，整個民族受懲罰，難道不該憂鬱？可是他們仍然是最先進的民族；再如蘇俄，冷戰後帝國解體、共產黨被禁，可謂「亡黨亡國」，此乃二百年與西歐競爭的結局，何不憂鬱？憑什麼中國人就該憂鬱？人類乃至整個大自然的進化法則，本是優勝劣敗、弱肉強食，敗亡毋寧是難免結局，何憂鬱乎？

研究義和團運動的美國漢學家 Paul A. Cohen 指出，中國意識形態的監督者們，隨時隨地、從不猶豫將國家舊時之痛「用於政治的、意識形態的、修辭的和情感的需要」，放大其受難性質，他們獨占了所謂「往昔痛苦的道德權力」。中南海非要抓住國際體育盛會的機會，來向世界宣布他們收復了國家尊嚴，這個精心設計，自然涉及到眾所周知的那個近代圖騰「東亞病夫」，是不言而喻的，但在民族心理上對「恥辱」的培育、教唆，應有一個二十多年的潛跡灰線可尋，且需裝備諸如思想史、社會學等利器去分析，而我是外行，只能朝花夕拾，揀一點陳年舊事。假如僅僅順著體育事件捋上去，你會找到一九八六年底，一場學潮剛被彈壓下去不久，北大學生因中國男排打敗了南韓男排，而在校園裡遊行，第一次打出了「振興中華」的口號，卻沒有引起任何一家首都新聞媒體的報導，因為那很自然地被視為是「學生鬧事」，誰知胡喬木嚴厲批評新華社，說你們太沒有政治敏感和靈活性了，為什麼不懂得「引導」學生的愛國情緒？這個指示立刻傳達給所有的新聞單位。當時我聽了只聳聳肩頭，卻想不到這個教唆伏筆於此，而埋線千里之外——二十年後的二〇〇八年，在北美大都市華人聚居的地方，群起圍攻西藏人的場面裡，中國女孩的小臉蛋上，竟如抹胭脂似的畫上一面五星紅旗！

此處還有一層。中國借奧運揚威，西方人可以嗅出其間的仇恨，亦深掘其精神源頭上的那個「恥」，但是他們看不出來的是，中共所「雪」乃一新恥，已非百年前的近代喪權辱國之恥，那其實在一九四九年，毛澤東聲稱「中國人民站起來了」時已經「雪」過了，而這次是要「雪」八九以來之恥，不僅面對全世界，也面對國人，那恥便是在全世界攝像鏡頭之下實施的「六四」坦克鎮壓平民，是一個「人民政權」無法洗刷的奇恥大辱。江澤民的「海派」思路，令其國際視野較之「土八路」更為擴展，亦能窺出跟西方財團政客玩「市場遊戲」的竅門，這個揚州人摒棄了共產黨的理想主義，便也不會懂得西洋正統的倫理鐵則和宗教神聖，他想「合法性」都可以用錢買回來，「恥辱」為什麼不能靠一場光鮮的典禮抹掉呢？洋人是認錢的，中國人是沒有記性的，只要國際上讓北京辦一場奧運，那它就是第二個「四九年十月開國大典」！

北京奧運會在中國聲嘶力竭之際，在西方依舊是一個很邊緣的響動，即使在大媒體上，大部分電視台也只關注美國的金牌。倒是商界為了生意，早已熱絡北京，稱兄道弟了，而媒體鼓譟「全球化時代」，界定中國、印度為「新生大國（newly rising powers）」，視為「全球化」不可或缺的一極，西方左派卻比較尷尬，北京哪裡還是「社會主義」？倒是所謂「牛康」（New Conservatism）用新話語稱道中國：「中國是個複雜的國家，封閉的政治制度下，卻有開放的經濟，和越來越活躍的社會；快速更新軍事裝備，卻並不針對美國；積極協助跟北韓的談判，卻死命袒護穆加貝和蘇丹政權。說中國依舊是一個毛澤東式的集權國家，乃是迴避或意識形態化。」這種論調，可能在第一次世界大戰後蘇俄崛起之際，也時髦過的，看不懂鐵幕、竹幕乃至今日的「塑膠幕」、「電子幕」背後的真相，永遠是開放社會下知識分子和媒體的缺陷，大概因為教育和訓練都缺了某種環節。

還有一樁，即逃出「鐵幕」故事始終沒有結束，也令世界不解。其中偷渡乃一大宗，常釀慘劇，遲至二〇一九年十月二十三日淩晨，出現在英國南部埃塞克斯郡的一輛貨櫃車裡，被英國警方發現三十九具凍屍，先稱多數來自福建的偷渡客，後又否認，說全是越南人。然而二〇〇〇年夏也在英國多佛港，也是一輛貨櫃車裡有五十八具屍體，也是福建人。偷渡背後牽扯人蛇集團，而福建最著名的「人蛇之母」叫「萍姐」，自八〇年代起，以兩萬英鎊的價碼販運人口，被捕後二〇一四年死於德州監獄，她一生送了二十萬人到美國。

亡國亡天下

夏偉先生看到了中國暴富之後的脆弱心理，和〇八年春的「民族主義」狂潮，不過是扭曲的「國恥」釋放而已，主張不要去惹這個暴發戶，讓她過把癮，也許事情就好商量一點。這種看法，比左派的「中國複雜論」，稍微高明一點，但也是隔了一層的，因為他沒有看到中共充分利用這種「國恥」資源的惡劣。「國恥」是一個頗現代的玩意兒，中國八〇後、九〇後或各種「後」的後生們不知道，歷史悠久的中華民族，壓根兒是沒有「國恥」的。

明末顧炎武《日知錄》分辨「天下」、「國家」為二者。他說：「有亡國，有亡天下，亡國與亡天下奚辨？曰：易姓改號，謂之亡國；仁義充塞，而至於率獸食人，人將相食，謂之亡天下……是故知保天下，然後知保其國。保國者，其君其臣肉食者謀之。保天下者，匹夫之賤，與有責焉耳矣。」顧炎武的意思是，「亡國」僅指皇帝老兒的家院丟了，此一姓之興亡，不關匹夫的干係，換言之，朝廷換人做，乃家常便飯，市井不必大驚小怪的——四百年前他就有此前衛思想，比後現代理論還要透徹。

那「亡天下」是個啥？僅照顧炎武的字面，所謂「仁義充塞，而至於率獸食人，人將相食」，一看就懂，那就是仁義禮智信那一套都淪亡了，人就退化為動物，這種境地，叫著「亡天下」。那不就是中國六〇年嘛，所以早在「大饑荒」那會兒，中國就「亡天下」了，因為當年連劉少奇都對毛澤東直言：「人相食，你我是要上史書的！」如此來看，中國無所謂「亡國」，因為清朝亡了之後，已經無國可亡；但是大清亡了不到五十年，中國人居然引來了一個「亡天下」的世道，這是顧炎武四百年前難以逆料的。

而且顧炎武也想不到，三百年後出了一位「如椽大筆」，竭力呼籲中國建「國」。晚清梁啟超受西方「民族國家」新鮮事的刺激，極為懊惱：「中國人向來不知其國之為國也，我國自古統一，環列皆小蠻夷，無有文物，無有政體，不成其為國」，華夏也自古只有「天下」沒有「國家」，所以他率先為中國人建構「國家意識」，到頭來塞給中國人的「新國家」，居然還是「一姓之家」，它跟朱明稍微不同的，就是姓「共」（如今時興姓「趙」），幾乎就是滿清的一個「現代版」。

「崖山之後無中國，明亡之後無華夏。」——民族主義瀰漫百年以來，中國人已經不知道這句話了。偏偏在奧運之後，愛國後生們狂熱之際，這句老話又從中文話語裡跳出來，好像故意來敗興的，那意思是說：你別得瑟，盡拿華夏大旗作虎皮，叫人家歸順你，華夏早就不知道掛了幾回啦。此時中國經濟正逼近世界第二，北京又躊躇滿志要「大國崛起」，邊陲乃至東亞一片噤若寒蟬。有人考證，此言最早出自日本史學界。兩宋重文抑武，積弱三百年，卻是中國文明的峰巔；偏偏「蒙古旋風」起於北方草原，成吉思汗橫掃歐亞大陸，蒙古鐵蹄南下中原，屠盡北方男丁，千里無人煙，漢族菁英凋零，待南宋氣數盡在崖山，陸秀夫背九歲少帝投海，跟隨蹈海者十萬之眾，華夏文明從此跌墜，未知會有還魂之日？朱明複製暴秦三百多年，華夏再入韃子之籠又三百年，精華遂蕩滌淨盡。

顧炎武死不仕清，但是他的三個外甥（徐乾學、徐元文、徐秉義）都在清廷做高官，號稱「昆山三徐」。在他們沒有發跡時，顧炎武曾經幫助過他們。徐氏兄弟一門鼎貴之後，多次給顧炎武寫信，為他買田置宅，要迎請他南歸，而顧炎武卻拒而不往，寧可在異鄉過清苦的生活。他還曾經給他的學生潘宋寫信，讓他「不登權門，不涉利路」，不去充當徐乾學的門客。

南明史專家陳永明指出：南明士人抗清、不降的「忠節」態度歷來為史所稱道，有「誇張和偏頗之處」，是史家受晚清以來「排滿」思潮左右的結果。「歷代殉節之風，以明最烈」，乃是一個事後的詮釋，並恰好是因為清人修《貳臣傳》貶斥明降臣，復以《勝朝殉節諸臣錄》表彰殉節者，甚為影響後世。所以南明遺民是一個被誇大的歷史錯覺，西人對此已有分析，如柏克萊漢學家魏克曼（Frederic Wakeman）有研究說，江南反清，只在於少部分地區，相反地，大部分地區，很快便對南下的清兵擺出了「順民」態度，他引明清之際來華的義大利傳教士Martini（衛匡國）之《韃靼戰記》親見記載說，清人南下初時並未遭遇很大的抵抗，但是宣布「薙髮令」後漢人才起來反抗，「為保護他們的頭髮拚死抗爭，比為皇帝和國家爭鬥更英勇」；這位傳教士說，當時韃靼人被殺掉很多，也被趕回江北，他認為江南人如果乘勝追擊，也許可以收復許多城市，但是他們沒有這麼做，而是「只滿足於保全了自己的頭髮」。

此間關節，即士人與百姓皆未必「忠於一姓」，文化上復有「用夏變夷」觀念——中國傳統對外觀念，並不執拗於「種族」一端，而是有很重的「文化主義」色彩，即錢穆指出的，春秋以來華夏的民族觀念，以文化而非種族為分界。明清交替之大變遷，亦可潛三百年之伏筆於晚清之巨變，乃有李鴻章之「以夷之長以制夷」與張之洞之「中體西用」，復有五四顛覆傳統之前提，因而亦有羨慕蘇俄馬列之伏筆，此或可做儒家整體主義之一解。中國人尊崇「青史留名」，卻大多「好漢不吃眼前虧」，綱常倫理地位極高，涵蓋直至天子，卻日常實用是另一套說得通的習俗，很奇怪的一個邏輯，緣故可能是無宗教，因此經世致用從來是最流行的，並非近代才如此，既然奉行現實主義realistic，勢必接受天演進化論，也勢必激進，西化與馬列化皆不可免，不獨近代知識人的迷失，而是文化傳統使然。這次八九事件亦然，暴力之下民眾唯有取實用倫理之道，聽任邪惡暴漲，若以道德化視角針砭之，實乃不懂中國傳統。所以，中國精神其實不是什麼儒佛道三家，而是倫理或陳義極高或極端現實兩廂激盪罷了，歷史道德化最甚之處不是別的，而是道德人格的事後塑造，最流行的即關公，於是現實沉淪與幻覺高尚，正好抵消。

從中國歷史上曾經多少次「亡國」「亡天下」來看，這個文明毋寧是很有些消化「國恥」的暗功，外族人做了皇帝，不是一件滅頂的事情，日子照樣可以過的。往好裡說，中華文明有極強的同化異族、同化征服者的底氣，就是因為她原是不很在乎所謂「亡國」恥辱的，才可能育涵那樣的「氣度」出來，否則中國不早就沒有了？大概也是唯有中文裡才有「亡國奴」這個詞，因為這是接受「亡國」事實的百姓身份。中國儒家的文化心理，極鄙視文明低劣的「蠻夷」，卻有「被服之」的胸襟，大概跟天主教可將「劣等人種」也收歸天國，是一個道理。但在另一角度上，中國人自古並無「國家認同」，而只有「朝廷認同」（一姓天下），後者便相當軟性，所謂「改朝換代」，是認真不得的，這種文化屬性，也許便是中國人易於承受外族入主、不致恥辱太甚的一個原因。「認同軟化」或許正是分離傾向的濫觴，台灣閩南人是一個顯例，滿清割讓它給日本，滿清已非「華夏正統」在先，這一割讓，便割去了「認同」基因，五十年可容兩個世代的空間，重鑄認同稍嫌急促，但足以使他們徹底褪去舊認同的空殼了。強化「國家認同」至「種族認同至上」的境地，朝鮮人是另一種極端的例證，不僅在北部維繫極權體制至今，人間已成地獄也在所不惜，其精神砥柱（或稱桎梏），便是近代以來外族人輪番征服所造下，以至其南方已在自由社會之境，「民族至上」所釀荒謬仍層出不窮，反令國際間恥笑而不覺。

修復機制

《國家地理雜誌》（*National Geographic*）說，在地球轉型的地理紀錄上，中國是衝撞最劇烈的地帶。三千五百萬年前啟動的印度板塊構造性撞擊（tectonic crash）歐亞板塊，隆起了喜瑪拉雅山，中尼邊界的世界第一高峰珠穆朗瑪，和世界屋脊西藏高原。這個新的海拔高度，轉換了氣候形態，在北部形成沙漠，卻以印度洋之雨季浸淫其南部；從高原冰河流出來的中國生命線長江、黃河，徜徉東去，雖漸次低落，卻依舊跌宕，江河流域孕育的沃壤，風調雨順滋育的大地，使中國文明出現於西元前六千五百年之際，世界上第一個種植穀物、馴養家禽的地方，其供養的人口終於成為世界之最。

二〇〇八年五月十二日發生四川汶川大地震，八級，地震界的解釋是來自印度板塊的撞擊，千萬年尚未底定的一個地質運動。這個撞擊在四川盆地的東緣龍門山斷層，撕開了口子，而那裡正是世界上人口密度最高的地區，深山密林的綿陽安縣，就有五十萬人，因而殺傷之慘重，乃是無從避免的。從宏觀框架來看，大自然的恩賜實在是塞翁失馬。地質運動間隙中的人類文明，該有怎樣的「環境意識」呢？

這一天恰是農曆四月初八，乃佛誕日。中南海圖吉利，定奧運會日期於二〇〇八年八月八日，自詡「發發發」，結果地震距此會恰有八十八天。共產黨奉唯物主義，不容迷信，但是合法性危機使其喪失自信，毋寧是深陷迷信，乞靈奧運會並非只為「大國崛起」，也下意識欲「好風憑藉力」，誰知道他們設計的奧運吉祥物「五福娃」，盡成反義：

大熊貓：大地震之汶川是熊貓故鄉；

藏羚羊：三月間「拉薩事變」，藏人上街反抗；

燕子：造型來自「沙燕兒」風箏，四月間火車相撞於山東濰坊，正是風箏產地；

魚：尚未發生的水災預警；

奧林匹克聖火：全球傳遞遭全球抗議。

兩天前一位陪同胡錦濤前來的現場的新華社的高層才透露實情說：中國地震部門確實成功預測了這一次地震！雖然他們預測的震級在六級左右，但預測的範圍和時間之準確（範圍基本是四川，但多預測了一個西藏，時間準確到三星期內），都非常值得稱道……這位新華社領導在接觸一位北京來的人民解放軍高級將領時，竟然聽到當地駐軍首長對北京領導說，他們一個星期前接到絕密地震預告後已經就當地的核設施和武器彈藥作了妥善處理，請領導放心。

這是地震後的五月二十一日，一位新華社記者匿名發向海外的報導。大地震實際上是準確預測到了，卻被當局扣押不報，因為二〇〇八年「迎奧運、促和諧」，粉飾太平是第一位的，豈容災禍晦氣？另一個隱祕緣故，大概是這一帶乃藏於山洞裡的中國核發射基地。實際上汶川地方當局也接到預防災害通知，附近中小煤礦在地震前三天停工。當局通知了軍隊、煤礦重要單位，卻獨獨沒有通知縣鄉兩級中小學！這個延誤的後果，導致汶川大地震空前慘烈：

死傷——官方資料，有六萬八千七百一十二人在地震中死亡，一萬七千九百二十一人失蹤；綿陽什邡的一個山崗上，埋著一百零八個中學生，墓碑上沒有名字，只有編號；

豆腐渣工程——地震造成約二十一萬六千間房屋倒塌，尤其校舍坍塌嚴重，總計一萬二千三百所，是政府建築的四倍，時值上課時間，許多學生被校舍壓死，官方否認「人禍」，拒絕公布死亡學生名單，民間「公民調查」確認共有十四個受災縣區五千一百九十六名遇難學生；

賑災捐款不知去向——北京清華大學發布的「汶川地震善款流向」報告稱，截至二〇〇八年十一月，全國捐款總額達人民幣六百五十二億元，估算八成捐款最終交由政府部門去使用，但缺乏細目。巨額善款湧入，但川震捐款被貪污、遭違規濫用、使用不透明等缺失，據四川省檢察院稱，地震後共查辦涉災職務犯罪三百四十三人。

這場巴蜀大難，叫川人的五千個娃兒被活埋，其慘烈或可上接張獻忠屠川。自古「天下未亂蜀先亂」，川民之強悍，著稱於近代史，中共領袖亦多川人，我問過廖亦武：「川人這次是怎麼了？」他語塞。我想他們遭遇了一個「現代專制」，硬是沒得法。中共以「黨國軍」

三位一體構築「中國救災模式」：封鎖消息、拒絕外援；弘揚主旋律、操辦救災大秀；維穩第一、打擊民間社會。支撐這個模式的邏輯是：「災難是民族和國家進步的加速器」。此間可以窺見，所謂「中國崛起」，無非極權的擴張和強勢，也是剔除人性和善良之鐵血冷酷化。中共從救災中總結「教訓」：災難中認識「集體的力量」、認識「強力政府及其集中調度人力和物資的關鍵作用」、認識中國人民解放軍的關鍵意義，甚至「軍事現代化和裝備技術含量提升」並不適宜中國地理環境，「與國際接軌」是形式主義等等，顯示了一種倒退的傾向，然而它確是一種經世致用的中國傳統。

汶川大地震，表面上預演了中共的緊急動員能力、社會控制能力，其實更重要的，是檢驗了這個制度經歷文革、開放、市場化、互聯網等等「專制危機」後的修復能力。

修復機制的證明，不僅顯示於八十八天後在北京如期上演的「〇八奧運」雪恥大秀，更顯示於一年後的六十年國慶慶典，有人說「可能是人類有史以來最豪華和奢侈的慶典」，僅製衣費就花了十幾億，更多的花銷是：一級戰備式軍管、戒嚴、封網、政治警察和居委會的總動員——三道防線、三百四十八個盤查點、五萬民警、一百一十一萬志願者安保；再加上閱兵軍事演練、遊行和表演團體提前一年的排練……需要多少個百億？然而檢閱的本質，是「團體整齊劃一」，各類社會團體皆數以千計次的苦練，必須練成木偶才算數，只為通過天安門的十五分鐘。從朝鮮學來的這種「極權藝術」——中國攻克組織超大規模表演的技術難關，很多人圖解成天安門城樓上那個僵硬的胡錦濤的「帝王心態」，卻忽略了那主要是為了向全世界展示這個制度下人民的奴隸般服從，和政權的固若金湯。

二〇〇八年因汶川大地震，而被稱為「中國公民社會元年」、「中國志願者元年」，因為眾多非政府組織（NGO）和大量志工奔赴災區從事各項服務，災難也給民間社會提供了一次難得浮現、出擊的機會，雖然它依然面臨專制修復帶來的重重壓制。

「小粉紅」軍團

從木樨地的血肉橫飛，到互聯網的民情洶洶，中國走過二十年，我們看到一條不同的長安街，依舊令「穩定壓倒一切」的這個高壓社會不敢稍有鬆動，且支付高昂費用。相對於以肉軀抵擋坦克，以即興、詭譎、調侃的新詞橫掃網路、風靡天下，是不是某種退卻、軟弱、世俗化？或許只不過是憤怒的方式不同，也是不同世代的性格變遷，其間的異化、轉軌，反而更富懸念。

有別於與文革時期文字落罪的恐怖，網路時代的書寫，便捷、隨意、氾濫，卻依然受到類似文革的一半程度的壓抑，導致欲言又止、欲罷不能的情緒梗阻、快意中斷，似乎不足以引發真的憤怒，而只有頑童式的報復，倒也契合「玩得就是心跳」的通俗文化大潮色調，所以網路上的視頻「惡搞」和造詞風氣，是網路世代的傑作，才氣和粗俗盡在不言之中。

不再偷偷摸摸，卻依然有橫遭禁止、獲罪的預期，而互聯網的每個終端前面，都是孤獨的個人，與文革恐怖中的個人相比，並不具有更多的安全感，這使得「既對抗又調情」的行為模式愈加適宜；對於那些藏在螢幕後面的「五毛」——網評員、網監、網管、網警的總稱，令人聯想起德國電影《竊聽風暴》（*The Lives of Others*）裡監視他人私生活的祕密警察，線民也要幽他一默，造出這個新詞來，然後在亂哄哄間不脛而走，傳檄天下，大家在加速使用這新詞的頻率之中，背靠背地享受「集體偷情的快感」。

哈佛大學法學院有一份關於《中國互聯網過濾報告》稱，早在二〇〇五年就有一千多個不能說、不能寫的詞彙黑名單。二〇〇三年中國的網路警察編制已有三十多萬，專門打擊反動網站、過濾危害信息和封殺境外涉及政治的網址，人員多年輕且具備電腦網路技能。全部現任國家領導人的名子都要過濾，單是國家主席胡錦濤就有五種以上的過濾組合：胡緊掏、胡錦滔、胡錦淘、胡景濤、胡總書記等。新生詞彙「破壞、顛覆」漢語純潔性的憂慮與日俱增，二〇〇九版《辭海》將不會收錄目前社會熱門的網路語言……。

成了洪水猛獸的網路新詞彙究竟是些什麼？它從英文單詞的縮略、複合、派生等等緣起，就略去不說了，倒是眾多漢語新詞彙，以借代、隱喻、類比等方式生成，別有一番語言學風景，但它背後的構詞動力，卻是非常社會性、政治性的。比如你很難想像造詞有癮的中國網路不給眼下這個權貴社會留點記號：吃喝叫「腐敗」、請客叫「反腐敗」，至於諧音新詞：前腐後繼、淫歌豔舞、攻官小姐、提錢釋放等，已近乎中國的另一個土特產「順口溜」。關於腐敗的最新出爐妙語是「裸體做官」，已登入全國「兩會」大雅之堂，亦是主流媒體照單全收的一個網路怪詞，模仿蜂起，殊為罕見，背景無疑是貪官大逃亡驚心動魄，官方雜誌《半月談》說，全國至少四千名貪官攜款五十億美元外逃，這還是二〇〇三年的資料。

不知不覺的，「網路長安街」又悄悄嬗變為「粉紅色軍團」，其標誌是二〇一六年兩名台灣演員（周子瑜、戴立忍）被網路攻擊，彷彿前幾年那些往美國使館扔石頭和砸日本車的年輕人沖進互聯網裡來了，卻從一開始被認定是一群「膚白貌美三觀正，愛國也要萌萌噠」的無知少女，也就是「小粉紅」，其使用語言如「不吃肯德基就是愛國」、攻擊對手「直男癌」、「警惕資本控制輿論」，並以「半羽」作為習近平的專用綽號，顯示了「愛國主義」洗腦下的另類特色。

這一切都要追溯到二〇〇八奧運會後，共青團中央開始轉型：「走出辦公室」、主動聯絡青年、創辦「網上共青團」工程。這是在新媒體時代，迫使傳統政黨「社運化」的結果——團中央建立了統一的「未來網」，各級地方團組織直接建立微博帳號、接收各類網路平台，這個「工程」，將多達兩千萬青年攏進一個強制性的監督體系中，既可防範「顏色革命」，又可仿冒為「民間階層」，從百度貼吧（BBS）中直接政治動員，如各種民族主義抗議或者擁護黨中央的遊行，並組織駭客攻擊。這便是「小粉紅」軍團的大規模建制化。

還有另外一個「中國青年創業國際計畫」（YBC），由團中央創始於二〇〇三年，其領導人是令計畫的夫人谷麗萍，十幾年裡建立了全國性的分支辦公室、多達一萬二千人的「導師庫」，以及與各地方企業、政府和金融機構的複雜網路，也是令計畫和團派深度介入經濟的一支力量。這個YBC並未受令計畫垮台而陷入停頓，後來國台辦等機構開始了總額四百億元人民幣的「大陸創業基金」計畫，吸引台灣青年，無償提供免費辦公室、公寓和創業啟動資金，鼓勵他們在廈門、深圳、東莞、天津等二十一家創業基地、十三個城市開展創業。上述兩個「工程」，都足見團派執政與互聯網、社會運動的制度化結果。

到此就不得不說說複姓令狐的一個家族。該家族起於山西運城平陸縣常樂公社後村，是標準的晉人，老爺子令狐野，原不過一個鄉野郎中的角色，卻經同鄉指點赴延安，在陝甘寧邊區醫院當過醫務科長，那時又結識了晉人薄一波。他後來以「十三級高幹」的身分衣錦還鄉，生下五個孩子，兼具海內獨步的起名術，皆只取「令」略去「狐」，依次叫方針、政策、路線、計畫、完成，沒有想像的想像力；子女們全憑自己的本事，在官場裡混得驚天動地，擁有一部絕對令「太子黨」相形失色的發家史。

其中要角，是最底下的兩兄弟令計畫、令完成；尤其老四計畫，堪稱司湯達《紅與黑》的主角于連再現，從外省小城，野心勃勃地去征服大巴黎。他先投入團派，兢兢業業，復又考進團校取文憑，再回尋父親早已鋪下的舊關係，得到薄一波的關照提攜，當上胡錦濤的大祕，乃至一路直達中共中央書記處書記、中辦主任；弟弟完成，先當新華社記者，旋又「下海」，在商場上博弈。這個家族把握時機早早地打造權錢結合體——令計畫是核心，令完成為輔佐，哥哥令政策坐鎮家鄉，在能源大省山西，以省發改委主任，分配每年數億噸煤炭的出省銷量指標。家族核心圈外，是他們各人的配偶及其家族，包括令計畫的夫人谷麗萍和弟弟谷彥旭；再外一圈，令計畫策劃搞起了由山西籍政界商界所謂「成功人士」組成的「西山會」，將家族勢力最大化。再往外，就是三教九流。令計畫更與政壇上不同山頭、但同樣野心勃勃的人士密切交往，這是他擴大自己的權力基礎的迫切需要——只靠胡錦濤這一脈「團派」傳人，他覺得太單薄了。

於是北京政壇居然出現一個「新四人幫」：晉人薄熙來，是「太子黨」代表；軍委副主席徐才厚統領軍中人事，將軍都由他來封；最有權勢的「石油大鱷」周永康，也是「政法王」，這幾股勢力，當然要攀附「核心」胡錦濤的大管家，而且在此結盟中，令計畫具年齡優勢，周永康已屆退休年紀，徐才厚比周只小一歲，也已解甲歸田，何況身染絕症；薄熙來一九四九年生人，但在政壇樹敵甚廣；而令是一九五六年出生，最有登頂的機會。於是胡錦濤整個任期內唯唯諾諾，卻叫他的祕書風風火火大幹一場，居然操弄兒皇帝於股掌之上，憑依團派玩火於「薄二哥」、康師傅之間，火中取栗，左右逢源。所以，令計畫才是平庸「團派十年」的大玩家。

殺氣騰騰

孫中山反清靠幫會、搞暗殺，接下來又是「第三國際」派特務來中國組建國共兩黨，所以這個源頭，使中國現代史上的「強人政治」，必定附帶「特務統治」。這段歷史一向很模糊，第一個研究者是美國人，柏克萊大學歷史學家魏斐德（Frederic Wakeman）教授，他傾晚年精力著《間諜王——戴笠與中國特工》一書，梳理了蔣介石領導「中國現代化」中的「特務政治」脈絡，著墨刻畫被稱為「中國的希姆萊」的戴笠，他的藍衣社就是「中國的蓋世太保」。一九三二—一九三五年間戴笠在上海跟地下共產黨組織的纏鬥，是此書很精采的章節，「國民黨反間諜的成功無意中調節了共產黨內部的權力結構，從而為一九三五年遵義會議後毛澤東上升到至高無上的地位打下基礎。這是因為，蔣介石的祕密警察切斷了共產國際上海局與莫斯科共產國際常委會之間的電信通訊。」

魏斐德極內行地指出，共產黨內的反間諜運動，如一九四二年的「延安整風」，既是黨內權爭，也是對戴笠迫害的正常反應；而「如果不能想像二十世紀三四〇年代裡遍布中國的長期的間諜和反間諜的活動背景，就很難理解後來在一九六六—一九七六年『文革』中，那個無數人被當作敵人『間諜』而關押、毒打、殺害的年代。」這是一個關於「暴力循環」、或者說「以暴易暴」的最生動詮釋。

一九八九年中共遭遇群眾的大規模公開抗議，鄧小平、陳雲皆視為「生死存亡」，此後警察暴力逐漸蔓延到社會面，武裝警察尤其是「國家保安局」越來越成為政權依賴的支柱。一九九九年春的「法輪功」中南海請願事件後，中國司法當局濫施拘捕、刑訊、拷打、枉判，愈演愈烈，「國保」幾成今日「蓋世太保」；而二〇一三年的「阿拉伯之春」帶來的驚嚇，又加劇了這種暴力氾濫的趨勢，失蹤、超期羈押、肉刑、凌辱、封口等等，逼近戴笠的殘暴水準，已將「公權力」異化為「國家恐怖主義」。

中共的戴笠是誰？中共與國民黨在結構上的最大不同，是更加高度集中、核心統領一切，不會有「軍統」直轄蔣介石的建制，也不會有獨立的「蓋世太保」；尤其鄧後實行的（政治局）常委負責制，其中必有一人是「戴笠」，也必定是那個主管政法口的常委，由他統一指揮國家暴力對社會和民眾的施虐，無情而有效率，創造了「國家犯罪」前所未有的酷烈程度，其作業絕不止「蓋世太保」式警察機構，而是黨組織與政府機構雙雙染血。近三十年來，除了對異議人士、人權律師、社會工作者、民間志願者、冤屈訪民的常規性鎮壓、逮捕、判刑之外，最恐怖的國家暴力主要是兩種：暴力計劃生育和鎮壓法輪功。

魯迅在「五四」時代喊過一聲「救救孩子」。晚清有「棄嬰塔」，因為重男輕女的傳統，民間常常把剛出生的女嬰，扔進此塔，不管是健康、殘疾、是活是死，扔進去的都活不了。堆積的女嬰屍體，會有人來清理。直到西洋教會建育嬰堂，在大門上開個抽屜口，任棄嬰者將嬰孩放入，由教會養育，由此棄嬰塔才消失，上海至今還有一條馬路叫育嬰堂路。我舉此例，說西洋教會積德不是重點，而是說中國傳統雖鄙陋，至少還有「棄嬰塔」，進入現代之後毋寧更異常的殘酷。

寧添十座墳，不添一個人；
誰不實行計劃生育，就叫他家破人亡；

該紮不紮，房倒屋塌；該流不流，扒房牽牛；
喝藥不奪瓶，上吊就給繩；
寧肯斷子絕孫，也要讓黨放心……

塗寫在無數村莊泥牆上的這些標語，顯示了一個比文革還要暴虐的時代，從一九七九年到二〇一五年，中國政府宣稱，「一胎化」政策減少了四億新生嬰兒——也就是說，這個政策殺掉了四億嬰兒。

中國人，尤其是十億以上的農民，血腥土改、高徵購搜糧捆綁、大饑荒人吃人、文革清隊血淋淋，他們都沒敢怎麼樣，只有「一胎化」，讓他們跟這個政權結了仇，他們說：計劃生育叫我們斷子絕孫啊！

中國政府早在一九七一年制定的「兩個正好」的生育政策，到一九八〇年已經將總和生育率從五．八一降到二．二四，人口出生率高速降下來了；也就是說，一家生兩個孩子，到二〇〇〇年也能把中國人口控制在十二億以內。但是，「一胎化」的一九八一年到一九九〇年，總和生育率是二．四七，說明這個政策完全無效。而且，這個政策還導致了人口老齡化和男女比例嚴重失調兩大問題：

二十年後中國將出現四億多老無所養的老人；

二十年後中國將出現四千多萬壯年光棍。

所以一胎化政策，是現代中國最嚴重的、動搖國本的戰略失誤。這個政策的產生機制更荒謬。撰寫《獨生》一書的美籍華裔作家方鳳美指出，中國厲行一胎化，是一九八〇年鄧小平要實現「二十年後（二〇〇〇年）GDP躍升四倍達一千美元」目標，專家告訴他達不到，除非把分母縮小，即人為壓縮總人口，而出這個主意的，竟是軍方科學家。她寫道：

當時文化大革命才結束四年，中國社會學者、人口專家不敢講話，聲音無法進入討論，只有國防科學家最具話語聲量，國防工業又男性居多，以為「一胎化」執行後，若人口下降比率過多，調整數字、讓人民再把小孩生回來就好，他們沒想過社會不是說改就改，最後決定一胎化政策關鍵學者，竟是火箭工程師出身的宋健（時任國務委員，後主導三峽大壩興建）。

這個荒謬政策的反人道性，更令人髮指。一九八三年中國進行了五千八百萬例計劃生育手術；二〇〇〇年達到八千六百多萬例絕育手術；這一年全國二點四億育齡婦女，有百分之四十八使用宮內節育器、百分之三十六左右進行了輸卵管手術結紮，永久絕育。這些數字的背後，是無數的計生暴行和民眾血淚，這是人類有史以來最大規模的有組織地侵犯女性的基本權利，全世界空前絕後。中共首腦將活人當作死的數字撥弄，不止一次了，上一次是毛澤東狂想「大躍進」、「人均畝產萬斤」，餓死了四千萬人；這次是鄧小平拍腦袋要「人均千元」而強壓人口出生率，活活消滅了四億嬰兒，人世間有何種惡魔可以與之比擬？

維權律師滕彪的《臨沂計劃生育調查手記》，為「一胎化」時代留下一份珍貴的檔案。滕彪寫道：

我覺得「野蠻」二字遠遠不能顯示其罪惡的程度。這種邪惡超出了違法行政、濫施暴力、瘋狂斂財、迫害人權、扼殺自由的範圍；它摧毀和企圖摧毀的東西是民間社會的倫理基礎和人之所以為人的精神基礎。一個老黨員受害者痛心地對我們說：「古代皇帝株連九族都沒幹過的事，讓共產黨給幹了。」房仲霞的家屬有二十二口被株連。先後被抓、被關押、被打、被收學習費的有她的婆婆、三嫂子、姊夫、侄子、侄媳婦和他們的孩子（一歲）、婆婆家的嫂子家的妹妹、親妹妹（孕婦）、妹妹的婆婆和公公、婆家的孫子、三姨和三姨夫、三姨的孫女（不到四歲）、四姨、嬸嬸、舅母、五哥的小姨子、三哥的小姨子等等。只要和她有一點親戚關係的，被發現就跑不了……受政績驅使的計生運動在執行中被執行人發現了另一個好處：那就是以罰代法，借國策瘋狂斂財。

滕彪看到，臨沂人在野蠻下，人性不曾屈服，體現不屈服的，竟是一個盲人，「陳光誠從三歲起，就完全生活在黑暗之中；但他聽到的是什麼？是一個個讓人揪心的故事，是計生人員砸玻璃和打人的聲音，是孩子和老人的哭泣，是官僚們的官話、謊話和罵人話」——陳光誠彷彿一個使者，由被殺掉的那四億嬰兒派回到這個世界來，「他仍然用歡樂的聲音、用耐心和愛心來回報這個世界」，因為他們要他來搭救那些已經和將要落胎母親子宮的弟弟妹妹們；由此他便一個人跟一個政權抗爭，由此也引來全國網友一波又一波「探訪東師古村」，使沂蒙山區孟良崮附近、地處京滬高速與國道二〇五之間的這個小村子，一夜聞名於世；由此，也引來了「中共的戴笠」——政治局常委、政法委書記周永康，親赴臨沂部署「九〇五」專案，監控陳光誠、圍堵探訪人員；由於這麼高的位階，直接染指對一個小村莊的鎮壓，當局用於陳光誠一家的維穩費，從二〇〇八年的三千多萬攀升到二〇一一年的六千萬，到二〇一二年累計已達兩個億。

周永康已經是第二代酷吏。「戴笠第一任」叫羅幹，隨「六四」屠夫李鵬進入中共頂層，操辦屠殺之後的「大清洗」，旋即奉命執行江澤民對法輪功的鎮壓政策，以「邪教」定罪，以「蓋世太保」性質的「六一〇辦公室」專職迫害功能，以遼寧馬三家勞教院、廣東三水勞教所、長春朝陽勞教所等拘禁、關押、酷刑法輪功信徒，強迫「轉化」，民間受害者給羅幹封的綽號是「中國貝利亞」、「康生第二」。然而「羅幹第二」又更邪惡，則是這個制度使然，周永康當政四川期間，便以殘酷鎮壓法輪功為「投名狀」示好中南海，接掌政法委之後，其最為詬病的暴行，是將中國從死刑犯身上獲取移植器官的由來已久的這一「政府行為」，擴大沿用至法輪功囚徒，但是國際間對此「活摘」罪行的調查、搜證努力至今不彰，亦可見此舉匿影藏形之成功。

周永康是這個體制荼毒百姓的酷吏，但是他也組織了一個自己的集團，乃是近二十年從這個體制暴露出來的一個龐大黑社會團夥，其染指政治、經濟、文化諸多領域，地域橫跨東北、西南、華東、京畿以及中央各部委，涉案官員囊括整個中共幹部系統，這個規模甚至可以跟文革中的「林彪集團」媲美。但是，更令人感興趣的是，周永康出身石油系統，發跡於「大慶油田」——那是六〇年代的一個英雄、神聖之地、「鐵人王進喜」誕生之地、毛澤東欽定之「紅旗」、中國「時代精神」凝聚之處，居然也可以向中共權力中樞輸送一個邪惡的「石油大鱷」？或許，我們恰可以從中找到「淬煉」周永康的元素：「大慶」只是一個「自力更生」的工業急救版，一個準軍事化的快速部署團隊，其「精神」偏偏是欲壑難填，中國石油系統內部毋寧充斥著蠻幹、硬賭、欺下哄上風氣，周永康出類拔萃於其間，恰好是一個絕妙的佐證。

社會黑化

清末有四大「譴責小說」，其中吳趼人的《二十年目睹之怪現狀》，寫了三教九流的二百個畸異小故事，他要能活到一百多年後，看到生意場變屠宰場，定會忍不住寫一部續集，也必定會寫蜀中幾樁官商血仇廝殺大案。

追溯始末，還得回到二〇〇六年三月十七日上午，三十年來中國商界最悲催的一幕，期貨大腕、億萬富豪袁寶璟，身披雪白哈達，跟妻子卓瑪訣別，在遼陽市被注射藥物處死，同一天被處死的，還有他哥哥袁寶琦、堂兄袁寶森，另一個堂兄弟袁寶福被判處死刑，緩期兩年執行，袁氏一家幾被滅門。

此乃一「雇凶殺人」案。有「北京李嘉誠」之稱的大連人袁寶璟，一九九六年底在四川廣漢炒期貨，將高粱炒到了二千元／噸，此刻川人劉漢帶了大量資本回來炒高粱，只做了幾個單子，高粱價格大跌，袁寶璟不得不平倉走人。這樁交易劉漢獲利二千萬元，袁寶璟則損失了九千萬元，兩人從此結怨。

袁寶璟手下，有個叫汪興的，曾是遼陽市公安局刑警隊隊長，跟袁說：「這口氣怎麼能嚥？要教訓教訓他。」袁寶璟答應「出口氣」，但叫他小心。結果汪興花了十六萬元雇了兩個殺手來到成都，趁劉漢剛從酒店出來，朝他開了兩槍，都沒有打中。事後袁寶璟給了汪興一百萬元，令其自己創業，汪興卻賠錢敗家，又拿雇凶殺人事要脅袁家，二〇〇三年十月袁寶森用雙筒獵槍打死汪興。

這廂，劉漢趁勢抓住機會滅殺袁氏，因為他當初便知道袁家派人來殺他。二〇〇六年袁寶璟「雇凶殺人」案爆發，三兄弟被判死刑，袁寶璟捐出一家印尼石油公司百分之四十的股份，總價值約五百個億，希望減刑，絲毫不起作用，因為劉漢暗通政法委書記周永康。原來劉漢早在二〇〇一年就結識周永康之子周濱，出資幫他在蜀中發橫財，亦能通過他公權私用、官報私仇。

至此，劉漢獨步蜀中，他將漢龍集團總部遷至成都，進入礦產、電力、證券、股票等行業，牟取暴利，十幾年間積累資產近四百億元，並肆意以黑社會方式擴張地盤，在成都、德陽、綿陽等地用金錢鋪路，向地方滲透，獲取四川省政協常委等各類頭銜，膨脹成為一個黑金帝國。其間，劉漢及其兄弟劉維等人，已背上九條人命，重傷十五人……。

然而他未料者，袁寶璟妻子卓瑪，著名的藏族舞蹈家，重金雇傭三名私家偵探，數年來潛伏成都調查漢龍集團，耗資數百萬，搜羅大量證據，然後通過文藝界朋友，將材料遞交給歌唱家彭麗媛，下文便不言而喻了。二〇一四年劉漢團夥以組織、領導、參加黑社會性質組織罪，以及故意殺人罪等案件，一共三十六人被抓，劉漢、劉維等五人被判處死刑。

別看袁寶璟、劉漢是身價百億的商界大腕，他們都有「第一桶金」，即「三二七國債期貨事件」，一九九五年二月二十三日，因財政部透露了絕密消息，金融叢林的動物們，有的慘敗滅頂，有的一夜暴富，四大贏家是：二十八歲的魏東、二十九歲的袁寶璟、三十四歲的周正毅、三十歲的劉漢，一舉實現資本原始積累，稱霸一方；四人最終的悲劇：魏東跳樓身亡、袁寶璟四兄弟三人死刑一人死緩、周正毅鋃鐺入獄十六年、劉漢兄弟被判極刑。

更甚者，袁劉一戰，兩敗俱傷，演出的只是一幕前台戲，滾滾暴利也只演繹著權力尋租的戲碼，背後有一個更大的政治舞台，乃是他們不可望其項背的——他們謝幕以後，蜀中又掀起驚濤駭浪，長袖善舞者，竟是京師來的一個「太子黨」，我在第二章《師夷．鬼貓》一節中提到的那個「薄二哥」，被「上海幫」聯手「團派」而擺平。

野心勃勃的薄熙來，絕非西漢末年的那個少帝劉辯——因為他罵胡錦濤「漢獻帝」，而是後鄧時代的一個危險的帝位覬覦者，他又洽逢弱君「胡溫」時代，雖然「爭儲」敗給習近平，他還在伺機捲土重來，那舞台竟是蜀中重慶。二〇〇七年「十七」大後，他上任重慶市委書記，從外地空降過來，把自己的親信王立軍從大連調來做重慶公安局長，也調來一批貼身侍衛，不離左右；王立軍構陷煉獄、酷刑「治官」，重手蕩平地方勢力，稱之為「打黑」；薄熙來以民粹手段博得民眾擁護，頗得毛澤東「文革」訣竅；「打黑」之後是「唱紅」，二〇〇九年秋，中國最搶眼的事情，不是北京秦俑方陣式的胡錦濤閱兵典禮，而是重慶的「唱紅」，嘉陵江畔傳來高亢的「革命歌聲」——紅旗、紅歌、紅標語，組成「紅海洋」，是被人遺忘了的一個舊景觀，乃造勢煽動，一種前現代的巫術，假如我們回到「文革語境」，便知道薄熙來是在搞「黨內路線鬥爭」——他對治理中國，跟江澤民、胡錦濤有不同的思路，特別是他「善於」繼承和發展毛澤東傳統，正以更有效的新術，謀取最高權力。然而他不是「正統」，只能淪為「野心家」，注定要被中南海「打黑」，罪名是：為了「入常」不惜動用政治暗殺、裹挾群眾、拉攏政治勢力和軍方向中央示威、縱容支持毛派極左勢力、試圖改變中國未來的發展方向；他妻子谷開來天文數字的貪腐不說，還指示王立軍毒死英國商人海伍德；而王立軍又被薄熙來激走，逃往成都美領館，遂成國際事件，最終將薄推下懸崖。當時中宣部一反常態，放開新聞管制，任由相關報導和傳聞在大陸互聯網和微博上傳播，以此種方式羞辱薄熙來。

時任九常委一致同意對薄熙來立案調查，其中八名常委態度明確堅決，只有一位常委很勉強，因為他的家族在重慶和四川有非常龐大的經濟利益，唯恐惹火上身。這便引出又一樁「常委大案」。二〇一二年三月十四日兩會閉幕前，溫家寶在記者新聞會上揭開王立軍事件和重慶問題，距離二〇一四年劉漢團夥覆滅，尚有兩年，習近平已經決心拿下周永康，並開始清洗石油系統、四川官場和政法系統等周永康經營了四十年的關係網絡，逾三百名周的親信、夥伴、同盟、下屬被捕、拘押。

袁寶璟、劉漢、薄熙來、周永康，此四大案的共通點是什麼？

第一、雇凶殺人，將暴力引入商界，花錢可以買暴力，此例一開，商場成屠場；

第二、社會上公開的暴力，只有警察一種，警力可以買賣，公權力私化，社會成屠場；

第三、黨管警察，賣警者必定書記，此政黑結合，黨成黑社會大佬。

不過，這些都不及當時留下的一個文本來得經典，即被薄熙來殺掉的重慶市公安局長文強，死前留下的十一句話，可說精確描述了這個黑化社會的機制，茲選錄幾條如下：

——我已經想清楚了，我參與過和知道的事情太多，我要是不死很多人就永遠睡不著覺。不殺我後患無窮。我死對他們更有利。我是可以把他們拉下水陪我一起去死的。但那就要把我老婆孩子一起賠上。

——都說我貪污那麼多的錢，玩了那麼多的女人。我不否認這些。我想說的是，這怪我也不怪我，當然我的責任更大。不管誰放在我那個位置上都會貪污那麼多的錢，玩那麼多的女人，甚至更多。那些女學生我不去玩也是別人去玩。我不過是按照遊戲規則做了點圈內人人都做的那些事情。

——誰不明白，如今一個幹部要是不貪，不色，誰敢相信你，重用你？你工作幹的再好也沒有用。全國像我這樣的幹部不說有幾百萬至少也有幾十萬吧。單單把我一個文強搞臭、殺掉，又解決什麼問題？

——我文強也是讀書識字的。以前北京菜市口砍頭也有很多的民眾拍手稱快。可這拍手稱快後還不是一切照舊？中國人幾百年變了嗎？我看什麼也沒變。殺了我不過封了我的口，這能封住貪污腐敗的源頭嗎？昨天重慶大街上有很多人放鞭炮。當年我辦了張君案後重慶不也是大街小巷放鞭炮嗎？我看三年後他們還要不要放鞭炮。

——現在的官員比國民黨還壞，我不過是其中一員罷了。把我變成這個樣子的是這個社會，這個制度。我說這麼多並不是要把所有責任都推給別人。我還是負主要責任的。

——要是當年我不從巴縣調出來，留在那裡安心當一個小片警，我的今天就不會是這樣。貪圖功名利祿是我這一生最大的錯誤。我死後我的孩子就不要再姓文了，改姓別的，子子孫孫以後再也不要從政，不要當官，遠離功名利祿。平淡、平安才是福。

文明滅絕史

大陸毛左代表人物張宏良，抨擊矛頭指向「國際壟斷資本」，稱中國將「再次被瓜分」、「成為西方發達國家隨意擠壓的『國際奶牛』」；然而與此同時，在中國「西部大開發」的浪潮下，西藏的生態也面臨劫難，不是成了「中國的奶牛」嗎？

西藏是「地球第三極」，是北半球氣候「調節區」和「啟動器」，也是「江河源」和「生態源」。青藏高原上的冰川，是許多河湖水源的補給來源，東流有長江、黃河，西流有印度河，南流有瀾滄江、怒江、雅魯藏布江等。長江發源的冰川叫姜古迪如冰川，綠色家園召集人汪永晨說她九八年去那裡的時候，還是「高原草甸，滾滾江水」，有七百多條冰川，十一年後再去，冰川已經全部消失，「很多長江源的支流已經完全乾涸了，一點水都沒有」。另據報導，黃河源區，青海瑪多「三江源區」的四千多個湖泊，百分之九十以上已經乾涸。

雅魯藏布江據說是地球上最富含水力發電潛能的兩條河流之一，但攔截此江，便如同摧毀西藏高原極脆弱的生態系統。在雅魯藏布大峽谷那個著名的「大拐彎」處，據稱中國正計畫興建三十八億瓦特的水電站。中國會歇手嗎？未來二十年中國能源需求面臨巨大缺口，要增加二十六座兗州煤礦、六個大慶油田、八個天然氣西氣東輸工程、四．三個左右的三峽水電站的裝機容量、二十個大亞灣核電站和四百個大型火電站。

西藏高原的兩側，各有一個最古老的所謂大河文明，華夏和印度，兩邊都應當拜西藏雪山為「養育父母」，中國倫理講究「滴水之恩，湧泉以報」，可是人們今天看到的恰好相反。這裡有兩個層次的隱喻：在生態的含義上，破壞西藏的生態，意味著摧毀中原生態的源頭；在精神的含義上，藏傳佛教蘊含的巨大資源，尤其是十四世達賴喇嘛從中提升出來的普世價值，可以接濟華夏文明缺失，而漢人卻正在下手把它滅絕。

暢銷書《槍炮、病菌和鋼鐵》的作者生物地理學家賈德．戴蒙又寫了一本著名的《大崩壞》，提出環境崩潰使文明消失的所謂「五點框架」：生態破壞、氣候變更、強鄰在側、好的交易夥伴、文化價值觀上如何應對生態；前兩點和第五點，是對任何文明都適用的；有趣的是，第四點「強鄰在側」和第五點「好的交易夥伴」，恰是一對悖論的因素，套在中藏關係上再合適不過，因為敬畏大自然的西藏文明擁有最先進的生態倫理，她卻不能守護她的「天上人間」完好如初，不幸因為她的華夏強鄰的虎視眈眈，恰好是毀滅藏傳佛教，才能最終占有西藏的自然資源。

一九五〇年夏八萬中國軍隊進軍西藏，拉薩兵臨城下，此時年僅十五歲的達賴喇嘛即位；九年後發生「拉薩事件」，達賴喇嘛請示神諭並遁走印度，無數僧侶藏人跟隨他來到喜馬拉雅山南麓，在印度重建甘丹、哲蚌、沙拉三大寺，和流亡藏人社區。從閉塞的世界屋脊，躍入五洲四洋，那年達賴喇嘛不過二十六歲，一九八九年他榮獲諾貝爾和平獎。

從「現代化」命題看西藏，是一個很有趣的視角。閉關鎖國、師夷長技等中國人的玩意兒，在他們彷彿都是經歷的，救亡無疑，啟蒙就未必了，他們必須堅守藏傳佛教，所有外面的模式、標準都無法衡度這個文明。其實十三世達賴喇嘛，已是一個相當熟悉世界的明白政治家，在強敵環視下也兩度流亡，並嘗試種種改革，皆功敗垂成，他臨終預言：西藏將遭到內部和外部的攻擊，家園、寺廟乃至達賴、班禪制度，將遭摧毀，湮沒無聞……。

湯因比在其《歷史研究》中，從文化輿圖勘定地球上（或他所謂的「生物圈」內）二十一種文明，其中有七個存活到今天，十四個已經滅絕，藏文明尚未計算在內，未知被他併入了「印度文明」（宗教）還是「中國文明」（地理）。其實湯因比早已說了「文明衝突」，何時成了杭廷頓的發明？湯氏極言各類文明在空間上的接觸（征服、殖民、奴役、掠奪），背後都是所謂「高級宗教」在做驅力，西方基督教從中世紀晚期至二戰烽火寂滅，已睨視環球無對手，卻不料從俄羅斯冒出個「共產主義」來，定睛一看，它不過是披著馬克思外衣的俄國東正教。那麼，藏傳佛教所面對的那個中國霸權，是否儒教的變種、衰亡、甚至也披了外衣，抑或被華夏後裔自行將其也滅絕了的後果，則迄今沒有定論。

文明衝突唯有「優勝劣敗」，是個老黃曆了，湯因比大談「自然法則」，又駁斥斯賓格勒的「命運說」，但是按照他的「挑戰與應對」範式，弱勢文明的滅絕，依舊是命裡注定。〈文明在空間的接觸〉一章中，他逐一詮釋近代西歐與東歐、遠東、中東各文明的縱橫捭闔，卻對美洲本土文明寥寥幾筆帶過，定義為「應對困難局面不成功」。

印地安文明的悲劇根源，後來在賈德·戴蒙的研究和著述裡有了最新解釋。他潑墨重彩地書寫一五三二年底秘魯高原上的「千古一見」——率領八萬大軍的印加帝國皇帝，居然被西班牙入侵者皮薩羅所生擒，這個無賴手下只有一百多個烏合之眾，人力懸殊是五百倍以上，然後戴蒙問了一個問題：「為何印加皇帝不能捕獲西班牙國王？」給出的答案，近因包括槍炮、武器和馬匹的軍事科技、來自歐亞大陸的傳染病、歐洲海軍技術、中央集權的政治體制和文字等等，遠因則是所謂「自行發展糧食生產業」（food production arose independently）的領先群倫、所向披靡。這套理論，不過是把西洋「堅船利炮」說——曾令大清一敗塗地，又往前倒溯了的三百年而已，一八六〇年僧格林沁的兩萬五千蒙古騎兵，不是也在京郊八里橋呼嘯衝向英法聯軍，結果只有七人生還嗎？

那位可憐的印加皇帝後來被皮薩羅囚在一間小屋裡，作為人質向印地安人索取贖金，一俟黃金堆滿屋子，他就被殺掉了。戴蒙說，這個事件是「世界史的一扇窗，許多殖民者和土著的衝突，跟皮薩羅俘獲印加皇帝有異曲同工之妙」，我便立刻想到班禪喇嘛，他不正是被北京「囚禁」了一輩子，而向西藏索取的贖金，豈是黃金可以比擬？戴蒙特意詮釋印加帝國的天真、無知、輕率中計，背後乃是文化作祟，如印地安文明未產生文字、新大陸的隔絕使信息閉塞、從未面對入侵者而無從生出戒備心等等，這跟達賴、班禪兩個青年喇嘛去北京拜見毛澤東，以及西藏輕易就簽署了「十七條」，不是有些相近嗎？我注意到，直到達賴喇嘛寫自傳的時候，毛澤東在他筆下還有這樣的氣魄：「如果他想把頭從左邊轉向右邊，需要花好幾秒鐘，這使得他看起來威嚴而有自信。」

無疑西藏到近代，也是一個衰落文明，但更不幸的是，鄰邦中國恰在二十世紀後半葉崛起，且由一個梟雄掌控，那個自詡「秦皇漢武」的毛澤東，狂言死掉三億漢人也無所謂，而他又視征服西藏為一大事功，藏傳佛教豈能在劫難逃？藏人低估共產黨征服的決心和現代化的軍事力量，也與印地安人不相上下，更遑論他們還是一個不殺生的民族？在漢人的殖民統治下，藏人是無所謂「藏奸」的，能妥協就妥協，那些活佛、世俗首領，如班禪喇嘛、阿沛．阿旺晉美，可說都是投誠中共，但中共從來沒能從精神上征服過他們。有時我會拿西藏跟越南相比——可以把越南炸到石器時代去的美國，無法戰勝不惜以十換一的越共，美國士兵的道德最後崩潰了。可是共產黨沒有道德——讀林照真的《喇嘛殺人》，可知解放軍的鎮壓和屠殺行徑，必須具有某種不把藏人當人的野蠻才行。這是一種怎樣的張力？

內亞的亂序

由黃河溯源而上青藏高原，是一個雙重的隱喻：既在地理上從中原到邊陲，也在權力網路上從中心到邊緣，所以西藏、新疆等區域，與中國／漢族的關係，也是一個雙重的「中心—邊陲」，其間複雜的歷史、文化、政經脈絡，可謂「剪不斷、理還亂」。共產黨標榜「國際主義」，骨子裡卻是帝國主義，史達林的蘇聯和毛澤東的中國皆然。毛從不掩飾其帝王心態，也欲稱王「第三世界」，對於中國版圖，則是重返康熙的夙願。毛時代的民族政策，以「階級鬥爭」和無神論折騰有信仰的邊疆民族，惹出五九年西藏暴動及達賴喇嘛出走、六二年六萬人逃亡的新疆「伊塔事件」；從鄧小平開始的「改革」，名為糾「左」，實則改為赤裸裸的控制：經濟上的「輸血」和「掠奪」雙管齊下，並不動聲色以移民改變兩個邊陲的「人口比例」，愈加驅使維吾爾人、藏人的離異之心，而彈壓變本加厲，龐大國防軍淪為護院家丁。

中國閉關鎖國時代，它餓死幾千萬人，對外面世界的影響卻微乎其微。如今它發達了，其制度的惡劣效應也隨之放大，叫全世界吃不消，又遑論邊陲？中國內陸與新疆、西藏，有民族矛盾，也有統獨矛盾，還有所謂「生存空間」、領土資源的矛盾。自古中國「合久必分，分久必合」，端賴中原的強弱。中國又是這個星球上極罕見的單一文字書寫系統覆蓋數億人的一個民族、一種文明，分疆裂土的機率極低；「分裂」成為一種罪名，乃中共維繫集權的藉口而已。

後「六四」二十年裡，中國的「經濟奇蹟」催肥「民族主義」，也將「大一統」充填成巨無霸，越發大剌剌的驕橫起來，其效應便在「三一四」拉薩事件和「五七」烏魯木齊事件，皆突發、血腥、撲朔迷離，國際社會如墜五里霧中，眼睜睜看中共將藏維兩族玩於股掌之上，北京事後還不忘朝西方抹淚說它遭到「恐怖襲擊」。在世間渾沌的輿論，和眾多疆藏問題專家的分析中，我看只有王力雄獨到而敏銳，指出新疆「巴勒斯坦化」、中國民族矛盾升級為種族對立；他並分析激化原因，乃中共在民族地區實行「主動出擊、露頭就打、先發制敵」的政策，後來發揮成「不露頭也要打，要追著打」；其背後的利益驅動，是所謂「反分裂」的職能部門要「吃反分裂飯、升反分裂官、發反分裂財」（平措汪傑語），而「所謂的『分裂』

越嚴重，帝國賦予這些部門和人員的權力就會越大，輸送的資源也會越多。這決定了他們從本能上會希望『分裂』問題始終存在。」這樣的凌迫，正在把不殺生的藏民族逼向武力反抗，也把溫和的新疆穆斯林激往極端。

新疆維吾爾族遭遇更加悲慘，又因為回教世界自賓拉登襲擊紐約世貿雙子星之後，已經在國際間烙下伊斯蘭「只會復仇」的深刻印象，好像回教的「恐怖主義」氾濫，居然報應到新疆，給了漢人政權打擊他們的「合法性」，甚至北京對烏魯木齊騷亂有欲擒故縱的竊喜，任你殺掉一些漢人，然後再跟你算帳，從控制新疆的戰略角度來看，實為極陰險的一招。然而，維族菁英分子已在五〇年代被中共洗滌一盡，他們比擁有達賴喇嘛的藏人，真是天壤之別。新疆乃中國之最，占六分之一領土，有石油資源，是從哈薩克輸入能源的通道，還是中國核武導彈試驗場地，戰略地位極重，所以北京才以半軍事化的屯墾兵團駐守，又配以移民、開放措施，二〇〇七年已有八百二十萬漢人，而維族人不過九百六十萬，漢維衝突、械鬥不斷，以致二〇一四年中國在此廣設「再教育營」，習近平對新疆乾脆搞「集中營」統治。

中國的西域史新秀劉仲敬，拓展了別有洞天的「諸夏諸亞」觀，重新梳理出一套當代胡漢論說。他借用東周列國之「諸夏」概念，定義齊、魯各路諸侯，所謂「春秋五霸、戰國七雄」，其自視是「禮儀之邦」，而視南夷北狄若「戎狄豺狼」，直至明清，漢人稱呼長城以內諸省仍為「諸夏」。但是長城以外、西方史家稱之為Inner Asia，即內亞，東起滿洲松花江流域，越過山西高地，向西到關中盆地、青海西藏，然後到印度北部、伊朗一直延伸到烏克蘭大草原，這個廣大的地區，劉仲敬稱之為「諸亞」。他說這裡是一個高度流動性的草原地帶，技術和信息的傳播速度非常之快，是一個四通八達之地。在十六世紀海路興起之前，世界上傳播速度最快的，就是草原上的商隊和騎兵，從烏克蘭到蒙古邊境，商隊在草原上沒有任何障礙，行進飛速，此即縱橫草原、橫貫東西的各種商隊，蒙古人的、穆斯林的、伊朗拜火教徒的，發揮了近代歐洲商團的作用，也相當於海洋上大英帝國的艦隊，在十五世紀以前的世界史上，內亞草原就近代史上的海洋。相反，東亞在地理上比較孤絕，如果從揚州到曲女城，到印度，更不要說是到大不里士，坐著牛車或者是馬車，速度非常慢；反之從各大主要文明的核心區到東亞來，只有通過內亞大草原，也非常遲緩，東亞，長城之內，也就是諸夏，是處在被動地位上的。此說其實並不新鮮，似乎在重複西人的「蒙古風暴」說，即成吉思汗是一個更早的哥倫布——航海大發現，乃至一四九二年的哥倫布發現美洲，由此打通全球，而成一個「世界系統」、一個所謂「開端」，不料往前追溯二三百年，曾有橫掃歐亞大陸的蒙古鐵騎，勾連了西歐和東亞，締造了一個更早的「世界系統」。後文我還會談及此說。

劉仲敬的論說，指出諸夏和諸亞，是兩個異質性很強的文化共同體，它們之間始終發生衝突，史上元清兩朝「胡人入主中華」，即蒙古和滿洲的入侵，就是這種衝突的一部分，這個衝突早在殷商和周朝就已經開始了，從中國文明史上可以看到，東亞通常鬥不過內亞，東亞越是統一的時期，反而越弱，越容易被征服，這也是大一統政權的一個副作用，它消除了各邦之間的競爭，不像歐洲那樣有分裂競爭的關係。東亞歷史上最強的時候，反而是春秋戰國時期，這就像歐洲近代資本主義的起源，軍事技術的進步，關鍵因素就是各邦的競爭。歐洲雖然也受到蒙古人和其他游牧民族從烏克蘭草原上來的入侵，但是最終能夠轉弱為強；而諸夏面對諸亞，因為在大一統格局下就越來越弱。所以劉仲敬認為，諸夏（中原）想要復興，只有恢復春秋戰國時期各邦分立的狀態，像西歐那樣在分立中，相互競爭而趨於強大。

劉仲敬這套論說，用於今日新疆、西藏如何呢？劉仲敬以波羅的海不凍港哥尼斯堡為例，分析德國為什麼失去它，「原因不是因為日耳曼人和斯拉夫人的民族問題。根本原因在於：大日耳曼的自我塑造步入歧途，造成了德國和世界不可調和的結構性衝突，地緣政治的理由注定東普魯士形同絕地，它像闌尾一樣插入斯拉夫世界，在任何衝突中都會首先被切斷。」他認為，只要把德國換成中國，把東普魯士換成內亞，就會明白地緣形勢的危險性，這不是人力所能改變的。他說：

> 內亞其實只有兩個問題：正統性的失敗和地緣政治的緊張。這兩者都不是民族問題，「民族」只是一個方便的藉口而已。正統性的失敗是中國整體的失敗，而地緣政治的緊張才是內亞的特殊問題……內亞鬥爭的升級不是地方性因素造成的，也不可能局部解決。只要中國在世界體系內的合法性建立不起來，她最脆弱的地緣斷層就會首先潰敗。所謂的民族矛盾，其實是中國和世界結構性衝突的暴露。

山河賠進去了

華北平原和四川盆地，「中國奇蹟」犧牲的兩個地方。

中國目前是溫室氣體排放最多的國家，對中國人具有潛在的嚴重後果。相對乾燥但肥沃的華北平原，密集灌溉將使致命熱浪的風險大幅增加。二〇一八年美國麻省理工學院的一份最新研究結果預測，如果碳排放不減，包括北京在內的華北平原將成為死亡區域，於二〇七〇年前接近不宜人類居住地區。

華北平原西起太行山和伏牛山，東到黃海、渤海和山東丘陵，北依燕山，南至大別山區一線與長江流域分界，跨越河北、山東、河南、安徽、江蘇、北京、天津等省市，面積達三十萬平方公里。

潮濕的熱浪將會在本世紀末襲擊中國北部平原，華北平原區未來將成為最熱的地區。華北平原區域內的四億人口中，有許多暴露在極端氣候中的農業工作者，在熱浪和高濕度條件下，戶外的人在六小時內會死亡。

二〇〇八年汶川大地震、二〇一三年蘆山大地震、二〇一四年康定（六．四級）大地震、二〇一七年的九寨溝大地震，如此密度的大地震，發生在長江上游的四川盆地，為什麼？是因為重物（三峽大壩）一直壓在板塊（蓋子）上的愚蠢行為造成的。

現在可以肯定，只要三峽大壩不拆除，四川省五年之內一定還會有大地震。

地球自我調控的規律是，一個已經發生過地震的地方，短期內不會再次發生。但是這個規律被人為破壞了，當人類把重物（三峽大壩）壓住已經煮沸的鍋蓋（地球板塊）上，大地震就不斷地發生。

大量的水和大壩本身的重量集中壓在一個板塊上，內部的壓力一定會尋找最薄弱的環節突破，這個薄弱環節就是四川盆地與西部山脈的交界處的龍門山。

權力尋租、社會黑化、邊陲離異，更甚者，經濟起飛對於中國自身，是摧毀性的，它在價值和生態兩個層面，使「中華民族到了最危險的時候」，坊間直說「斷子絕孫」的發展模式。環境代價今天已成不爭事實，大半個中國沉淪於重度霧霾，中共為挽救他們的江山，不惜毀掉中華民族的江山，土地、空氣、江河統統污染了，國人的癌症發病率急劇上升，民間哀慟「國在山河破」。

中國老百姓吸著毒氣才發現已經束手無策，他們失去任何有效手段，去改變哪怕一絲一毫的國家政策。當中國成為世界第二大經濟體，中產階級也並未如同西方理論所預言的，自然而然地要求「民主政治」，他們大多數拚命地逃離，攜款移民西方。「六四」後中共鼓勵全民發財，其本質含義是綁架全民跟他們一道投資了三十年，老百姓出賣勞動力，誰都不想血本無歸；現在經濟下行了，機會少了，失敗的人多了，越是如此大家就越想保住最後一點殘羹剩飯，誰都害怕大局崩壞，一根救命稻草都撈不到。

一九九二年開始的中國市場化，是撇開所有制改革，繞開憲政改革，即楊小凱所說的，鑄成「國家機會主義」，坑蒙拐騙，先用國家權力排除工人的討價還價；農村則是宣布「土地公有」之後，任憑公開瓜分，接著就是「圈地運動」——西方經濟學中所謂的「降低交易費用」，是指保證交易雙方討價還價權利的前提下，以整合契約的方式減少交易費用，而不是用剝奪一部分人討價還價權利的方式為另一部分人降低「費用」。這一切國家暴力的干涉，都需要一個政治前提，那是由「六四」屠殺提供的，所以「六四」不能翻案，乃是中共的底線。無情的剝奪需要貌似合理的麻醉和慰安，於是中共煽動民族主義，將「國家」在價值、話語、情感的層面置於霸權位置，壓制、化約個人權利；將經濟增長置於剝奪一切（民族的所有生態資源、子孫後代的生存）的優先位置，而鑄成「國家安全至上」的新極權模式。這是一個集權升級版，是八九年蘇聯解體之後出現的馬克思列寧主義制度的更新換代，而西方和國際社會尚大夢如酣。

西方懵懂的另一點，也由賈德·戴蒙指出：中國百分之十的年增長率：「各種環境問題皆導致巨大的經濟代價、社會衝突和健康問題，其中某一個單項都足以引起中國人的嚴重關切。但是以中國巨大的人口、經濟和區域，其環境問題勢必不止是個國內事務，而將泛溢到世界其他地方，凡是與中國分享一個星球、一個海洋、一個大氣層的皆將漸次受到影響，亦即中國的環境問題也將全球化。」

短短三十年，東亞最豐腴的這塊江山，已經殘破不堪。二〇一四年春凱迪網路上有一個帖子，羅列了一些資料，觸目驚心：

二〇〇六年國家劃下「十八億畝」耕地保有量的紅線，為不可逾越的糧食安全底線，而中國實有耕地總數就是十八億畝，其中受重金屬污染的耕地面積達三億畝，占百分之十七；百分之二十的用糧靠進口；

建國初期擁有一百一十二億立方米森林，到今天只剩餘十二億，僅夠維持六年；除西南、東北及天山山脈等地還保存有少數的原始森林外，其他地區的森林全部退化；

全國荒漠化土地面積三百六十七萬平方公頃，占國土面積百分之三十八．二，每年以三千四百三十六平方公里的速度在不斷擴展；沙漠正在逼近、包圍北京，只剩下不足七十公里，遷都就在眼前；

九〇年代全國有兩萬七千多條河流死亡，整個西北、華北已無一條常流河；中國七大水系全部嚴重污染，全國有三．二億人飲用不安全的食水；淮河已被稱為「死亡之河」，長江在十年之內，水系生態瀕臨崩潰；

全國大範圍、大面積空氣不達標，數以億計的人口暴露在嚴重污染的空氣之下；每年導致三十五萬至五十萬人過早死亡；二〇一〇年一百二十餘萬人死於空氣污染；

中國煤炭剩餘儲量九百億噸，可供開採不足百年；石油剩餘儲量二十三億噸，可供開採十四年；但是中國耗能高、效率低，二〇一二年消耗全世界百分之二十的能源，單位GDP能耗是全世界平均的二．五倍、美國的三．三倍、日本的七倍。

「中國由盛轉衰只需三十年」——經濟合作與發展組織（OCDE），針對中國取消獨生子女政策，展開一項研究，得出這個結論，它預測中國經濟將在二〇三〇年達到頂峰，然後到二〇六〇年左右會再被美國趕超。中國生育率仍遠低於其更替水準，這導致中國勞動力市場也開始萎縮。中國十五歲至六十歲群體的人數在二〇一二年開始下滑，預計還會進一步降低。到本世紀中葉，中國勞動力將下降約四分之一。到二十一世紀三〇年代左右，中國經濟必然趕超美國，但在此後，由於人口老齡化，中國經濟增長將開始減速。

中國目前最大的對手，是東南亞與印度的約二十億「農民工」，他們比中國農民工更廉價、更年輕、素質更高，很大一部分能說英語。在馬來西亞，一個二十來歲高中畢業的印尼籍傭月工資不到一千二百馬幣，即不足二千元人民幣，英語流利的菲傭月工資在二千五百元人民幣左右。周邊國家年輕勞動力可謂取之不盡用之不竭，他們與中國農民工一樣，馬國無需負擔他們福利；而且，這些國家沒有嚴密的網路防火牆，包括越南在內，所有東南亞國家google、facebook、twitter、YouTube 隨便上；這些國家「民主憲政」不是敏感詞，沒有那麼頻繁的刪貼封號；這些國家的執政者不管好歹都得靠競選上台，連緬甸都「選舉」了。

整個地球當前只需要五億人從事低端製造業。一旦東南亞與印度二十來億人口中，有四五億人真正融入世界經濟分工體系，中國的產業向外轉移將勢不可擋。由於中國的勞動法、驅趕大城市低端人口、一刀切的環保風暴、高稅收、產權人權保障不力、各種運動式執法、土地壟斷導致的社會綜合成本上升等等因素，將加速中國產業外遷的速度，而使失業風暴更加猛烈。

第四章

血肉

〈義勇軍進行曲〉唱道：

起來！
不願做奴隸的人們！
把我們的血肉，築成我們新的長城！

然而，那抗日的民眾，於今龐大到十四億之巨，卻仍然是一群奴隸；而抗日戰爭，也一向被解釋成中共坐大的關鍵因素，於是當代中國人，不是像極了歌詞裡那「血肉」二字？

豈止如此。二〇一五年美國前國務卿希拉蕊，在哈佛大學的演講中，預測「二十年後中國將成為全球最窮國家」；後來又更正，此說乃是蘭德公司的一個報告，有七個依據：

一、中國人不懂對自己的國家和社會應承擔的責任和義務；
二、中國人是世界上少數沒有信仰的可怕國家之一；
三、中國人所說的政治就是欺騙和背叛；
四、大多數中國人從來就沒有學到過什麼是體面和尊敬的生活意義；
五、中國人的價值觀建立在私欲中，因為勞動力和商品都廉價，以及惡性競爭；
六、中國人還停留在動物本能上，追求食性兩端；

七、中國式教育是失敗的。

從西方價值觀剖析中國人的「民族性」，會跟魯迅、柏楊的「醜陋」說大相逕庭，顯然更準確，因為連魯迅都對「權利義務」那一套不甚了了，我還看到林語堂說了別有意味的另一套：

中國歷史，每八百年必有王者興，其實不是因為王者，是因為新血之加入。世界沒有國家經過五百年以上而不變亂的；其變亂之源就是因為太平了四五百年，民族就腐化，戶口就稠密，經濟就窮窘，一窮就盜賊瘟疫相繼而至，非革命不可。所以每八百年的週期中，首四五百年是太平的，後二三百年就是內亂兵匪，由兵匪起而朝代滅亡，始而分裂，繼而遷都，南北分立，終而為外族所克服，克服之後，有了新血脈然後又統一，文化又昌盛起來。

林語堂這個統計，其實要算太粗略的，四千年文明有幾個「八百年」，而所謂「太平」又何曾有五百年的？不過百年就會亂世，大約是一個常規，中國這個民族則熟視無睹，早已慣了，近代百年的外禍從甲午恥辱算起，大凡也是讀書人叫得凶點，尋常百姓還得討生活，繁衍後代，只求逃過亂世便罷，哪裡顧得許多，也只有硬起心腸而已，所以林語堂有個形容極深刻，他說中國就是一張不動聲色的「老婆婆臉」，不過在四九後的七十年裡，中國又出了一個新詞：「吃瓜大眾」。

那麼，三十年前有過一場大屠殺，然後中國迎來三十年經濟起飛，接下來就是貧富崩裂、階級對立和道德滑坡，晚近的中國人又如何應付的呢？有誰書寫過這三十年的狂瀾、污濁、驚悸、血淚？又有誰認真梳理過思潮風俗、世態百媚、幽史穢聞、精靈魍魎？

農婦

我們先從社會最底層說起。二〇一六年夏甘肅臨夏農婦楊改蘭，用斧子砍死四個孩子，然後服毒自殺，這偏遠貧瘠處傳出的慘烈，居然叫寡廉鮮恥的中國為之一震。中國女性人口總數約五億，比美國和前蘇聯加起來還要龐大，而其中有近四億人（百分之七十九．九）生活在前現代的中國農村，有兩億七千萬是育齡的，有一億八千萬是文盲。

這五億人口的悲慘，讓西方各種女性論說，都在中國獲得驗證：階級壓迫不能涵蓋性別壓迫；家族制度是女性受壓迫之根源；私有財產和財產分配不均是婦女被壓迫之主因，等等。更甚者是三十年改革，全社會性的急功近利——經濟成長社會發達（農村承包、城市企業消腫、壓縮就業），觀念變革個性解放（男人要求離婚自由、青年追求性解放），以及為患最烈的人口膨脹困境（一胎化），全都以犧牲女人而找到出路。

中國近代以來的一貫看法，傳統的農村婦女（特別是北方）不是生產性的，她們被排斥在農業生產之外，只從事無價值性的家務勞動（炊洗紡縫加餵養牲口），然而一九八五年一個西方研究者沃爾夫到中國在四個地區的調查後發現，女勞力在農業勞動中占到百分之五十九至八十八，而男子僅占百分之十一至六十四，北方與南方並無明顯不同，關鍵之點是，在中國婦女成了正規的農民，而男子則為半個農民半個流動勞力的模式，然而，婦女的辛苦勞作幾乎沒有統計上的意義，也被排斥在流通（得不到薪金支付）、法律合同（只能算在父親／丈夫的名下）和資訊之外。前現代經濟下最基本的農業生產，實際上是靠沒有直接分配權的幾億婦女完成的。極貧困的陝北榆林二十八個鄉鎮的調查資料顯示，男性勞力外出從事商品生產已達百分之六十五（青壯勞力達百分之八十），剩下的男性都是老弱病殘，可見還被封在黃土高原上「面朝黃土，背靠青天，土裡刨食」的只剩女人，而這真正的農民——五萬多女勞力的外出只占百分之〇．五六。

傳統居住方式和家族至上的中國父系男權結構，並未因一九四九年以來的「解放」，或者以公社和生產隊重組農村結構而有絲毫觸動，廢除私有制也未對從夫居習俗（女兒出嫁便失去娘家的繼承權）和土地的男性繼承構成任何挑戰，只是變相為以男性人丁分配，從徵購、口糧到自留地；廢除公社制實行土地承包不過是徹底恢復了土地制度中的父系男權，女兒出嫁就失去土地，兒子娶媳則得到土地，婦女離婚也失去土地。以土地為命根子的中國農民，對這種政策的直接反應，是在生育的性別選擇中毫不猶豫地剔除女性，強制性的一胎化政策在農村又加劇了這種人為的性別淘汰，溺女嬰之風熾起，女嬰女童性別比例失調，被溺女嬰加上被強迫引流的「超生兒」，全國每年當以百萬計。

八〇年代以來的開放，又全面暴露出掩蓋在黨結構之下的父權文化和男性中心結構，從農村的溺女嬰、童婚、換婚、拐賣婦女、強迫孕婦流產，到都市裡的離婚潮、大女難嫁、女工失業，以及橫跨城鄉的賣淫業的興起，在在顯示了中國女性的空前難堪。城鎮五千一百萬女工面臨同男性競爭而失去「鐵飯碗」，因為個人素質（教育程度、專業技術和創造力）普遍低於男工，原因自然是生兒育女和極度消耗性的家務拖累所導致。據東北兩大工業城市的調查，女工的職業和家務兩項勞動總和每天達十二．一小時，被解釋為一種「美德」的女性犧牲是：「一保丈夫，二保子女，第三才是自己」；而在一胎化政策逼出「小皇帝」風俗後，夫妻「二保一（子女）」之下女人便淪為「人梯」（報酬是封一塊「模範妻子」的牌坊）。

中國農婦的悲慘，還發生在另外兩件事情上。第一件便是上述甘肅楊改蘭的自殺行為，中國婦女自殺人數，占世界婦女自殺總人數的百分之五十六；中國平均每年自殺的二十五萬人中百分之九十是農民；農民的自殺率是城裡人的三倍；婦女自殺率比男性高百分之二十五，達到每十萬人中十八人，這個比例比其他國家高出五倍。所以婦女自殺率高於男人，農村自殺率高於城裡，農婦在這種百分比裡，也是壓在最底層。

第二件，是中國農村婦女賣淫。自由撰稿人劉辛分析，其原因是由於極端的貧困和擺脫貧困的無望；接近婦女生理極限的勞動強度，日復一日難以忍受的筋骨的勞累及不相匹配的極低的勞動報酬；失業；疾病和家庭債務；婚姻問題等等，都是農婦賣淫的直接成因，而這類賣淫女構成了中國賣淫業的主體。劉辛還指出，泰國自於農村地區的妓女每年給自己家鄉的匯款達三億美元，遠超過政府對這些地區所投入的發展資金，那麼：

沒有人統計過每年中國的賣淫女往自己的家鄉寄過多少錢，但我想這數額一定不小……世界衛生組織在一份關於全球性工作者使用安全套情況的報告中指出，中國估計現有六百萬名性工作者，這個數字接近香港總人口。這個六百萬只是賣身女本身的數量，而至於與賣淫有關的領域的從業人員的數字按在其他國家的比例估計可能會有一千萬，這些相關領域包括：旅館、餐飲、交通、酒吧、夜總會、旅行社、通訊、醫院、百貨商店等。這個以中國農村姑娘為基本勞力建立起來的產業為中國的GDP貢獻了幾個百分點呢？

末了，難道就不提被楊改蘭砍死的那四個孩子了嗎？這是在甘肅被媽媽殺掉的四個孩子，而二〇一五年在貴州畢節，則有四個孩子在家喝農藥自殺了，大的十三歲、最小的才五歲，由此拉開了「留守兒童」的悲慘帷幕，又叫寡廉鮮恥的中國大吃一驚。貴州畢節這個地方，近年已有多起慘案：二〇一二年十一月五個小男孩在寒流來襲的雨夜躲進垃圾箱生火取暖，因一氧化碳中毒死亡，大十三歲、最小九歲；二〇一三年十二月畢節五名兒童在放學路上被農用車撞死；二〇一四年四月，畢節當地傳出十二名小女生被教師強暴，年齡最小才八歲……這些被悶死、撞死、姦污、自殺的孩子們，只因為他們的爸爸媽媽沒在身邊，離家打工去了，而殘害他們的其實不是別人，正是這個體制。

中國農村留守兒童數量超過六千萬，城鄉流動兒童多達三千五百萬，而有將近一億兒童，或在異鄉為異客，或在故鄉為異客，又因中國的戶籍限制，而無法在城市裡享受正常的就學就醫權利。二〇一三年五月許志永發起「新公民運動」，為農民工子女爭取「教育平等權利」，卻被北京市第一中級人民法院以「聚眾擾亂公共場所秩序」罪名判刑四年，這個體制不叫豺狼，喚它什麼？

中國膨脹成「世界第二大經濟體」、外匯存底第一、富豪多得叫外面咋舌，但是國人高中畢業的比率，低於巴西、阿根廷、墨西哥、南非，農村孩子只有百分之三十七走進過高中校門。美國史丹福大學發展經濟學家羅斯高（Scott Rozelle），窮三十三年之精力，做中國農村田野調查，他的結論是，中國農村兒童智力低下，有三大殺手：一、他們至今只吃得上米飯、麵條、饅頭，肉類、水果、新鮮蔬菜稀缺，他建議中國政府給農村兒童提供維生素，那是最快最安全的鐵元素和礦物質提供之途；二、農村兒童百分之二十七貧血，體質虛弱而導致認知能力下降，不能集中精力，還有百分之二十五近視眼，看不見黑板；百分之三十三肚裡有蛔蟲，妨礙發育；三、農村文化貧乏，沒有足夠刺激嬰幼兒的事物，這使得他們跟城市兒童相比，不僅從娘胎裡就吃虧，出生之後直到四歲，智商都低於城市，輸在起跑線上，兒童在三歲，腦子已經定型。種莊稼、上工廠流水線，都不需要很高的智商，但是未來科技發展，對勞動力素質的要求更苛刻，對中國而言，這不僅失去了先機，也是一個社會公平問題。

螻蟻

〇八年奧運會結束後，中國盛世馬上開始逆轉，股市跌到一九〇〇點以下，樓市下跌潮也從廣東傳到了北京、上海；珠三角、長三角、山東等地的企業開始大面積倒閉、減產、裁員，外資企業撤離中國，工人失業，大學畢業生就業艱難；失去工作的農民工開始返鄉。在經濟衰退、失業、收入減少、生活水準下降的情況下，民眾心中積壓的不滿情緒，稍遇火星就爆發衝突，遍地乾柴烈火。

接下來〇九年，又到了逢九的年份——五十九（大饑荒）、六十九（文革）、七十九（九一三）、八十九（六四）、九十九（法輪功），「中國逢九必亂」這類讖緯式的東西，連西方人也相信起來，〇八年美國專欄作家吉姆・曼恩（Jim Mann），在《洛杉磯時報》他的專欄裡就說，翻開中國大陸的近代史，「逢九必衰」是一句口耳相傳的讖語，其並非迷信，蘊含著「其來有自」的道理。

中國農民工大約有兩億三千萬，正是「全球化」獲取豐厚利潤之最低端的廉價勞動力，他們的血汗結晶，便是「中國起飛」之大規模基礎建設、城鎮化和「世界工廠」。全球經濟萎縮，處於產業鏈下端的中國，大批勞動密集型中小企業關閉、破產或停產情況，萬千農民工失去工作，工資拖欠，踏上返鄉之路。此情形頗與晚清相似，太平天國的肇始，即在鴉片戰爭十年之後，因通商口岸開放，使廣州北上的傳統貿易路線改道，大量的挑夫失業，與被遣散的鄉勇合流，落草為寇，而鄰省廣西的民間祕密結社的三合會，早已在社會破敗之中復燃，由此結合便產生了爆炸性。但是當下中國的情勢跟清末最大的不同，是朝廷民間的強弱在天壤之間，晚清積弱自咸豐算起，已近百年，而中共卻正在國力極強盛的時期，對突發事件的應變能力很有效率。

二〇一一年六月十日晚，廣州市以東的新塘鎮，爆發民工暴動事件，逾萬在穗四川民工增援新塘，搗毀店鋪、焚燒警車、襲擊派出所，以致本地人紛紛武裝自衛，而當局則出動裝甲車和數萬武警彈壓，封鎖一〇七國道。民間政論家笑蜀說：

> 新塘為世界牛仔褲之都，全球每三條牛仔褲中，就有一條出自新塘。但年初迄今，新塘牛仔褲生產線，居然停工一半。大批農民工失業，但又不可能返鄉——他們都屬於八〇—九〇後，多數已經失去了自己的故鄉。他們現在所駐足的城市，才是他們的棲居地，然而，這城市的大門卻對他們緊閉。他們就成了上不著天下不著地的，無根漂流的游牧一族。換句話說，他們是社會排斥的受害者。他們年輕，他們有活力，更重要的是，他

們有夢想，他們從小生活於城市社會，了解而且強烈嚮往城市，但是，儘管他們使盡渾身解數，他們中的大多數，仍然不得其門而入，夢想注定碰壁。因為制度安排，本就沒有給他們的夢想預留空間，即本就沒有為他們在城市社會預留一席之地。

二〇一七年底北京大興新建二村發生火災，燒死十九個農民工，而北京市當局借此理由，展開一場驅趕「低端人口」的大清理，在零下四度的寒冬，三天內趕走兩百萬人。有一篇〈北京，你真的太殘忍！〉如此控訴：

要不是當年這些「低端人口」的父輩、祖輩，為你們上代人捨死忘生地去打天下、爭江山，獻青春，獻兒孫，去充當「人海戰術」祭壇上的生靈，你們能有今天的錦衣玉食，高官厚祿嗎？要不是這些「低端人口」忍受著低工資，低福利、低人權（乃至無人權）的狀態，食粗糲之食，衣牛馬之衣，睡工地，住工棚，任烈陽、低溫的折磨，在安全措施十分欠缺的情況下，拚了命地去幹，你們的座座摩天高樓能拔地而起嗎？你們的「鳥巢」、「水立方」難道是馬克思、列寧先生贈送給你們的嗎？要不是這些「低端人口」成天不怕髒，不怕臭，不怕苦，拿最少的錢，幹最苦、最髒、最累的事，你們那北京要不了一個月就會垃圾如山，臭水滿地，你們還有臉去外國人面前吹噓誇耀什麼「美麗的首都」、「美麗的中國」嗎？

繼三大弱勢群體（農民、農民工、下崗職工）之後，還有第四大弱勢群體「蟻族」，是「大學畢業生低收入聚居群體」，他們受過高等教育，主要從事保險推銷、電子器材銷售、廣告行銷、餐飲服務等臨時性工作，平均月收入低於兩千元，絕大多數沒有「三險」和勞動合同；平均年齡集中在二十二—二十九歲之間，九成屬於「八〇後」，主要聚居於城鄉結合部或近郊農村，形成獨特的「聚居村」。號稱九十萬北京「蟻族」中的靳凡，二〇〇七年本科畢業後來北京闖蕩，第一份工作是一家網站，他住在南五環月租二百七十元的小平房，一張床，一個桌子，一個電磁爐，冬天屋內沒有自來水也沒暖氣，洗菜、洗衣服都要去外面；每天上班都要先坐快速公交再轉地鐵，晚上經常能在地鐵上睡過站。海淀區有個最邊緣的村子叫唐家嶺，本村居民只有三千人，卻湧進來四五萬「蟻族」。中國每年大學生畢業在六七百萬之間，社會無法消化，使之成為軟弱無助的個體，遊弋在求職、低薪、失業、城鄉之間；也有研究認為，「蟻族」其實就是「窮二代」，百分之五十以上來自農村或縣級市，他們懷抱強烈「翻身」欲念在城市掙扎，豈肯返鄉？

這些「蟻族」，又大多是苟活於「P2P」網路借貸平台的金融螞蟻，二〇一五年中國估計有三千多家「P2P」，涉及金額數以千億，卻常常平台暴雷，被擠兌倒閉，製造大量金融難民，二〇一八年秋杭州P2P受害者王倩留下遺書說「三觀全毀」，上吊自殺。

這則新聞叫我在臉書上感慨：

歲月靜好死掉了

倘要覓一句囊括三十年、又令朝野均肯收單的話語，
大概非此句莫屬：歲月靜好。
歲月靜好曾是歲月的一句嬌嗔。
三十年盛世，恍然只是歲月靜好的一扭腰肢。
歲月靜好是草民微薄的願景，而公僕的服務費用已經是一億元起步。[1]
歲月雖然靜好，北上廣不相信眼淚，京津冀得有個好肺；
「靜好」話語的寵愛族群，是如今的九〇後和〇〇後，
體制太樂意塞給民間一個免費的歲月靜好，
而民間也不會拒絕一個鏡月水花的歲月靜好；
歲月太靜好，杭州P2P受害者把自己掛在了樹梢，
而阿姑村的楊改蘭，毫無「靜好」之感，才下手殺掉四孩再自盡；
歲月靜好是體制與民間共謀的一種矯情。

1 貪污一億元者：河北一貧困縣委書記、一水利官員；湛江市教育局長、醫院院長、能源局長；天津市公安局長；杭州市房管局長。

是我們唬弄了歲月，還是歲月忽悠了我們？
老辣的胡蘭成，以一句歲月靜好收攏張愛玲；
一個油膩中男留下的頗耐歲月的雞湯話語。

遺產：文革群眾

我漏了一個承上啟下的階段——關於當代中國人，怎能漏掉毛澤東的因素？

一般研究也認為，大陸中國人的特徵中，必定少不了文革的烙印。文革和八九學運，兩場大規模群眾運動，兩者最後的制度化結果，並未對民間社會存留什麼積極的遺產，反而是刺激了中共體制處理「民粹運動」的馬基維利技術。八九學運有意無意間在模仿文革，或者說，文革中的許多行為模式、思想方法，不可遏制地遺傳到八九學運中來；而中共當局最初定性學運和最終選擇調野戰軍進京鎮壓的決策，其潛意識都是來自於他們的「文革經驗」，其背後都有毛澤東的身影。

民粹主義的最大典範，是法國大革命，所謂「雅各賓黨人」、羅伯斯皮爾，再加上「斷頭台」，血跡斑斑，世界震驚。法國大革命弄到大家輪流上「斷頭台」的地步，革命者們身不由己，徹底的失控，最後只得由拿破崙出來收拾殘局，復辟皇權。所以法國大革命砍皇帝的頭，備受爭議，這都是大家熟知的歷史常識。更重要的是，由於法國先賢們的努力，比如雨果的傳世之作《九三年》等，使法國大革命成為「普世記憶」，又驚醒歷史。然而，從一七九三年到一九六六年，一百七十年後在中國發生了一場殘暴得多的「革命」，卻是由一個東方的「皇帝」親自運籌帷幄的，這大概會讓路易十六死不瞑目。所以醉心「群眾革命」的西方新左派崇拜毛澤東，不是沒有道理的。

民粹主義是暴民政治的溫床，它的完成式是最終釀成「現代極權」，即列寧式政黨對普羅大眾的全能式統治——大眾從反抗主體最後淪為奴隸。舊俄知識分子正是從法國雅各賓黨人那裡接受了民粹主義思潮，主張只要目的崇高，可以不擇手段；主張以暴力奪取政權，而列寧則將民粹主義者個人式恐怖活動，改造為馬克思主義政黨組織化集體化的恐怖活動。

法國大革命使得「暴民政治」成為可能的研究對象，系統研究成果也出自一個法國人，即大家都熟知的古斯塔夫·勒龐（Gustave Le Bon）的《烏合之眾—大眾心理研究》，在這裡，我基本上是希望借用這本書的觀點來分析文革這場「民粹運動」。

勒龐認為，人們為偶然事件或一個目標而聚集在一起，自覺的個性就會消失，成千上萬孤立的個人也就獲得了一種心理群體的特徵，受著無意識因素的支配、大腦活動消失、智力下降、感情徹底變化。他具體歸納了五點：

一、衝動、易變和急躁。所有刺激因素都對群體有支配作用，群體不會深思熟慮。

二、群體易受暗示和輕信，把頭腦中產生的幻覺當作現實，其中有教養的人和無知的人沒有區別。

三、群體情緒的誇張與單純。群體不允許懷疑和不確定，總是走極端。

四、群體的偏執、專橫和保守。

五、群體的道德，有一種淨化的傾向，很少被利益的考慮所左右。

把以上五點再濃縮一下，其實就是兩點：低智商和受操控。

根據上面這些分析，我認為對文革中的群眾行為做過高的評估和讚揚，很難不是偏頗的。我們中國人，特別是經歷過文革的一代人，對文革的記憶、研究等，都顯示出一種所謂「燈下黑」的局限，或者還有某種身陷其中、不容易撤離出來作工具分析的特徵；我們很容易批判「毛澤東的文革」，卻無力解構「群眾的文革」。其實，我們把「群體心理」這個課題放到中國的具體歷史情境中來，亦即一九六〇年代的政治社會思想狀況下，不難找到大量的、非常生動的具體事例，去佐證勒龐從法國大革命中歸納出來的那些特徵；或者說，文革結束四十年了，中國還沒有出現一個自己的勒龐醫生。

假如勒龐有幸遭遇文革，我猜他高度興趣者，會是「文革群體」特徵的成因，這也是我們研究文革時還必須添加的一個因素：前文革的馴化，對於文革群體的基本素質，具有決定性的影響。或者說，也正是因為毛澤東已經花了十七年時間來操控、玩弄、虐待中國群眾，他才有那麼大的自信，敢於發動幾億暴民去摧毀他親手締造的這個黨和國家機器。

前文革馴化，是個大題目，這裡僅列其要點：

鎮壓與屠殺，造成恐怖氛圍，嚇阻一切反抗於萌芽狀態——五〇年代的一系列肅殺行為，如土改、三反五反、按指標殺人、前政權基層骨幹一律「殺關管」等，一舉震懾民間，從此鴉雀無聲，所以才有鄧小平「六四」鎮壓前所謂「殺二十萬、穩定二十年」的經驗之談，中共將此再施用一次，果然鋪墊了二十年經濟起飛和權貴階級的鑄成。在這個概念上，中國人基本上已經是一個嚇破了膽的「群體」，這一點對於「文革群體」和後來的「八九群體」的性格特徵，都很重要，恐懼永遠伴隨著中國的抗命運動，使之易於激進、失控。

用階級劃分，製造大眾對「一小撮」的隔離——毛澤東是一個搞「多數人暴政」的大師，這套技術他是從江西蘇區清「AB團」、延安整風反王明就千錘百鍊出來的，「文革」給他在八億人的更大範圍中又試了一次；階級劃分的作用，在於從社會中隔離出一個「少數」的另類來，作為整肅和折磨的對象，從而又示範給那個施暴的「大多數」，令施暴他人以釋放自身恐懼成為家常便飯，也是文革的一種常態。

反覆搞運動，依次在不同階層之間互換「加害者」與「受害者」——人人成為一個無所顧忌的施暴者，在任何一個尚有起碼常識和秩序的社會都是做不到的，毛能做到的訣竅，其實很簡單：他是在不同時間裡，給不同的「多數」以施暴的理由和目標，「文革」中入獄近十年的作家張郎郎對此歸納了一個絕妙的觀念：「安全暴力」，指施暴者獲得某種心理安全。

用意識形態不斷洗腦，以「集體」、「國家」代換「個人」，不止閹割靈魂，連話語也在潛意識中被改造——叫你只能說讓你說的話。

……

所以「文革群體」是在這樣的政治前提、思想素質、精神思維語言狀態下，走進文革的暴風驟雨中。勒龐用的「烏合之眾」一詞，帶有強烈的心理學意味，用這個詞來描述文革中的大眾，我不知道合不合適。但是六〇年代的中國社會，在傳統意義上已不復存在，因為上層儒家官僚機構、中層鄉紳自治、下層宗法家族組織全部瓦解了，而取代它們的中共各級黨委、各級政府也全部被摧毀了，這種狀況下的民眾，跟傳統社會瓦解之後的流民、嘯聚山林的造反好漢有多大區別呢？如果再加上前面所分析的「馴化」，這樣的大眾與一七九三年的法國大眾，也即勒龐這本書裡歸納的那些特徵，又如何對比？也許將來會有人來做這件事。

我們現在面對和承受的現實是，「六四」鎮壓後，中共建構鋼性「維穩」系統，返回「全能主義」控制，不惜一切代價壓制民間的任何意願，並成功達至低人權、低福利、高污染、高腐敗的「經濟起飛」，得以配合跨國資本大公司完成「全球化」，由此中共塑造了一種與時代潮流相悖的「中國模式」，雖然這二十年間國際社會接連發生了「蘇東波」共產體制坍塌、中東「茉莉花」民間抗議風潮兩大成功的「公民抗命」運動；這意味著中國的經驗解構了西方關於「經濟發展必定促進政治進步」的預期，提供了關於「公民抗命」的相反實踐。中國在一個極短促歷史中的兩次「大規模群眾運動」，竟然走向徹底相反的結論，這是非常諷刺的。

巨嬰

「巨嬰」是中國心理諮詢師武志紅開發的一個社會心理學概念；還有一個相近的提法，是余世存的「類人孩」，大概更接近文化學；兩者皆顯示，今人對中國人的社會人格的觀察，已經逸出「五四話語」，但是都屬於先鋒、邊緣論說，進入不了主流位置。

「巨嬰」概念，為諸多中國社會問題找到了可以套用的理論，如網路謾罵、夫妻冷戰、少女找「乾爹」、病人砍醫生……武志紅一言以蔽之：「這是嬰兒最基本的一個反應——找媽媽」；在一個更大的範疇，其實是「全民找媽」，乃是個體「幼稚化」、建構「超級國家霸權」、民族主義的副作用。

武志紅循心理學路徑詮釋的這個現象，也可以循解構學來詮釋，按照法蘭克福學派的解讀，中共自延安時代開始對中國人的「話語改造」，其最標準的做法，不是剝奪而是以偷換的方式，把每一個人的「自我」摘除掉，代之以革命「經典」所供應給你的「標準件」：在人們的想像和表達的對象化為空洞之處，代入超越性的、抽象的、抹平一切差異的意識形態話語，由此，中國人徹底失去每個人自己的語言，而是只說得出來體制讓你說的話。更有意思的是，革命文學中貫穿著「戀父」（愛黨）情節，從《白毛女》、《青春之歌》直到《紅色娘子軍》，都是「女兒」要找「黨爸爸」。

「黨爸爸」操縱下，我們可以很清晰看到，這三十年中國街頭的兩種騷動：

第一，對外「義和團」心態。一九九九年五月的「炸使館」事件和二〇〇五年四月的「教科書」事件、「釣魚島」事件，皆引發全國範圍的反美反日遊行，但是後兩次反日的規模和範圍，都遠遠超過一九九九年的反美遊行，為「六四」後十六年來所首見，給人以「八九」盛況再現的錯覺，更令外界驚詫中南海可以操弄民粹於股掌之上，釣魚島爭端時砸日本車，南海危機時砸美國車，薩德衝突砸韓國車，德國辱華T恤砸德國車，但是人們在網上質疑：「難道真要買吉利金剛嗎？」「哪天輪上了打倒走資派，有車的一律砸掉！」——文革的殘留影響還在。

韓國報紙評論，中國是一人式獨裁的體制，一旦主席不高興，即可以「煽動」人群做「報復外交」，這在正常國與國之間，幾乎不可能存在；挾著十三億人口的泱泱大國，對於經濟上的掌控來說，成為中國很好政治籌碼。韓國網友也留言，一個過往以仁義禮智立國的文明古國，在共產主義的洗刷後蕩然無存，「明明是大國，卻做肚量小的行徑，真遺憾」。

仇日甚於仇美，中共可以調控，乃是一個服務於「統一大業」的精心設計，它涉及——

第二：對邊陲的「大一統」心態。「邊陲」又有緩急次序的：台灣、西藏、新疆。近三十年來，邊陲烽火連天，中共對疆藏兩外族已不圖安撫，只憑武力血腥靖邊；而「台灣板塊」孤懸海外，中國勢力不逮，除了恫嚇和圍堵，無機可施，只有竭盡挑撥兩岸民眾情緒的民粹伎倆，大陸「巨嬰」出來惡言相向「我們這邊十幾億人吐口唾沫就能淹死你這個蕞爾小島」之類，竟是模仿前秦苻堅「投鞭斷流」的歷史醜例；而北京刻意操作的兩岸口水戰，如張懸、周子瑜、陳愛琳、歐陽娜娜、宋芸樺等，均被扣「台獨」帽子，「仇獨」向「仇台」演變的趨勢明顯。

「巨嬰」並非只在街頭。一九九八年六月二十九日柯林頓在北京大學演講，寄語「中國的下一代」，撇開現實政治只談溝通和全球意識，結果七名學生就像街頭「巨嬰」，粗暴而功利地拿狹隘的民族主義回敬他，在全世界面前丟了北大的臉。人們似乎第一次感覺到北大的墮落。其實北大的歷史從來就很可疑，如「五四」其實是中國現代災難的一個發源地，既孕育了「愛國主義」也孕育了中共；一九四九年以後北大教授們整個臣服毛澤東和馬列主義，乃是陳寅恪怒斥的「衰翁變奼女」；一九六六年毛澤東也是第一個寫信給北大發動了文革，所以北大不是今天才墮落的，後來「巨嬰」出現在這個高等學府，不過是北大神話破滅的又一章節。

整個中國「巨嬰」遍地，道德判斷至上、是非判斷兩極化、非黑即白、自戀、攻擊性、行為幼稚化、不知自尊和尊重他人、沒有私域公域概念的區分，而這一切，又在中國暴富之後，由中國遊客的不文明行為而帶向世界各地，國際社會驚訝地看到「中國巨嬰」大聲喧譁、隨地大小便、爭搶擁擠，甚至在埃及神廟刻字「到此一遊」……。

其實，外面的世界看中國人，從來都是很不堪的。對於種族民族的評價，西方人如今被「政治正確」戴上了面具，絕對不敢說實話，反倒在九十七年前，有個絕頂智慧的西人，口無遮攔的說了他的觀感，卻是真實的。一九二二年，阿爾伯特·愛因斯坦（Albert Einstein）

在獲得諾貝爾物理學獎的同年，與妻子艾爾莎（Elsa）有長達五個半月的遠東、中東旅行。他在日記中，使用了時有歧視的極端詞彙，記下了他對停留香港、新加坡、中國、日本、印度和巴勒斯坦時所見之人的印象。這部英文完整版，二〇一八年由普林斯頓大學出版社出版。在香港，他對「勞苦眾生——這些每天為了掙五分錢敲打、搬運石頭的男男女女」表達了同情，他說，「中國人正因為他們的生育能力而受到無情經濟機器的嚴酷處罰。」他引用葡萄牙語老師的話說：「沒法兒培訓中國人進行邏輯思考，他們特別沒有數學天賦。」他還寫道：「我發現這裡的男人和女人幾乎沒什麼差別，我不明白中國女性有什麼致命吸引力，能讓中國男性如此著迷，以至於他們無力抵抗繁衍後代的強大力量。」

在中國大陸各地，他寫道，他看到了「勤勞、骯髒、遲鈍的人」、「中國人吃飯時不坐在長凳上，而是像歐洲人在茂密的樹林裡大小便時那樣蹲著。一切都安靜、肅穆。連孩子也無精打采，看起來很遲鈍。」「如果中國人取代所有其他種族，那就太遺憾了。對我們這樣的人來說，光是這樣想想，就覺得特別沮喪。」在上海，他寫道，中國的葬禮「在我們看來很野蠻」，街上「擠滿了行人」；「空氣中永遠瀰漫著各種惡臭。」「就連那些淪落到像馬一樣工作的人似乎也沒有意識到自己的痛苦。特別像畜群的民族，」他寫道，「他們往往更像機器人，而不像人。」

山寨

二〇〇八年主流話語裡有個詞叫「盛世」，大概是奧運會哄抬的一場迷幻，邪乎得連三個月前埋葬了五千兒童的汶川大地震都沒攔住它，可見民族主義思潮在中國的走火入魔。然而，民間生出另外一個詞來：「山寨」——一切複製、抄襲、剽竊、仿製等行為的便捷總稱。這個詞也可算作九〇年代後，中國「速食化」地複製西方物質文化的總描述，後來又延伸出中國內部鄉鎮複製都市、邊陲複製中心的描述，其核心含義就是「廉價」二字，一種野蠻生長方式。網上曾貼出一篇從結構主義解讀「山寨」現象的文章，作者據介紹是一個「從小在中國生活學習的美國青年」，他分析：

地方政府搞的山寨天安門和山寨閱兵當然是對更高級權力所具有的享樂和尋租能力的崇拜，農民搭建的山寨鳥巢更是一種對北京作為權力中心的崇拜。富人也同樣是山寨的，在這個沒有貴族的社會，他們以效仿西方上層社會的生活方式來標榜自己的文化身分和貴族地位。中國成了資本主義全球化進程中第三世界國家自我墮落、自我流放的最典型代表。整個中國就是一個山寨。

「山寨」一詞，據說它最早出自一句廣東話，但它在漢語裡的基本指謂卻是清晰的，那就是與朝廷、官府分庭抗禮的所在，所謂「江湖」、「瓦缸寨」、「水泊梁山」是也，或者「占山為王」、「綠林好漢」等，雖然它的這次再現，攜帶著「市場經濟」、「貧／富」、「生產／消費」、「邊緣／中心」等新意，所以，它更簡潔、確切的含義，則是一個新世代的世界。

仿製、剽竊、抄襲，是無視版權、智慧財產權、技術專利，形同打家劫舍，矛頭直指西方的和國際的，而中國政府不過是它們的附庸和代理——西方大公司欣賞的統治效率和樂於接受的優惠待遇，但恰是這一層夾在中間的「專制」及其顳頇的「貧富擴張術」，使得經濟的終端，即民間的上述行為竟統統變成行俠仗義、劫富濟貧，網上的說法是「一次流氓無產者的技術暴動」。這差不多是把李自成和馬克思結合在一起了。

二〇〇八年被稱為「山寨年」，據說是因為「山寨化」從IT市場走向了文化市場，比較轟動的，是有人要在網上辦「山寨春晚」跟央視別苗頭；還有諸如模仿電影《山寨版梅蘭芳》、山寨版《新白娘子傳奇》、山寨版《「神七」飛天》等等，真所謂「忽如一夜春風來，千門萬戶皆山寨」。這種草根階層對主流社會的反諷解構，是否真實，也是令人懷疑的，因為主流殿堂上文化霸權的符號人物如趙本山，已經是一個來自底層的愚昧無知的集大成者。而中國的「奇蹟」統統是關於經濟的，到經濟之外去解釋「山寨」現象，顯得多此一舉，就像網上的一句文化評論：惡搞是挖心窩子，山寨是撓胳肢窩。

網上還有一句話：你登你的廟堂，我上我的山寨——這才是山寨的草根意義。在朝廷（廟堂）之外尚有空間，這個社會才不是有病的，人們所憧憬的「公民社會」，大概要從這裡起步，但也可能沒走到那裡，中國就真的變成一座山寨了。還有一首山寨版〈好漢歌〉呢：

大河向東流哇
網上的山寨連成片
觀念一變天地寬哇
該山寨時就山寨哇
真真假假誰怕誰哇

這僅僅是一個世代嗎？

網上說，它不止一代人，而是通稱八〇後，也包括九〇後、〇〇後等等。在它之前，無疑還有五〇後，你可以在法輪功裡找到他們，基本是老頭老太太了；接下來的六〇後，或更老的六四遺民，則是搞民運的、搞維權的，以及七〇後的下崗工人失地農民；還有一個八〇九〇交界代，即一九九九年炸館遊行那批人。在這些政治性的抗爭或排外活動中，看不到八〇後的影子。

以前那幾代人，有一些特徵，比如理想主義、「青春無悔」、唱「紅歌」、上山下鄉、錯失高等教育等等，但是他們要麼崇拜權力要麼害怕政治，卻對金錢物質有點不屑；六四一代則卻對專制強烈不滿。

八〇後的特徵是什麼？網上說：

他們是跟網路一起成長的一代人，沒有資訊閉塞之苦，普遍受教育程度高；

他們具有對西方普世價值的免疫力，還能較專業化地質疑西方文明制度；

他們都認為中國無所謂民不民主，因為美國一樣不民主；

不管政府腐敗不腐敗專不專制，只要共產黨給我錢就行；

習慣性地包裝自己，臉上帶著「純真」笑容，崇拜成功、為人處世圓滑、競爭力強。

這幾代人，還喜歡「惡搞」，說好聽一點是幽默，比如：

中國人問蒙古人，貴國沒有海洋，為何還要組建海軍？

蒙古人反問中國人，貴國不是也沒有法治還要組建法院嗎？

他們特別指出：

「王八蛋」這是民間的一句罵人話；

實際上這三個字原本是「忘八端」，

「八端」指：孝，悌，忠，信，禮，義，廉，恥，乃做人之根本，忘記了這「八端」——「忘八端」就是「王八蛋」。

他們還選了「二〇一一年最給力的十大名言」：

一、笑只是個表情，與快樂無關。
二、思想就像內褲，要有，但不能逢人就證明你有。
三、純，屬虛構；亂，是佳人。
四、我可以選擇放棄，但絕不放棄選擇。
五、以前，養兒防老；如今，養老要防兒。
六、君子報仇十年不晚；小人報仇從早到晚。
七、如今人們經常需要馬桶精神，按一下，什麼都乾淨了。
八、眉毛上的汗水，眉毛下的淚水，你總得選一樣。
九、人家有背景而我只有背影。
十、財富改變不了個性，卻可以讓人露出本性。

這其實接近「順口溜」了。

瓜眾金句

中國近三十年，順口溜如雨後春筍，茁壯成長，「吃瓜大眾」借互聯網之利，逞口舌之快，中國真從文革進步了，乃民間一大盛事、瓜眾一大娛樂、風俗一大景觀、網路一大情緒。據說唐宋以降，文風極盛，但幽默嫌少，謠諺只在民間流傳，無人留意，到明朝才開始有人整理笑話集，所以明代多謠諺，因為明朝大興文字獄，文人膽寒，也使得順口溜旺盛。可是今日已無閹黨好罵，究竟為了哪般？順口溜有「時代症候群」，正常年景、昇平之世，沒人玩它，捱到世道淪喪，就會出現高產期。「順口溜」成為一種「文化」，配合相應的時代，也配合相應的世代。原來是這「權錢社會」的齷齪，叫享受過「共產主義」的老百姓，實在受用不了，順口溜找到了話靶，只要有人編它，一出手就比許多酸理論來得高明，直奔政權實質而去：

愛黨勝過媽，愛國勝過家；
黨就是咱媽，國就是咱家；
沒錢跟媽要，沒吃從家拿。

老百姓一點都不「愚昧」，看得很透徹：「當官靠後台，掙錢靠胡來。真理在報上，清官在戲台。」這個世道的「真理」是：

台上坐的是主犯，
後面兩排是骨幹，
底下聽的是傻蛋。

順口溜說今日「權貴資本主義」，各級都要雁過拔毛，層層盤剝，說得有層次：

村幹部：腰戴BP機，不是好東西！
交不出糧食我就捉雞！
鄉幹部：手拿大哥大，既是土匪又是霸。
騎著摩托到處溜達，吃喝嫖賭我都不差。
縣幹部：出去坐著桑塔納，大紅警燈高高掛。
跑到單位破口大罵，昨天吃飯咋沒王八。
市幹部：貪污受賄我不怕，硬硬的靠山擺在那。
有錢全都好說話，等我撈夠了我再下。

省幹部：出門開的是寶馬，座下情婦一大把。
挪了幾億怕事發，美國就是我老爸。

官場吃喝風，令老百姓最恨，彷彿「百害吃為首」：

看的是黃帶，喝的是藍帶，
坐的是現代，摟的是下一代，
唱的是〈遲來的愛〉。

於是專說喝酒，乃是順口溜一大門類，有一首〈英勇酒戰士〉：

自從當了鄉鎮長，
就把肚皮交給黨。
若是派到台灣去，
保證吃垮國民黨！

形容中國「現代化水準」：

左手酒瓶，右手文憑，
對上扶貧，對下擺平，
胸中藏著花瓶，後面跟著醋瓶，嘴裡念著小平。

最妙一首「新〈長征〉」，步韻毛澤東的〈七律．長征〉，將此黨暴力奪江山的卓絕，一變而為魚肉天下的驕奢，未著一字而因果畢現，說得令人絕倒：

清官不怕喝酒難
千杯萬盞只等閒
鴛鴦火鍋騰細浪
生猛海鮮加魚丸
桑拿洗得周身暖
麻將搓到五更寒
更喜小姐肌如雪
三陪過後盡開顏

從罵吃喝升級到罵腐敗，就是二〇〇〇年之後了，一首〈家天下〉：

親家局，夫妻科，
外甥打水舅舅喝，
孫子開車爺爺坐。

幹部之德行，有一首〈握手歌〉：

握著上司的手，點頭哈腰不鬆手，
握著紀檢的手，渾身上下都發抖，
握著財務的手，拉起就往餐廳走，
握著老婆的手，一點感覺都沒有，
握著情人的手，彷彿回到十八九。

也有害怕的時候：

一怕老婆拚命，

二怕情人懷孕，
三怕小姐有病，
四怕群眾來信。

民眾並非家長裡短，有時候也「關心國家大事」，那就是譏諷「神九」，二〇一二年有一次中國「神舟九號」載人飛船發射，巧合的是，當時的中共中央政治局常委正好九人，人稱「九長老」：

神九，神九。升也好，降也好，莫去計較，莫放心頭。可憐蒼生苦，稅負冠全球。買了兩箱啤酒，約了幾個朋友，今晚不醉不休。獨自登閣樓，月影照床頭。往事成空，徒然回首。握瓶口，解千愁。神酒，神酒。

九長老光燃料就要六百三十億元血幣，而天朝免費教育只需要六百億。

九長老是這樣上天的：天朝媒體透露，自從一九九二年天朝開始啟動「飛天工程」以來，「得到全國人民節衣縮食大力支持」——喝水不達標吃食品有毒，蓋學校危房，校車沒錢，教育沒錢，醫保沒錢，社保沒錢，環保沒錢……

共產黨可以把一個女太空人送上天，也可以強行墮掉一個村婦七個月的胎兒。三十三歲的劉洋和二十二歲的馮建梅，兩個女人命運。

罵到這一步，「愛國主義」就成糞土了：

轉近代中國最悲催的事：

一，好不容易建立新中國，結果餓死的比抗日戰爭犧牲的還多；

二，內戰死了幾百萬同胞，結果發現其實國民黨不比共產黨差；

三，發現當初所謂四大家族其實還沒有現在黨國的處級幹部有錢；

四，帶領我們反美反西方的人的後代都移民美國了。

奧運花八千億，

世博花六千億，

大運花三千億，

買美國國債花四萬億，

支援非洲的兄弟花了四千億，

軍費花了六千億，
幹部病房療養花了六千億。
搞個全民醫療，他們說：沒錢。教育百分之四沒錢，校車沒錢……
廣西的小朋友拿棺材當板凳！
湘西的小朋友每天肚餓肚上學！
四川的八歲女童小孩懸崖背水……

有一種狗糧叫特供；
有一種雞窩叫文工，有一種豺狼叫城管；
有一種鬼哭叫唱紅，有一種馬屁叫獻禮；
有一種河蟹叫吻臀，有一種蝗蟲叫公僕；
有一種病毒叫三公，有一種豬圈叫衙門；
有一種三陪叫隨行，有一種悲劇叫和諧……

一、二〇〇九年中國清廉指數全球第七十九位；
二、中國衛生醫療公平全球倒數第四；
三、大學學費世界最高；

四、城鄉收入差距世界第一；
五、稅負全球第二；
六、礦難死亡人數占全世界百分之八十；
七、全球行政成本最高的國家；
八、全球收費公路十四萬公里，十萬公里在中國，占百分之七十。

有一則最新的「中國現狀」：

婊子成群，處女難尋；
轉大街，走小巷，到處都有麻辣燙；
啤酒肚，小平頭，大金鏈子黃鶴樓；
軟中華，硬玉溪，頭髮越短越牛B；
光膀子，露紋身，做夢全想開大奔；
穿貂皮，擠公交，四處掉毛往下飄；
拿蘋果，沒有兜，搖搖晃晃招小偷；
聊微信，見網友，本人總比照片醜……

異人

一九九九年我買了《妖魔出沒的世界》，天文學家卡爾．薩根（Car Sagan）寫的一本關於科學和迷信的書，買了兩年沒動過，後來才當學英文讀起來，生字很多，但饒有興味。薩氏說，統計上百分之九十五的美國人都是「科盲」；他也談到極權意識型態與偽科學、迷信的共生關係，極權消失後迷信一定更興旺，如俄國和中國。不過在中國生活了幾十年的美國記者張彥（Ian Johnson），二〇一七年出了一本新書《中國靈魂：宗教在後毛時代的回歸》，頗敏銳地解釋中國人「富了以後不開心」，便是尋找「超越性」和精神慰藉，法輪功、家庭教會皆如此。

這種觀察太表面化了。近代以來，義和團、「白蓮教」、太平天國一類組織，都是最政治型的造反集團，無論它借助什麼樣的宗教外衣，東方神祕主義一定是其核心，而非西方宗教的超越性，說明中國社會基本上還在「前現代」，物質、經濟水準衡量不了「現代化」，反而精神層面和政治運作形式更顯示現代化程度；信仰需求在物欲橫流的社會裡反而是非常強烈的，這跟中國古代社會很不一樣，儒家只講個人修身和知識傳授，不求神祕主義，大概經過毛澤東神話之後，中國人依然需要世俗的「異人」、「強人」。中國的「異人」現象，自古也出在王朝末日，大都也跟宗教有關，從東漢末的「一斗米」道到清末的太平天國，但是中國舊學一概斥之為「賊寇」，後來的唯物史觀又一概定為「農民起義」，等於什麼也沒有解釋。李洪志、胡萬林這樣的人，都是小學文化程度，卻風靡天下，比當政者更有魅力，這魅力變成挑戰專制權力的反對力量，顯示中國離現代政治的運作，非常遙遠。

我則頗感興趣薩根思路中露出的一個面向：神祕主義與政治、權力的互動，那才是這三十年中國一大景觀。近幾十年來氣功師成為中國呼風喚雨的角色，是一個頗難解釋的現象，大概可視為中國現代轉型中功能缺失的一種傳統替補，學界煞有介事想找回到中國傳統去，說說而已，但傳統的殘骸，卻可能在社會條件湊集的偶然情境下，自動現身，出來發揮作用，無論在政治或社會方面。八〇年代氣功初現時，健身祛病的功能是首要的，也顯示中國城市全民醫保的虛假，可是它又是全能政治社會裡一片空白中除國家之外最先出現的民間「社團」組織，所以氣功師便有政治領袖的潛在角色含義，一個氣功師若意識到這個角色，就很危險了，因為中國並不具備公民政治權利的任何空間。然而在中國空白的民間，氣功團體似乎比任何其他社團更具凝聚力，便也更有染指政治事務的潛力，同時給予掌控氣功門派的「師傅」以政治想像力，特別是在當局壓制來臨之際，也就是說，殘缺的政體有時候會呼喚民間的介入，民間團體想躲也躲不開的，這一點，法輪功跟八九天安門靜坐學生並無二致；又因此，李洪志並不會比吾爾開希更有政治才能，更何況，氣功師的「通天幻覺」假如被移植於只講實力和妥協的政治事務中，那可能一塌糊塗，如李洪志，既是中共的大麻煩，也是他這個門派的罩門。

氣功在八〇年代從民間的出道，就跟權力糾纏在一起，受中共體制內兩股勢力的影響。

據說，中國的核武之父錢學森，恰是氣功的總後台，所以國防科工委主任張震寰才出任全國氣功協會會長，這都是軍方人物；反對的一派，則主要是文職的社科院副院長于光遠，于曾建議胡耀邦要中宣部下令禁止宣傳氣功，錢學森又出面給胡寫信，化解了這次來自體制的壓制，從此放任發展，直到江澤民對法輪功的鎮壓。錢這個美國培養出來的原子彈專家為什麼對氣功如此有興趣？高能物理容易讓人想入非非？或者容易接近未知領域？他為什麼要對毫不相干的「人體科學」發癡？如今西方是從生物工程、遺傳工程去接近「人體科學」，那至少還是一種科學，從氣功去研究，永遠不會是科學，而是中國的國粹，也許錢在自己的物理領域裡黔驢技窮，幻想靠國粹弄出一個一鳴驚人？這大概很符合他的意識形態。所以，于光遠這個馬克思主義者，比錢這個有西方學術背景的人，還更不迷信。信奉馬克思主義而不歪門邪道，比科學家更接近科學，這大概說明純正的馬克思主義還是有一些人文因素，而純科學則是任何人文主義都沒有的。

八〇年代在北京，我也淺淺接觸過氣功：

在一個寒風凜冽的下午，我抱著好奇心，奔赴一個專為首都新聞界、文藝界舉辦的氣功速成班，地點在東城的一條小胡同裡。我到時但見窄小的胡同已被諸多的小轎車所擠滿。同行者抱怨我說：「入班學習是不興遲到的，你瞅瞅」——他指著那些轎車，「人家前輩名流，一早就到了哩。」進得院來，我掂起腳尖，款款地推門，裡頭早已擠滿了數百名絕非普通聽眾——中國最著名的大詩人、大作家、大記者和大學問家，還有一位極走紅的歌唱家，正端坐前面幾排，面容肅穆，專心恭聽。這些高級人物，就足足可以開出一長串震撼海內外的名單。大師正在講課。他年約二十六七歲，衣衫整潔，身板看不出有什麼強健，操著東北口音。有人說這位年輕的氣功師當下在北京各大門派中獨占鰲頭，最有名氣的。聽了一陣子，實不難懂，也並不引人入勝，周圍有人打瞌睡且發出了鼾聲。我想趕時髦、滿足好奇心而前來的聽眾還是不少，也未必人人對氣功都那麼虔誠，只是大家相互詢問是否「有氣感」、是否打通了「小周天」時，不少人生怕被譏為「肉身凡胎」而隨聲附和道「還行，有感覺」、「呀，真的？」誰都不想被扣上「氣功盲」的帽子。

大約二〇〇六年前後，當李洪志率領他龐大的法輪功炒作「禽流感」時，在亞利桑那州一六〇號高速公路上，停在丁字路口的張宏堡的林肯防彈車，被快速駛來的一輛四十尺大型貨櫃車攔腰撞上而身亡；我的老熟人嚴新已無下落。那個張宏堡，正是當年北京「首都文藝界」速成班上的那位大師，記得張宏堡就講吐納，所謂按穴位「運小周天」，後來從嚴新那裡學的就是這一套。據說張宏堡還偷偷講「狐狸精術」，稱此術可以隨意「睡女人」，如此看來，他大概好「房中術」，所以出國後官司不斷，跟一個女徒弟就打官司數年，這次在亞利桑那車禍身亡，車裡也只有他和駕車的女祕書兩人，有人懷疑是女祕書跟他同歸於盡。

文人

二〇一六年楊絳一〇五歲仙逝，各大媒體和社交網路上，鋪天蓋地的悼念，有人譏曰「夾雜著數不清的『雞湯文』」，最刺目是官方罕見褒揚，民間則褒貶爭辯甚激烈。楊絳九十二歲開始「小清新」寫《我們仨》，以意識流手法描摹「客棧」、「古驛道」，感歎「枯藤殘柳，蕭蕭落葉，漏雨蒼苔」，直引得國人無比驚歎，贊為「淡泊功利的人格典範」。然而有人說，中國人活得像豬一樣的事實，在老人筆下成了「夢境的邈遠迷離」；也有人評定：這一代知識分子很難拔得太高，幻想中做貴族，動機善良，行為盲目，中國走了六十年邪路，也有他們一份。這次風波無意間流露社會對所謂「文人」的集體無意識，不議一下都可惜。

早在一九九八年錢鍾書走的時候，已起毀譽論戰。當時的焦點很奇怪，不是人格而是錢的學問。有人引述了李澤厚的評論：

> 我問過推崇他的人，錢鍾書到底提出了什麼東西？解決了什麼問題？有長久價值的。大家大都講不出來。我認為這就是問題所在。好像這個「杯子」，他可以講出許多英文的、德文的、西班牙文的、義大利文的、拉丁文的典故。「杯子」在宋代、明代、中國、外國怎麼講，那是很多。不過這個工作，到電腦出來，就可以代替，電腦記得更全。所以博聞強記就不能成為一種標準。他讀了那麼多書，卻只得了些零碎成果，所以我說他買

櫝還珠，沒有擦出一些燦爛的明珠來永照千古，太可惜了。

李澤厚有無此評價，我很懷疑。學問本來是無功利的，談什麼「永照千古」？據說余英時藉以賽亞·伯林的「狐狸型」和「刺蝟型」思想家分類方式，界定錢是狐狸型學者，即淹博淵通、無所不知，刺蝟型則獨掌一技、思精體大，前者缺乏系統，後者缺乏細節，各有短長；余認為錢對思想體系沒興趣。

當時最激烈的評價，來自劉曉波。他說「錢學」已成一門新學問，而且江澤民的中共第三代對「錢老」都很尊敬（尤其毛澤東祕書胡喬木跟他關係非同尋常），乃是重量級統戰對象，但是他認為「錢鍾書的學問沒有獨創性」，一部《管錐篇》不過是中國古已有之的注經陳調。然後，劉曉波第一次質疑錢楊的生存之道謂之「沉默」，觸及到文人在專制下的「人格」，也是知識界無法迴避的題中應有之義。

一九九八年錢鍾書去世之際，余英時寫了〈我所認識的錢鍾書先生〉。他認為錢鍾書是一個純淨的讀書人，不但半點也沒有在政治上「向上爬」的雅興，而且避之唯恐不及。錢鍾書一九五五年〈重九日雨〉第二首的最後兩句為：筋力新來樓懶上，漫言高處不勝寒。余英時認為這是錢的「詠懷詩」。二〇〇七年余英時再次評錢：

我覺得錢先生是一個絕頂聰明的人。他知道在事變中怎麼樣適應，而同時能夠保持自己原有的價值系統、原有的原則，不會做出很不好看的樣子，或者像馮友蘭那樣一再罵自己，他都沒有做過。這就是他能夠繼續不斷的學問，繼續做學問。只要你沒有別的任務了，他就可以整理他的筆記。

余對錢，保持了「傳統文人」的雅量，或曰「同情的了解」。這麼說，是因為余英時不僅在乎讀書人守住「文化的操節」，以詮釋晚年陳寅恪，展示一個讀書人對知識、學問、終極價值的承諾；而且，他也毫不客氣地批判四九後毛澤東所鑄成的鄙視讀書人的一種新「傳統」——一九四九年以後中國絕大多數大知識分子對毛的臣服，那些如雷貫耳的名字，從郭沫若、馮友蘭、茅盾、范文瀾，到「文革」中被逼自殺的老舍、吳晗，還有科技界的錢學森等，皆為陳寅恪所謂「改衰翁為奼女」的顯例；過去人們僅知儲安平和馬寅初二位，有「敢犯龍顏」之風骨，後來的資料卻顯示，馬寅初最初也是對新王朝頗唱讚歌的，而較早的另一位大儒梁漱溟卻終身不再吭氣。

這些事實，都顯示「文人」乃中國當代文化思想史上一個複雜、艱深的課題，難在究竟以何種標準定位他們：「舊式文人」，還是「知識分子」？若以後者論，則當代中國知識分子，幾無合格者耶？

當年同儕如楊憲益回憶錢鍾書認為，其實鐘書兄是個書呆子，整天沉醉於書堆裡，置一切於不顧。當時並不完全是有意不理大家，拿外文書來唬人，實際是他從來不善應酬，除了談書本以外也無話可說。可是往往因此不少人就誤認為他愛擺架子，看不起別人。「其實我知道他是個很真誠直率，很關心別人的知識分子」，楊也指出，錢鍾書雖然最後一二十年間被大家吹捧得紅得發紫，而且引起許多年輕人羡慕妒忌，但因此也遭到許多不公平的評論，好像他學問太大，是個怪物：

最近他去世後，還有人編造各種離奇故事，不說他被人欺負，反而倒咬一口，說他行凶打人等等。一個好讀書作學問的知識分子，一生正直淡泊，與世無爭，像他給自己起的別號「默存」那樣，只求在沉默中生存，而且從來不說假話，也很關心別人，死後還要給人作為話柄，實在是很不公平的事。

中國政法大學法學院副教授蕭瀚替錢楊辯護：

錢先生保留了古代中國文人學術上的私傳統（文人們自己玩），他的這些學術筆記並不是要跟所有人交流的公共學術作品，他沒有這個興趣，他只是自娛自樂，沉浸在讀書的樂趣中，在那樣的知識海洋裡遨遊，不拍出點水花來都難……錢楊兩位所處的時代，在其一生事業最鼎盛的時期……超過三十年，那是個動輒得咎的年代，以他們兩位在學界的地位，能夠沒有害過人，不說很了不起，至少不容易。說他們犬儒也好，說他們懦弱也罷，都是苛刻的。他們在政治上是圓滑的，但如果沒有害人僅僅為了自保有什麼錯呢？至少不應該作為公共批評的事實起點。

蕭瀚認為，那些默默地隱在大眾裡，不敢行善但也不作惡的人，不該受苛責，尤其在那個總是被逼著作惡的時代，能做到這樣就已經不容易。「逼人做英雄，在哪兒都是個惡習。」

有一位吳薇，看得更為複雜：

一方面，回看過去政治鬥爭風起雲湧的年代，知識分子能夠不自汙、不說違心話，不為自保而站隊和表忠心，保持有尊嚴的私人生活，就已然是在抵抗宏大政治。仍然有些能留下來的思想和作品，也很不容易。楊絳先生守住了自己的道德底線，在上世紀六十到七十年代全盤底線淪喪的浩劫中，用自處的方式保存高潔。另一方面，處在二〇一六年的我們，如果還用上世紀知識文人在政治運動中的自保原則，評價一個學者留給生者的生命遺產，到底是逝者的不幸，還是生者的無知、懦弱與犬儒？

錢楊活得「精明」、「淡定」的避禍技巧，「生存第一」等人生觀，在尋常百姓眼裡顯得奢侈，甚至「不高尚」，則反襯了中國人在暴虐制度下早已失去「厚道」、「寬容」心態，以及社會人格的偏激、狹隘、泛道德化，這恰是當年共產黨戰勝國民黨的社會氛圍。

「六四」屠殺後，國內對知識分子的高壓加劇了，民風從此無純良，「笑貧不笑娼」已成自然，更兼有一批人無恥，賽著「不要臉」，大多數急著躲避，無人敢抗爭。這局面讓人想起魯迅當年，難怪他那麼激憤和尖刻。由此可以想到，傳統式微下中國文人的兩面性是：無恥與激憤，兩相激盪，對社會的影響全是負面的，問題恰好是，激憤治不了無恥，反而讓無恥獲得「受難感」，變本加利。激憤是把空間讓給無恥，使無恥大行其道。

楊絳的小說《洗澡》，堪稱刻畫中國知識分子「被改造」的一部史詩，不動聲色地再現文人在運動中尷尬、忍辱、掙扎、出賣、生不如死的大悲痛，施蟄存贊之為「半部《紅樓》加半部《儒林》」。

東亞病夫

早在一九九九年，全國人大環境委員會主任曲格平，就有驚人之語：

中國最適合的人口數量為七億左右，最大（極限）人口量為十六億左右，超過這個數量，就會發生全面崩潰。

然而，人不是一堆數字，而是生存品質，即「幸福指數」，不知道中國人有沒有？即使沒有，也可以用另外的資料來顯示，比如二〇一二年馬雲說：「我們相信十年以後中國三大癌症將會困擾每一個家庭，肝癌，很多可能是因為水；肺癌是因為我們的空氣；胃癌是我們的食物。」

路透社說，中國三十九個主要北方城市的空氣品質遠遠超過政府制定的標準；美國麻省理工學院預測，如果碳排放不減，包括北京在內的華北平原，將成為死亡區域，最遲二〇七〇年前不宜人類居住。燃燒含有放射性元素的煤，灰塵帶電，五十萬年不會落地。

中國的大河總長約五萬公里，根據聯合國糧農組織報告，其中百分之八十已不適合魚類生存。長江生態系統已經崩潰，原有一百七十五種特有物種，一半以上找不到了。黃河的許多河段等於是死河，裡頭滿是鉻、鎘以及其他來自煉油廠、造紙廠和化工廠的毒物，不僅不適合人類使用，甚至也不適合灌溉。

據二〇一三年中國最新國情報告，全國每年死於塵肺病估算約五千人，每年約有十三萬人死於結核病；每年約有二十萬至三十萬顯見的先天殘疾兒出生，加上出生後數月和數年才顯現出來的缺陷，總數高達八十萬至一百二十萬；每年有將近一百萬五歲以下的兒童死亡。四百萬白血病人，百分之五十是兒童；兩千萬尿毒癥患者，兩百萬在做透析；一年近五百萬人得上癌症，近三百萬患癌而死。還有一種統計，稱為「數以億計」的疾病，列表如下：

肝炎患者，超過一億；

腎病患者，超過一億；
痛風患者，接近一億；
糖尿病患者，超過一億；
關節炎患者，超過一億；
精神病患者，超過一億；
心臟病患者，超過一億；
癌症患者，超過一億；
甲狀腺患者，超過二億；
高血壓患者，超過三億；
結核感染者，超過五點五億；
愛滋病患者，可能超過一億；
……………

二〇〇〇年中國第五次人口普查顯示，中國總和生育率僅為一．二二；二〇一〇年第六次人口普查顯示，中國總和生育率下降至一．一八。這是雙重的「超低生育率」和「少子化」危機。未來中國人口每過一代（約三十年）減少百分之四十五，三代（約九十年）減少百分之八十三，五代（約一百五十年）減少百分之九十五，十代（約三百年）減少百分之九十九點七五，也就是說，一兩百年內，中國新生兒數量退回到五千年的水準；三百年後中國剩下不到四百萬人。中華民族衰退為一個又老又小的瀕危弱小民族。這是二〇一三年出版的《大國危途》一書的結論，作者劉忠良，他對中國人口崩潰式萎縮發出警訊。

首先是中國勞動力從二〇一三年開始加速萎縮，二〇二八至二〇三八年將減少一千二百多萬，再伴隨產能過剩危機，經濟將面臨長期的低迷，中國將未富先老；對絕大多數農民和占城市人口多數的中低居民來說，未來他們將又窮又老，缺少兒女，生活在一個又老又窮的可悲社會。

長期超低生育率、「只生一個孩子」所衍生的「四二一」家庭，即四個老人、一對夫妻、一個孩子的「倒金字塔」結構，將給未來中國帶來沉重的養老壓力，政府對醫療、養老等民生支出必定增長緩慢或下滑，讓老人生活更加淒涼。

另有一份「大資料」顯示這些人口的財產分配，令人觸目驚心的：據央行公布，截至二〇一八年七月全國住戶存款餘額只有六十八萬億。五十多萬億掌握在一千萬人手裡，餘下十萬億，掌握在三億人手裡，剩下八萬億，掌握在十億人手裡。大約區間是，有一千萬人，存款五百萬以上；有三億人，存款三萬多；剩餘十億人，人均存款八千。

民間出現一份「保財保命攻略」：

一、開啟司馬懿模式，棄奢入儉，低調做人，熬贏別人就是勝利；

二、留有一畝三分地，大不了回家耕田，總不是先餓死有田人；
三、國內很多企業在越南、印尼有分公司，有技能的去應聘出國工作；
四、面對疾病，要看看印孟方面有沒有廉價的仿製藥……。

一帶一路變死局了，中國模式成笑柄了，雄安新區擱淺了，渤海經濟帶不提了，上海自貿區消停了，海南自貿區變忽悠了，西部大開發過往雲煙了，東三省人再次背井離鄉了，二〇二五中國製造被逼下架了。中國的政治格局，更加惡化，治理新疆化、經濟東北化、外交朝鮮化，「經濟起飛」的一點家底，快折騰光了，沒有糾錯機制，任形勢向最壞的方向發展，撞到南牆也不回頭。

據說，中國可能起碼有辦法養活自己到二十一世紀中葉，但是根據中國自己的資料顯示，即便加速轉向工業化以及大型水利工程建築，中國也只能很驚險地與災難擦身而過。這種極端的困境，使得中國格外脆弱。一場大洪水或大乾旱，或作物病蟲害，都可能讓中國的經濟體系崩潰，而中國的龐大人口，亦令國際社會或其他國家無力援救……。

歌手周雲蓬有一首〈中國孩子〉唱道：

不要做克拉瑪依的孩子，
火燒痛皮膚讓親娘心焦。

不要做沙蘭鎮的孩子，
水底下漆黑他睡不著。
不要做成都人的孩子，
吸毒的媽媽七天七夜不回家。
不要做河南人的孩子，
愛滋病在血液裡哈哈的笑。
不要做山西人的孩子，
爸爸變成了一筐煤，
你別再想見到他。

不要做中國人的孩子，
餓極了他們會把你吃掉。
還不如曠野中的老山羊，
為保護小羊而目露凶光。
不要做中國人的孩子，
爸爸媽媽都是些怯懦的人。
為證明他們的鐵石心腸，

死到臨頭讓領導先走。

一九九四年十二月八日，新疆克拉瑪依友誼賓館大火，二百八十八名孩子喪生。

二〇〇五年六月十日，黑龍江沙蘭鎮洪水，八十八名小學生喪生。

二〇〇三年六月十日，四川成都三歲的小女孩李思怡，在無人照料的情況下，被活活地餓死在家中。

第五章
風水

decade這個詞，表明英文思路以十年記事必有它的道理，尤其私人年齒，以十年記事有如年輪遞進，描述概括的方式很特殊，比如我自己：

一九六六—七六，十七歲至二十七歲之間，青春期與文革相遇，在政治恐怖下又失之於教育；

一九七六—八六，熬出亂世而成家，婚姻順遂，滋養性情，開始文字產出；

一九八六—九六，暴得大名卻遭遇世道逆轉，孤葉飄零，從此跌進峽谷；

一九九六—二〇〇六，復又沒頂之災，暗黑中靠生物本能掙扎……。

四十年裡，只有十年（七九—八九）光陰是幸福的，十年裡又只五年（八三—八八）是風光的，所謂人生苦短的含義在此，因為其他三十五年皆為煎熬、困頓、掙扎而已，於是生命的基本意義，對眾人來說，只是受苦，受苦就是存在。

戰略機遇期

美國人有「地獄十年」之說，從二〇〇〇年至二〇〇九年，掐指算算重大事件有幾樁：二〇〇一年「網路泡沫」、「九一一」紐約雙子星遭恐怖攻擊、出兵阿伊勞師無功、二〇〇五年颶風造成紐奧良大水災、二〇〇六年兩房次貸危機、二〇〇七年維吉尼亞理工大學校園槍擊案、底特律汽車工業破產等等，除了天災人禍之外，基本症狀是資本主義金融體系瀕臨崩潰和美國世界霸主地位受到挑戰，相去九〇年代初國際共產主義體系的崩潰，只有十年而已，所以兩廂皆難免爆發危機，很難說跟制度有關，也難說孰者為優，早晚只有十年之差，不足為憑。究竟什麼使得這個世界亂了套，或者人類社會有週期性的崩解機制？從政治制度的角度，西方優於共產黨者僅一權力制衡，但是金融危機顯示它對於高端金融行為並無制衡，其危害之重不輕於極權制度的獨裁弊端，黨魁與金融寡頭皆為私人，人性不完美且離惡不遠，自由經濟的優越還剩多少？

華爾街次貸危機引發金融風暴，葛林斯潘用了「海嘯」一詞，可見劇烈，美國制度根基搖撼，西方各資本主義大國皆臨時抱佛腳，採用國家干預手段，連一向反對干預的葛氏，這次也贊成干預了，豈非「資本主義要靠社會主義來挽救」？別忘了鄧小平恰好是「共產主義靠資本主義來挽救」的，真是「風水輪流轉」——二十年前柏林牆坍塌引發共產體制坍塌的多米諾骨牌效應，把馬列主義送進墳墓，那麼這次西方的骨牌效應是什麼？美國霸主地位終結，接下來是一個怎樣的多級格局的世界，難以窺見，但這無疑西方文明的一次衰微，難道會有其他文明來替補，當今可知除了伊斯蘭跟西方作殊死抗爭之外，未見有東山再起者，而伊斯蘭又屬垂死掙扎，真乃落了片白茫茫大地。

二〇一一年八月第二周股市震盪，四天超過四百點的跌漲，歷史罕見。倫敦則是數千名青少年在街頭流竄，縱火焚車、洗劫店鋪，卻無任何訴求，似乎受「阿拉伯之春」的感染而宣洩憤怒——「茉莉花革命」沒在中國發生，倒是鬧到歐洲來了，豈不荒誕？基本的癥結還在經濟衰退而生活拮据，資本主義市場經濟的神話再次破滅。十八世紀以來他們就必須靠海外市場才能維持富裕，兩次大戰皆為爭奪海外勢力範圍，戰後則主要靠海外能源供給，釀出「伊斯蘭恐怖主義」。沒有高福利西方社會也會動亂，民主制度與此無補，而沒有海外市場和廉價產品，西方也會貧富不均，這一切，才是東方那個中國專制得以維繫的訣竅。人口膨脹和年輕化，是「阿拉伯之春」的肇因之一；衰老歐陸英倫，則是福利主義不堪負荷，這些對於極權體制來說，都是小菜一碟，由此而令自由社會競爭力下降，並延長專制社會的壽命，乃是後「蘇東波」時代的新鮮看點。

這世界上有一個政權，將西方的危機看成自己的「機遇」，不止幸災樂禍於其他兩種文明的廝殺，還覺得自己有機可乘，這種投機心態如果來自一個古老文明之內，則它也在衰亡中是無疑的。「重要戰略機遇期」這個概念，堂而皇之寫進二〇〇二年召開的中共十六大，時間指二十一世紀頭二十年，即二〇〇一年至二〇二〇年，它的戰略設計根據，正是前一年發生在美國的「九一一」恐怖攻擊，北京大喜過望，覺得天賜良機，可是撐死了只敢算計二十年而已，短視依舊。為何如此？讀者不妨回去查看第二章〈師夷〉，鄧小平在「蘇東波」大坍塌後，提出「韜光養晦」、「絕不當頭」二策，都是避開鋒芒，不當「出頭鳥」，以爭取喘息的機會，所以到二〇〇〇年後的江澤民，即便看到「九一一」，一時也只能「鬆口氣」，不敢想得太多。

美蘇兩個霸主，中國都曾與之周旋，時而為敵，時而為友，玩了半個世紀的「小三」，從中賺一點安全和經濟上的便宜而已，未曾有過「坐大」的念頭，這次也是謹慎徐圖罷了。

二〇〇一年九月十一日，那天我和傅莉，我們倆一人一台電腦正上網，不知是八點幾分，我正在讀 *New York Times* 的網頁，傅莉在那台電腦上叫道：「快來看，飛機撞上世貿大樓了……」，我還以為是什麼「惡搞」，過去一看真有一張照片，這才打開電視……被劫持的民航客機撞上紐約世貿大樓，兩座大樓皆坍塌，世界末日的景象。美國價值觀受到空前挑戰，而美國人在此之前一直是我行我素、藐視威脅的，這幾乎成為美國價值觀的一部分，但他們為此招致慘重傷亡，也許因此而使得二戰後極為自信而脆弱的「嬰兒潮」一代及其子女，從此成熟起來，而美國由此前進一步？

我在那一刻的感受，是很難過數千無辜而又無憂無慮的美國人頃刻消失了，留下他們親友的情感觸角，彷彿被驟然撕裂，鮮紅的傷口不知道疼，多少人就是不肯相信被埋在瓦礫中的親人已經死掉，有個姑娘在樓塌前一分鐘給舊金山的丈夫留話，那邊的人都還在夢裡，那小夥子一早醒來聽了留話就往紐約趕，可是所有航班都停了，不知道他兩天之後怎麼就趕到了紐約，半小時後就一臉憔悴地出現在電視上，哭訴他的妻子是他遇到的最好的女人。還有一個父親捧著女兒的照片在瓦礫堆附近失魂般遊蕩著，記者一過去他就說：「她沒死，我一定能找到她……」我就在電視上看到這個父親好幾次，我想他是瘋了，但我更想到我自己當年，我差不多半年不會哭。整個美國都在 shock 之中，我知道那種 shock 是什麼。這場災難，並無多少值得爭論的地方，恐怖分子不等於就是伊斯蘭信仰、文化、族群，恐怖分子就是恐怖分子，至於美國如何對付他們，能不能成功，那也是沒人知道的事情。西方文明就是這樣，它一直面對著、開拓著未知的領域，千禧年討論的時候，有何可以總結的？報刊雜誌上大談一個話題：探險，這是他們當初殖民人家的初衷，也是他們今日飛向宇宙的動力，他們過得太好，讓別人嫉妒，非要恐怖他們一下，他們只有對付，別無退路。

美國故事總是獨一無二的。二次世界大戰前的一九二九年，美國陷入最嚴重經濟大蕭條，都說是羅斯福救了美國，更多人則相信是二戰爆發，美國成了全球軍火庫，才從谷底脫困。整個二十世紀美國是幸運兒，冷戰、蘇聯瓦解、兩次石油危機、古巴危機、波斯灣戰爭，美國永遠是樂土，美元總是強勢貨幣；後來日本從戰後崛起，日本人跑來紐約買了洛克斐勒大樓，但是高科技和知識經濟時代來臨，美國再次走向高峰，又買回洛克斐勒大樓。

電視上說元凶賓拉登躲在阿富汗，我驚訝地在電視裡看到一個男主持人跟一群小學生談話，一個男孩說：「我想是我們製造了賓拉登，我們製造武器再賣給他們……」，這是何等令人刮目的教育，跟中國的民族主義洗腦一比就知道了。冷戰留下一個惡魔，但是冷戰已經成了一個難纏話題，反西方的話語和思路，似乎只糾纏一個「西方原罪」或「帝國主義」的極端說詞，不及其餘，但其實歷史昭示要複雜得多，文明的意義更含蓄地在正義與非正義之間選擇，歷史並非盲目或只剩冷酷，如二戰起因可遠溯一戰，無疑也是「西方列強」爭奪的後果，並非德國日耳曼一族之罪，希特勒的「生存空間」說亦非虛言，但納粹對猶太人的滅絕行為，卻賦予盟國一方巨大的正義性，連史達林這樣的惡魔，戰前早已對俄國人屠殺成性，卻照樣可以「反法西斯」而塑成其歷史正義的一面，所以儘管美國中情局製造了賓拉登，但後者對世貿大樓的襲擊，一如山本五十六對珍珠港的襲擊，捧手將巨大歷史正義性送給他們的敵人，而自己淪為惡魔，歷史性地輸掉，同理亦為，巨大的歷史正義性可以輕易將平庸者造就成偉人。因為正義性常常是歷史的動力、塑造力。

Nobody can change us 是這幾天人人的口頭禪，God bless American 的歌聲到處飄蕩，美國再次陷入「珍珠港心結」的含義是：他們獲得了極大的正義感，we will bring them to the justice，小布希說此話時底氣十足，他上台以來一直十分笨拙，卻在危機面前頗顯大將風度，justice 在此不止是審判的意思，更主要的是正義，我們最不懂西歐文明的東西，就是這個 justice。

「帝國」飢渴症

二〇〇八年八月北京奧運會上演，恰是小布希總統任期的最後一年，中國邀請他去觀看開幕式。北京奧運會結束後一個月，自一九三〇年代大蕭條以來最嚴重的金融危機爆發，並很快席捲西方主要工業化國家。中國總理溫家寶，豪爽地出台了規模四萬億元人民幣的刺激措施，令中國不僅在全球金融危機下維持了經濟的增長，而且還加快了增速。「東風壓倒西風」的局面，竟不宣而至，那卻是二〇〇〇年柯林頓總統簽署《二〇〇〇年美中關係法》的時候，完全不可能預料到的，那個法案批准中國加入世貿組織，並與中國建立永久正常貿易關係，餵肥了她。

中國通沈大偉（David Shambaugh）說：「因此在二〇〇九年，中國有很多傲慢自大的情緒，不僅存在於中國領導層，也存在於知識分子中間。我記得我參加了很多會議，中國人認為美國終於垮掉了。在多年預測美國衰退後，現在終於發生了，多年預測中國崛起後，它終於發生了。而且這兩大趨勢將決定未來的走勢。」八九年到〇九年，二十年風水輪流轉，「東風壓倒西風」，中國在哥本哈根國際氣候會議上正式成為一言九鼎的大國。

它甚至還沒來得及給自己找到一個合適的名號：「中華帝國」？顯得老舊了；「新中國帝國」？不倫不類；它當然不會自稱「共產帝國」。這也不能不算是一個奇蹟了。一百多年試練得慘絕人寰的共產體制，連同其龍頭老大蘇聯帝國，好不容易被得天獨厚的美帝國主義「拚經濟」拚垮掉，卻僥倖地留下其老二中共，走了另外一條「對外開放」的修正主義路線，大撈特撈走投無路的西方資本，依舊用它那一套在蘇俄一敗塗地的「國家操控」經濟體制，卻居然絕處逢生，於是也可以跟美帝國主義「拚經濟」，幾乎把它拚垮掉——美國就算沒崩潰，也陷入了一蹶不振的蕭條。這才誕生了一個「新帝國」。回眸一看，你就知道，西方左派編造的那個所謂「全球化」，已經泡沫化了。今天世界上誰說了算？中國和美國。

人類有進步嗎？「進步」（progress）這個概念，據說來自法國，是啟蒙主義歷史觀的一種，它預設一個終極目標，說人類社會朝此目標分階段直線前進，如今大家都知道那是天真、不成立的。比如，馬克思主義的荒謬，正在被崛起、暴發的中共所印證：人類社會並不一定從社會主義走向「各盡所能，按需分配」的共產主義，它也可以倒過來走——從貧窮的社會主義走向腐敗而暴富的原始資本主義；而且，東方的一個老舊帝國，也不一定非要經過義大利式「文藝復興」的洗禮，才能「現代化」並富強，它在精神廢墟上，也照樣崛起。富強、崛起，乃至稱霸，是所謂「東亞病夫」的百年夙願。為此目標，這個民族不僅無數「志士仁人」拋頭顱灑熱血，而且豁出了幾千年的傳統、整個文明底線、悠久的道德資源、幾代人的精神昇華。

比較有趣的是，新中國前三十年曾是一個帝國——毛澤東何等威風？「小小寰球，有幾個蒼蠅碰壁……四海翻騰雲水怒，五洲激蕩風雷激」，市井裡的「紅衛兵」語言則是：「今天世界上誰怕誰？」但如此氣魄，卻要屈居蘇聯之下，缺乏「兩彈」的緣故。這也是毛澤東要「反修防修」和發表批蘇修之〈九評〉的原委。中國人當「帝國臣民」有癮，總也當不夠，沒準是毛澤東時代「慣」的——連美國黑人反種族歧視運動，都曾受到毛主席的大力聲援，難怪歐巴馬今日要把老毛請進白宮坐到聖誕樹上去，這與拳王泰森把毛像刺青在臉頰上，是否源於同一文化背景，待考。

從「買船就是賣國」的獨立自主，到提供廉價必需品使美國生活水準提高百分之五到十的「對外開放」，兩種相反的路線，出自同一個政權，卻又跟什麼「愛國」、「賣國」、「民族自尊心和自信心」無關；從另一個視角來看，老百姓為了「獨立自主」而挨餓受窮，跟為了「改革開放」而被剝削被壓榨，結果都是一樣。不過，中國人對老毛窮折騰的忍受度，遠遠高於眼下這個「笑貧不笑娼」的政權，即使如今「國進民退」，也不至於比六〇年「人相食」那會兒慘，大夥兒卻一個勁兒地懷念大救星，這是為什麼？也許先前那個「毛帝國」，畢竟是「人民帝國」——類比「人民民主專政」，不是很相宜嗎？而後來「崛起」的這一個，不管叫什麼，「鄧帝國」／「江帝國」／「胡帝國」，它在「人民」的反面，是無疑的。

不是「大海航行靠舵手」的帝國，大概很難叫十幾億人心滿意足，甚至百分之零點幾的富豪們也不會對這個「帝國」的頭銜感興趣，因為他們只關心自己那個「帝國」。帝國的「主人翁」還是廉價勞力？其實在毛澤東時代，大家何嘗不是「廉價勞力」？廉價得恐怕更賤，但有一頂「主人翁」的桂冠，「精神」上就找補回來了，也畢竟是「工人階級領導一切」，毛主席還把外國人送他的一粒芒果轉送給大家，江澤民、胡錦濤卻只會給咱發下崗費。看來，這廉價勞力叫誰使喚了，是一個原則問題。這裡有兩點區別：我們的血汗錢供偉大領袖揮霍，哪怕他蓋再多的行宮，也是「肥水不流外人田」，但拿去賣給外國人，例如供應美國人，我們是不答應的！還有一層，中國的財富可由偉大領袖任意支配，但是分派給各式各樣的太子黨、權貴階層，就是把「全民所有制」竄改成「權貴資本主義」，那才是道地的中國「顏色革命」呢。

「中華帝國」二度出世，還是一個裂土的帝國，於是追逐「統一大業」，將成為帝國繼承者永遠的渴望。毛澤東一生沒有「統一」中國，是留給他的繼承者的一塊「合法性處女地」，此所以鄧小平高度重視「統一大業」之故，並以「回收香港」為其一生最大滿足，而他又留下一塊「處女地」給繼承者，那便是台灣。江澤民臨危受命，如履薄冰二十年，經營「世界工廠」為西方供貨，挽救江山並打造出一個「盛世」，卻終究飲恨台灣，「統一大業」只淪為隔岸「導彈」威脅，寸功未獲。輪到胡錦濤，白白地撿了奧運和閱兵兩個便宜，可以暗自慶幸，不料西藏和新疆都出了大事，從此邊陲不靖，而海峽那邊，藍綠儘管爭奪江山，卻不會叫你紅色染指。

再往前二十年，即六九年到八九年，中國封閉折騰，幾近崩潰，可它只要一開放，便能起死回生，轉眼就繁榮。但是這個國家在政治上必須高度統一、僵硬穩定，不容任何起碼的個人、多元的選擇，由此也不能容忍政治上的監督機制，只任憑對財富的巧取豪奪，和社會惡行的肆無忌憚。貧窮和被欺凌的人們，無法在這個社會裡找到公正和改善的管道；現成機制中沒有功能可以抑惡揚善；墮落而不是向善，成為個人成功的途徑。演藝界明星們，卯足了勁粉飾、頌揚這個「虎狼」社會，卻是自己先去當了外國人的；而異議分子要麼待在「裡頭」，要麼也到「外頭」去，甚至叫你「人間蒸發」。

民主制度相對而言是一個遙遠的理想，實際操作幾無可能，於是嘗試從高端來修改中國的政治運作，成為一種聰明和機靈，從呼喚「中國的沙卡洛夫」到「中國的戈巴契夫」，從期盼國際社會的人權譴責到「諾貝爾和平獎」；但高層革新人物的僥倖生成，又須與為民間的街頭抗議所夭折；民間抗議則從初始的嘉年華會，稀裡糊塗地演到落幕時的血肉橫飛，又代之以二十年的萬馬齊喑。民間再無「社會」，即便是信基督、轉法輪，人群只要在「黨外」聚眾，就是圍攻「中南海」，必須剿滅；而無數的良民百姓，唯有循著那條再也沒有「清官」的上訪之路去伸冤，等到碰了南牆，才從別人嘴裡聽到「人權」這個新詞。於是，在同樣的精神廢墟上，以及在惡法的籠罩之下，中國人要從零出發，去爭取全部。

亞細亞那個哭泣的孤兒，要當霸主了。這個世界不一樣了。一個新帝國，是與「後美國時代」同時誕生的，其間充滿著「貓膩兒」——美國要靠中國繼續購買它的債券活下去，這雖然不至於危言聳聽到了北京掐住華盛頓的咽喉，但至少是拴在一根繩上的兩隻螞蚱，俱榮俱損，北京政權不能崩潰，很可能變成一種「美國利益」；世界雖不會重演美蘇「冷戰」的舊戲，但是一個不負責任的新霸主登台後，最傷腦筋的還是那位老霸主，如北京把北韓、古巴兩個「共產小孤兒」先領養起來，就叫華盛頓吃蒼蠅般噁心；它也不再跟你玩「全球化」遊戲，而要領軍「金磚四國」，如這次哥本哈根的出手，叫板你們老牌帝國主義；別忘了，中國是有「第三世界盟主」資格的，也有關心「全世界水深火熱」的傳統，那是毛主席留下的一份遺產。至於說到西方跟伊斯蘭的「文明衝突」，那就更是千載難逢的機遇，因為中國在近代的落後，主要是遭逢了很差的世界大勢，西方帝國主義想瓜分我們，而東鄰日本又捷足先登，加上滿清積弱，錯一步、步步錯；這一次則完全不同，西方無暇東顧，中國又在一個強勢集權、碩果僅存的列寧式政黨手裡，則它不想崛起都難。

說起中國修成「超強」正果，卻還想訂正一點，即近幾年人們爭說中共將成為另一個「納粹」，法西斯強權，其實那種可能性不存在。不知道為什麼大家忽然都忘了魯迅，以及他所刻畫的中國民族性，阿Q也好、「看客」也好，那都與日耳曼人，有天差地別，還不要說「東亞病夫」又被「全能主義」修理過半個世紀，連盲從的堅定性，都被洗腦洗掉了；社會上充斥著銀子，就是「忠誠度」奇缺，這樣的民族，怎麼會懂「納粹」？它充其量就是耍耍流氓，而若被一個光棍式的邊緣人集團綁架了，頂多是把流氓耍到國際上去罷了。說到底，要讓中國對國際社會負責任，不是講什麼矯情的「民族自尊心」，第一步是讓中國人健康起來。一個在自己家裡被虐待的人，能指望他有「自尊心」、並在外面尊重人嗎？在自己國度裡縱容惡霸的一個民族，只能學會一種本事，那就是欺軟怕硬，這種風氣，下一步可能瀰漫到國際社會，是我們可以期待的。這自然也是西方縱容中共的結果，是他們讓中國為其經濟困境買單所支付的代價。由此觀之，中國的民主進程，勢必含有國際社會的某些糾錯過程在內，這倒完全像馬克思說的：只有解放全人類，才能最終解放自己。

美式奇理斯瑪

二〇〇九年一月二十日，歐巴馬以中興之主的姿態登上歷史舞台，華盛頓方尖碑廣場上雲集了兩三百萬美國人，前來觀看他的就職典禮，他們何能甘心美國的衰落呢？這個國家還那麼年輕，她的國力還那麼強盛，而環視周遭又哪裡出現了替代者？這個黑白混血兒確乎是氣度不凡，演講情詞並茂，剩下就要看他的運氣了。

如此強烈的民粹氛圍，來自領袖個人的超凡魅力，雖在民主政體之下沒有權力集中之虞，卻也不免是一種奇理斯瑪（Charisma）神話，那就看它破滅得多快了。遠的不去說它，二十世紀就出了好幾位奇理斯瑪型梟雄，如德國的希特勒、蘇聯的史達林、中國的毛澤東，歐亞兩洲搞民族主義的小國梟雄還有很多，但是美國出過「奇理斯瑪」嗎？要有的話大概也只能算羅斯福一位，不過要算上他，就不能不算英國的邱吉爾、法國的戴高樂了，這可能已經溢出韋伯的原始標準。

我從旁觀察〇八年這場美國總統大選，一開始就充斥著「種族主義」話語，由於競選人中有一位黑人，而充分動員了至少兩種文化／種族心理，一是非洲裔美國人的認同滿足感，一是白人的救贖滿足感；當然還可以包括第三種，即所有有色人種的成功感，「Yes, We can」乃是最具涵蓋性的一個口號；而歐巴馬的伊斯蘭教背景，又在「反恐戰爭」的環境下攪動更複雜的弱勢族群認同。難道平復種族歧視的歷史傷痕，反而需要最種族的話語？難怪美國《新聞週刊》最新一期的封面主題是「如今我們是誰」，這好像是希望歐巴馬把美國「改變」成一個「超越認同」的國家，希望美國不再是一個「民族國家」，而是一個全球（Global），或者是一個「大家庭」？那個白人脫口秀 Colin Quinn 如此說：「種族就像美國的孩子一樣。白人是長子，所以是老爸最喜歡的。黑人是次子，老被欺負，所以到現在還記恨著老爸。拉丁裔是三小子，被夾在中間，總想給另外兩個兄弟當和事佬。亞裔是最小的，在學校成績好，但基本上事不關己，高高掛起。美國土著則是他們的叔叔，房子就是他的。大家說：『他的房子空置不用，咱搬進去！』」

「歐巴馬神話」是一個不免幼稚的左派泡沫，全民福利、控搶、全球暖化，卻媾合華爾街、撤軍阿伊、放縱中國在南海擴張，而這一切都始之於瑞典諾貝爾委員會，第一個拜倒在非洲裔「奇理斯瑪」腳下，可是歐巴馬執政八年沒有「奇蹟」，反而發生弗格森、巴爾的摩慘案，黑人遭警察暴力執法、被擊斃屢見不鮮，黑人竟喊出「黑人的命也是命」，美國仍深陷「槍殺↓抗議暴力↓對抗」的惡性循環。渴望緩解美國國內種族仇恨、全球基督教與伊斯蘭之間文明衝突、東亞太平洋地區崛起等等左翼式的一廂情願，都對美國開了一個美麗的玩笑。用擊斃賓拉登，來勾銷反恐戰爭，卻放手讓「伊斯蘭國」在中東橫行無度；醫保普及，卻令受保者和國家雙方都不堪負荷；大搞「社會主義」之際，卻聽任華爾街集體瞎搞，他們二〇〇六年的平均年終獎金達六十多萬美元，而投資銀行裡那些三十出頭的娃兒，個個年收過百萬……歐巴馬的「奇理斯瑪」魅力，變成他推行民粹玩意兒的不可抗拒力量。

然而上述的一切，都遠不及更加關鍵的一點：美國從它的巔峰跌落時，坐在白宮裡頭的是一個「自由主義的民主黨人」，而美國退出的空間會鼓勵其他挑戰者來填補，那卻都是劣跡斑斑之國——從俄羅斯到朝鮮再到伊朗，還有一個共產中國，但是歐巴馬對這些都毫無感覺，他強調「美國歡迎中國崛起」之時，恰逢中國開始在全球範圍內挑戰美國的主導地位，而歐巴馬依然奉行接觸政策，誠懇邀請中國一道解決全球問題，比如氣候變化和朝鮮的核威脅。

中國卻在有主權爭議的南中國海作出回應。這裡不僅是全球重要的地緣戰略要衝，也擁有最繁忙的航道，還蘊藏著豐富的資源。中國從二〇一三年開始對斯普拉特利群島，也就是中國所說的南沙群島中方控制的七個島礁進行史上空前的填海造陸行動，同時還大規模擴充她在帕拉塞爾群島，也就是中國所說的西沙群島的存在。同年，中國還在東中國海就尖閣諸島也就是中國所說的釣魚島與日本爆發嚴重糾紛。

歐巴馬政府只好在二〇一一年十一月推出「亞太再平衡」（Rebalance to Asia）政策，打算把外交政策重心轉向亞太地區，還宣布美國將與另外八個亞太國家展開下一代貿易協定《跨太平洋合作夥伴關係》（TPP）的談判，而中國被排除在外。可是這已無濟於事，因為小布希卸任總統之際，美國對華貿易逆差已增至二千六百八十億美元。

華盛頓也只有抱怨中國沒有充分做出匹配其在國際社會中地位的貢獻。在小布希政府擔任過副國務卿的羅伯特·佐利克（Robert Zoellick）呼籲中國扮演「負責任的利益攸關方」的角色，這意思是說，中國從融入國際體系中獲益，現在是你對國際社會作出回饋的時候了，大家都需要對國際社會有所付出，它不是免費的，比如更多地採納國際體系的規範，並且在世貿組織和其他國際協定中承擔更大的責任。然而中國無動於衷。直到此時，國際社會彷彿才想起來，中國入世時所做的一系列承諾，即在二〇一五年之前：

一、取消電話通訊和郵政壟斷

二、取消絕大部分關稅保護
三、取消百分之八十以上汽車關稅
四、開放銀行
五、落實雙休制和有償加班
六、開放傳媒與影音
七、向外資開放公路鐵路貨運海上運輸
八、允許外資入股互聯網
……

然而她一概沒有兌現。歐巴馬已經無暇他顧，因為他在國內政策上焦頭爛額，最受詬病的，一是「禁槍」，在國會提出十個法案，如果獲得通過，它們將剝奪美國人擁有和攜帶武器用於安全、保護和防禦的第二修正案的權利；再就是以所謂「發表言論的公平性」，大規模限制言論自由的第一修正案；還有使美國的醫療保健聯邦化。這些偏左的政策，極大地刺激了美國龐大的基要派基督教勢力，令民意劇烈向右擺動，而為美國醞釀著下一位極右的總統。

中式魅力退化

與美利堅那廂的「奇理斯瑪」相比，大洋此岸的中國，卻異常地「平庸化」起來，毛澤東的三個繼承人鄧、江、胡，竟然將他們「始皇帝」的超凡魅力，褪盡到一種徹底的程度，以致胡錦濤用「平庸」，再一次顛覆了韋伯政治學裡的「奇理斯瑪」論說，即中國離開「魅力型」權威，靠平庸也能「經濟崛起」，只需「天價高科技維穩」而已。

據粗略統計，毛澤東折騰大躍進大饑荒，餓死四千萬人；搞文革「整了一億人」（葉劍英語），全國範圍內卻未見發生任何有效的反抗。相比之下，二〇〇〇年以來，中國經濟增長年年超八，GDP成世界第二，外匯存底第一，群體性事件卻連年飆升，二〇一〇年升至十八萬起；平均每天近五百起，影響重大的危機每五天發生一起，維穩費超過國防費，人稱「第四次全面內戰」，概因權貴集團劫持了中國，二百個家族控制二百個行業，而三大民生性的社會基礎底線（教育、醫療、法律）均洞穿，基尼係數[1]達〇．五的社會動盪期；世界銀行已作出預測，中國經濟將無預警性崩潰。

歷史評價對毛、鄧、江、胡四人，頗見異趣。毛澤東乃梟雄，重創中國也影響深遠。李澤厚在八〇年代曾說：「不管你是愛是恨，是讚揚還是批判，毛澤東比任何其他人物在中國現代留下遠為龐大的身影。」二十年後劉曉波對他則索性一句「混世魔王」作結；也已有人將毛與希特勒、史達林並列為二十世紀「三大魔王」，但是對毛持「功罪」分殊者，大有人在。

從毛到鄧，「魅力」一次性大跌損，被視為「進步」，其實不過是「除魅」而已。本來鄧小平「經濟救黨」不是什麼「天縱英才」，反因粗暴處理社會危機（「六四」屠殺）而累及身後，評價比毛更為複雜。哈佛教授傅高義為鄧作傳，不諱言「穩定」才有經濟發展，天安門鎮壓有合理性。方勵之駁道：既然如此，為什麼中國政府現在還需要耗費鉅資來「維穩」呢？又問：為了穩定和經濟增長就可以殺人嗎？可以用暴力剝奪一個群體的生命，來服務於另一個群體的物質利益？

鄧小平指定了兩代接班人，跑不脫要為江胡兩屆的「執政罪錯」承擔「太上皇」責任。所以，鄧小平最終可能連一個「法理型」權威的「蓋棺」都不一定掙得到。因為除了方勵之的詰問，中國走上「掠奪型」經濟發展模式，毀了子孫萬代的生存資源，這筆帳最終還是要找他的。假如我們回到「魅力」話語上來，你會發現，「綿裡藏針」的鄧小平雖不敢「非毛化」，卻絕對終結了「魅力型」統治，叫中國政治從此波瀾不驚，毫無懸念了。於是再往下，「統治人格」不期然地經由江澤民的「丑角（滑稽）型」，終於走到胡錦濤的「平庸（唐氏綜合症）型」。正因為是這麼一種路徑，今日才會在「擊鼓傳花」的悶局裡，殺出一個薄熙來，要當毛澤東傳人。這部「政治連續劇」裡最驚人的細節，居然也落了「魅力」話語的窠臼，

1 基尼係數：Gini coefficient，常用來作為國民年收入分配公平程度的指標。一般以〇．四作為「警戒線」，數值越大代表貧富差距越高。

原來薄熙來頗鄙夷中南海的「無魅力」，罵胡錦濤是「漢獻帝」、習近平是「劉阿斗」。

後毛時代的中共「除魅」不是很正常嗎？「平庸化」是可以阻擋的嗎？這個問題本身就變得很有「魅力」。要麼獨裁者「奇理斯瑪」，要麼行政中立科層制，二者不可並列。按照韋伯對「科層制」的定義，國家機器只能是一個中立的、超越階級和黨派的有效技術工具而已，它褪去了「神聖的光環」，只剩下無情感的機械性（頗像胡錦濤那張臉）。這種「制度的現代化」，卻在八〇年代被鄧小平野蠻阻斷，因為他是「總設計師」嘛。中國從人大、政協，到軍隊、法院，統統被執政黨嚴密掌控。弔詭的是，這具老掉牙的國家機器，必須繼續配套「魅力型」權威才能運作，偏偏鄧小平一口氣選了兩代「平庸無奇」的接班人。毛、鄧打造的這部「黨國」機器，原不是江、胡玩得轉的，除非把它「三權分立」。所以，本該是國家機器的「無表情」，無論替換成江澤民的擠眉弄眼，還是胡錦濤的呆若木雞，都不相干了。

梳理中共黨史你又會發現，「龍種下跳蚤」，「魅力」不會遺傳，「老一代革命家」非退化不可，也是不可抗拒的「歷史規律」，恰是文革唱過的「老子英雄兒好漢」（不管是不是親生的）的反面。為什麼呢？請看下面兩個細節。

「九一三」林彪機毀人亡後，毛澤東黯然將王洪文從上海點來北京繼承大統，野史說他要王讀《後漢書》中的〈劉盆子傳〉，後人看去真乃兒戲：「工總司」司令怎會懂得，漢室血統的放牛娃劉盆子跟他有何相干？而老毛毋寧是在奚落自己：這個王洪文也不過是個放牛娃而已，江山能交給他嗎？

那麼老毛最初又怎麼相中了王洪文呢？原來一九六七年七月他從武漢到上海，深夜坐車到外灘巡視，看見上海市革委會門前，有一群手持長矛、頭戴安全帽的工人站崗，這位陰謀大師對此甚為著迷，竟幼稚到幻想造反派可以替代整個共產黨官僚系統。

大致來說，毛、鄧選儲都是「攻其一點，不及其餘」。鄧小平急功近利「脫貧」，迷信「科學生產力」，下令組織部遍尋名牌大學生，「催肥」幹部知識化。這期間，陳丕顯推薦了哈工大的王兆國，而鄧小平只看中他一點：文革中「反對打砸搶」。二十多年後，毛澤東在外灘的那一幕，又在鄧小平身上重演，不過這次是在中南海放映室裡，中央新聞電影製片廠專供的內部絕密片的銀幕上，一九八九年三月初的拉薩街頭，主角頭戴鋼盔、手提衝鋒槍，是自治區黨委第一書記，令鄧小平大為讚歎，扭頭問祕書：這個人是誰？

鎮壓了天安門學運的鄧小平，不再對「改革」有想像力，轉而焦慮身後江山的安危，殺戒已開，「經濟救黨」不夠了，此時他的心情，跟毛澤東在外灘的那一夜，如出一轍，他的「接班人標準」只剩一條：敢不敢開槍鎮壓？其餘免談。還不要說他仍健在，楊尚昆已經要求「重新評價六四」；他也不放心江澤民；他要選在拉薩已經開過槍的那一個，來做隔代「王儲」，這個人平庸也許更合適。

「六四」一劫，令中共老人幫恐懼江山傾廢，「選儲」餘地又不大，挑出來的江澤民、胡錦濤兩代，死守鄧小平告誡「絕對不跟西方翻臉」，在國內放縱仇外思潮氾濫，大舉引進外資，對內拆除「社會主義」，將中國轉型為廉價勞力的世界工廠，重鑄政權合法性於「經濟起飛」基礎之上，不可謂不成功。但是太子黨們惡言相向，說老太爺走了以後這二十多年，被一幫秘書、太監把這個國家折騰得不像樣，現在正宗傳人們要集合成一個政治集團，出來收拾山河。

他們是在罵所謂「團派」。這股政治勢力，並非起於那位頗有政治清明魅力的胡耀邦，而是成軍於後來這個胡錦濤。如果梳理一下從胡耀邦到「胡青幫」的變異，「青」者，一謂「青年團」，又謂「清華幫」，這個十年中共的體制，即「中南海九個老男人」，皆為理工科出身的工程師，卻由「胡青幫」總舵胡錦濤領隊，知識結構上升，而人文素養趨零，然而他們低調且謹慎，採取了一系列新的姿態和政策微調，如親民姿態、提出「和諧」（經濟和社會協調發展）、提升「三農」政策規格（逐步取消農業稅和農林特產稅，對農業進行直接補貼）、採取相對寬容的輿論控制、取消收容制度；然而對台政策轉為比較強硬，等等。這一系列政策使民族主義者、左右翼和底層老百姓，都從自己的利益和傾向上找到「熨貼感」，竟然有「新政」之說。

政治發育控制

劉賓雁三十年前說：這個政權兩三個月就垮掉——經驗之談；

林毓生十幾年前說：這麼壞的一個政權不垮，我的書都白讀了，余英時同意我的看法——學識之談。

中國三十年統治模式，在經驗和學識之外，古今中外都沒有知識可以解讀它。甚至世界上所有的專制政權，都把中國視為一個「可望而不可即的模範」。人們對中國的預測，誤差不僅僅是「經濟發展導致民主」，還在於三十年裡預言「崩潰」多次，而每一次都低估了這個政權的存活能力。

三十年怎麼總結？一方面這個體制通過經濟、立法、外交等各層面的措施加固、升級自己的控制能力，政權觸角下探到「十戶長」的深度；另一方面在民間這一端，則是伴隨著貧富崩裂、階級對立和道德滑坡，出現了社會犬儒化、民間碎片化、抗爭原子化的悲慘局面，令組黨路徑無社會基礎，「天鵝絨革命」無空間，以致台灣、東歐的轉型經驗和所謂「茉莉花」模式，中國都無法借鑒，所以儘管民間因強徵土地、暴力拆遷、環境污染等因素，不斷爆發大規模的無組織抗爭，看上去熱鬧非凡，卻不會產生任何積極的政治後果。

我們還處在三十年歷史已經形成的某種態勢或慣性之中，既看不到結局，也沒有解道，好像唯有這個政權的解體，才是結局；那麼什麼因素決定呢？這個政權不倒，在於它可以控制一切，哪些它控制不了的因素，就決定了它的解體。人們對中國和中共的預測，大致還在幾個迷思之中，包括：「崩潰」迷思、「革命」迷思、「外援」迷思等等。近十幾年民間的抗爭，出現一種全新的格局，維權年代的抗震，使用了一些新的術語、概念，如「虛擬」、「共同體情感」、低組織低保密、風險、代價、「脫敏」等等，但是，有一個「反抗者學習曲線」

嗎？

「六四」後中共的所謂「獨裁者學習曲線」，是在所有領域增強控制手段：

一、鎮壓組黨於萌芽狀態——民主黨

二、監禁劉曉波以拒絕「〇八憲章」運動的溫和政見

三、鎮壓民間會社——法輪功、獨立中文筆會、家庭教會（即使不抗爭）

四、控制大專院校和青年——以民族主義抵消自由主義

五、把讀書人跟黨綁架在一起——中國傳統：大眾聽識字的

由此，它便成功控制了這個國家的政治發育。二〇〇三年的孫志剛事件，引發對收容遣送制度的大討論，導致該制度的廢止，被稱為「Web2.0與維權運動一拍即合」，好像偶然性很大，是因為產生了一個互聯網的新空間，「獨裁者學習曲線」對此還沒來得及反應。維權律師滕彪分析這一點，比較了「茉莉花」和「七〇九」兩次大逮捕，二〇一一年國內受突尼西亞影響、借互聯網協調而成功發動抗議，官方猝不及防，基本上都採用非法的方式來應急，搞綁架或者失蹤等。到了二〇一五年的「七〇九」事件，更多的監居、逮捕，然後審判、判刑，因為二〇一一年「茉莉花」中的一些手段要到二〇一二年討論通過的《刑事訴訟法》才合法化。

你可以看到，這個體制的「學習」能力有多麼強，他們如果沒有「生死存亡」的緊迫感，是不可能的。但是相形之下，王荔蕻、屠夫、滕彪等新生的一代異義群體，他們一腔熱血，充滿正義，也頗為機智，但是幾乎都是單打獨鬥的孤膽英雄，身後沒有一呼百應的民眾，所以他們也都是以一己的肉身，去承受整部國家機器的凶殘懲罰，每一個人的經歷都是「比死還要恐怖一萬倍」。另外滕彪也坦言：絕大多數維權人士並沒有預見到習近平會下這麼大的狠手，這也令人想起三十年前的「天安門一代」，他們不相信鄧小平會開槍。

所以，雖然我們看不到組織和革命黨，看不到成熟的領袖，但是中國遍地都是英雄、遍地都是陳勝吳廣、遍地都是孫中山毛澤東，然而民間卻在無端地浪費英雄資源，民間沒有產生一種機制，把旁觀的民眾轉換成公民抗爭的隊伍；或者說，在一個嗜血的暴政底下，如何創造「反抗者學習曲線」，這個問題反映出民間還是缺乏創造性人才。二〇一五年七月初銳鋒律師事務所案件判決，透露了國內民間領袖的思路，即胡石根提出國家轉型的三大因素：「公民力量壯大、統治集團內部分裂、國際社會介入」，以及建設未來國家的五大方案：「轉型、建國、民生、獎勵、懲罰」，都顯示民間的思考還很初級。

八九六四之後很多年，一直到二〇〇〇年興起的「新一代維權運動」，民間的目標很明確：期待大規模政治集結——對整個時局、整個政治體制會有關鍵影響的政治運動，認為整個社會政治形勢到了某一點，它就會發生，並由一些突發事件引爆，因此「事件」最關鍵的推動者、參與者，往往非常偶然，有可能是誰都不認識的人。這不過是「革命」迷思的另一種表述而已，因為它跟八九學運的大規模街頭抗議完全不同，它是靠網路號召集結的、「虛擬」的團體，一種很初級的「共同體情感」，而且低組織低保密；儘管互聯網為草根行動者提供了知識和話語權門檻較低的平台，但回應者必須評估風險、代價，對政治參與需要一個「脫敏」過程，這跟八〇年代末那種由牽掛很少的青年學子爆發式走上街頭完全不同。

〇八年川震、奧運後，中國草根 NGO 雨後春筍般冒出來，也很自然地與維權運動合流，竟托出一個「公民社會元年」，出現了「益仁平」、「傳知行」、「女權五姐妹」以及勞工機構等頗熱鬧的民間社會，迅即遭到體制的殘酷剿滅，年輕世代的運動者一下子都消失了。他們哪裡去了？九〇後社會觀察者趙思樂二〇一九年十月接受採訪時說：

青年運動者這群人，都還是存在的。像苔蘚一樣的生存，意思就是說長不大，他們沒有辦法像樹一樣生長，越長越高越長越大。他們只能像苔蘚一樣，就是可能會有人出現也有人消失，分散在不同的地方，沒有一個很直接的固定的聯結。同時象蟋蟀一樣歌唱就是說，這個聲音是唱給自己聽的，但是他們的同伴可以聽到。他們可以知道我們還在努力……很多人用一個詞稱呼自己，叫社畜，畜生的畜。你想想這個詞是什麼意思？而且他們在談到這個詞的時候並不是一個在抱怨的語氣。他們一般上的語境是這樣的，我作為一個社畜，我就知道說這樣子的現象是非常常見的，然後在職場裡面有這些不公平的現象是非常非常常見的，你就應該做人要圓滑，然後要怎麼怎麼樣。所以它是帶著一種，你可以說一種阿Q精神、一種自豪感在講自己的社畜的狀態。我覺得「社畜」可能才真正代表絕大多數中國的年輕人的狀態。就說他們知道他們在那個社會裡累死累活，並不會擁有真正的權利跟尊嚴。我想說就是中國的這些年輕的、你可以說是中產階級，或者是在上升路徑的這些年輕人，他們是非常焦慮和沒有安全感。

今日中國「群體事件」的機制是什麼？一哄而起、轉瞬煙消雲散？記得二〇一一年夏天廣東增城新塘鎮的暴動，那是一個世界牛仔褲集散地，有四千家服裝廠，因一農民工孕婦被城管毆打，十萬四川打工仔聚眾暴動，焚燒車輛，封鎖高速公路，最後武警用催淚彈、裝甲車鎮壓下去。當時外貿萎縮、訂單驟降，外地民工難以返鄉，稍有摩擦就會造反，很像晚清向英國開發口岸，嶺南那時有百萬廣西燒炭工和挑夫失業，於是爆發了太平天國起義。如今中國各地幾乎天天都有「群體事件」，人稱「第四次國內戰爭」，卻不能匯成一場革命。

今天老百姓和統治者都不再幼稚，政治性或維權性的集結，反而門檻很高、觸發點機率很低、不易產生建制性成果，把它視為顛覆體制的唯一選項，可能是八九運動留下來的一個集體無意識，需要重新評估。對「大規模政治集結」的強烈期待，可能是民間社會碎片化的一種代償，需要更多更深地嘗試「網路虛擬集結」、低組織但不是低保密的團隊組建、從「共同體情感」、「命運共同體」上升到隊伍甚至政黨，都要經歷那些步驟和台階——中國人經歷辛亥革命、五四運動、國共兩黨纏鬥二十年，到今天居然把祕密會黨、地下黨、白區黨等等記憶和本能統統丟光了，真是不可思議！

老百姓在想什麼？國內的民心、民情；不同階層的金融風險和經濟承受力；社會心理對中國的無出路、無前途、身後洪水滔天等等應對和付出；中國小傳統中「看客」、「過一天算一天」、「自掃門前雪」等觀念在今日暴政下的形態和表現，等等，反而是預測政治情勢更可靠的參照系。

近幾年「崩潰說」愈加頻繁，陸續斷言二〇一四年、二〇一六年、二〇一七年，中國網路有人調侃，說中國要「持續崩潰一百年」。然而事後大家又都說，低估了這個系統的承受能力，問題在於，這種承受能力究竟是什麼？其實，大眾的「守成心態」、「亂世」恐懼，成為這個體制的一道防波堤，這在三十年前也出現過，現在更加嚴重了。因為三十年巨大的經濟行為不會毫無意義。

一般都認為，「六四」後中共鼓勵全民發財，大家都掉進錢眼裡去了。這種說法其實很膚淺，因為本質的含義，是中共綁架全民跟他們一道投資了三十年，老百姓是出賣勞動力，但也是投資，誰都不想血本無歸。國內有一種說法：三十年來中國是構建以競爭為基礎的效率社會，突出發展主題，機會多於能力，不管有沒有真本事，只要你敢，就能發財，閉著眼睛朝天上放槍，就會有鳥兒掉下來。那麼現在經濟下行了，機會少了，失敗的人多了，越是如此老百姓越想保住最後一點殘羹剩飯，誰都害怕大局崩壞，一根救命稻草都撈不到。

絕對不碰「六四」

要說政治發育控制，這才是最關鍵的一條。

年年歲歲說六四，歲歲年年語相似。中國人長期的一個疑惑是，中共為何不借「平反六四」找回合法性？中共這個黨，極富「平反糾錯」的歷史經歷，黨史上早期就給大量被王明、張國燾整肅的人平反；四九後最大的平反事件，即五七右派和文革，鄧小平甚至就是靠胡耀邦平反「冤假錯」案，而找回執政合法性，開創了生氣勃勃的八〇年代。

然而，六四是中共歷史上唯一沒有寫入黨史或黨章的重大事件，也沒有經過黨的全體大會討論通過任何一項決議。原因有三：

一、許多老同志無法認同我們的軍隊向手無寸鐵的老百姓和青年學生開槍；

二、沒有人敢出來承擔責任；

三、黨內缺乏共識，無法給那件事定性。

具體一分析，那就非常複雜了。

第一、過去那些平反都是路線鬥爭的結果，贏家可以否定前任所做的一切，比如李立三否定陳獨秀、瞿秋白又否定李立三、王明從蘇聯回來又否定李和瞿、毛澤東延安整風又否定王明，毛從此立於「紅太陽」地位，只有他整人，沒人再整得過他，直到文革他死掉。鄧小平部分否定毛，才能改革開放，一路走到「六四」屠殺；

第二、給六四平反的最佳時期已過。鄧小平活著的時候，由他自己把那件事辦了，可能是最相宜的。當然他必須承擔「屠殺」的責任，也必須懲辦李鵬、陳希同等「謊報軍情」的責任，替他分擔罪責，那時候這麼做，就像否定文革一樣，中共只有暫時名譽損失，不傷元氣。鄧死後，任何人碰「六四」，只能打倒鄧，把他釘上歷史恥辱柱，黨內有誰肯做？毋寧大家心裡都認為，就讓鄧去背這個黑鍋吧。

第三、這三十年腐敗橫行，這個黨早就不是共產黨了，而是既得利益黨、資本家黨、腐敗黨。如果給六四平反，很快就會出現兩個機構：反貪局和中國廉政公署，有幾十萬甚至幾百萬黨的幹部被審查，其傳票也會像雪片一樣飛到歐美各國，通緝那些在國外安享天年的離退休幹部，該進監獄的、該判死刑的，一個也跑不了。

這些年，又出了一個「和解」說，所謂「握手言歡」也，可是誰跟誰和解呢？中共想跟咱和解嗎？「和解」之謂，不說有乞求之嫌，至少也是「自作多情」，彷彿中共已作困獸猶鬥，你若不「和解」它，它便要玉石俱焚似的，又似乎當年被鎮壓的一方，死乞白賴不肯給它一個台階，它好下來，保全顏面，哪有那麼回事嘛！

「南非模式」也罷，「非暴力不合作主義」也罷，都是好東西，可咱就是使不上，所謂「沒那金剛鑽，別攬瓷器活」。「南非模式」的操辦人是圖圖大主教，有一個基督教的信仰襯墊在那裡托著，才有「贖罪」、「寬恕」這些超越性價值的介入；又如聖雄甘地的印度法寶，那背後也有價值支撐，諸如不殺生、來世等等。對債孽深重的中共來說，這些絕對都是好東西，可它就是不肯讓人家發展，滅殺還來不及呢。設若這個十年裡它放手讓家庭教會（據稱已近上億信徒）發展，或者江澤民當初不去圍剿「法輪功」（也算佛教的一支吧？），那麼當下中國便早已有了「和解」的土壤。

缺了宗教這一環，便只剩下法理的解套。六四這場危機，在法理上只有鎮壓者和被鎮壓者，雙方的角色和位置，既不能互換，也不能均攤（各打五十大板），說到底，對「和平請願」施以暴力的責任，一絲一毫都無法歸咎於請願者的「不妥協」，而只能由掌握暴力的執政者來承擔；也唯有因循法理的裁決，才能實現「公正」，消弭六四積累的全部怨恨。

假如把以上兩個不同的環節一鍋煮了，就會出現今天的一個思路，也是不少人一直在鼓吹的一個觀點：雙方都有錯，激化是兩邊的「壞人」挑撥的，這為官方將來的「方案」提供了一個解套的思路，最後給鄧小平一個「聽信挑撥」的輕微定論，李鵬是肯定要成「替罪羊」的，他自己都很清楚；只要為鄧解了套，趙紫陽也能平反，「天安門母親」也能獲得賠償，然後江胡兩屆自然順理成章。

如今鼓吹「大和解」的人，就是在一鍋煮，用心是好的，可你煮得成嗎？還不要去說，這法理的一環，當局也沒興趣，因為六四引起的執政合法性危機，已被它的「經濟起飛」所化解，它可以不理睬這個「公正」問題，而扔給民間和受害者去咀嚼，諒你們也鬧不到哪裡去。這二十年的事功，叫當局的功利心大振，於是離那非現世的宗教越發遠去了，想拽都拽不回來的。

從技術性的角度來說，「六四」乃是一個所謂 point of no return，無返還的終點，一旦越過，便成為新一段歷史的起點，也就是說，中國的麻煩早已不那麼單純了。當局因六四殺人而將中國撥向「激進走資」一途，以至公平傾斜、社會分裂，三十年下來，整個民族傷痕累累，怨怒深重，豈是解套一個「六四」就能挽救的？在這個縱深的意義上，鄧小平正是禍首，即使「六四」這筆帳能饒他，後來的帳又叫誰去擔？所以積重難返、環環相套，中共只能不碰它。

「雲極權」

由於數碼的介入，個人（individual）與國家的博弈，溢出政治學範疇，已經不單單是權力的概念（「專制」「集權」），民主制度也不能擔保了，臉書創辦人祖克柏（Mark Zuckerberg）坦承：「許多人進入科技業，是因為相信科技可以帶來分權化的力量，賦予人民更多權力。但隨著少數的大型科技公司崛起，以及政府使用科技監控他們的人民，許多人現在相信科技只會加強集權，並非分權化。」

這種大公司在中國就是BAT，B指百度、A指阿里巴巴、T指騰訊，中國互聯網公司三巨頭，它們幫助中共打造了一個全新的統治模式，物聯網、大資料分析、AI，更可能實現一種新的超級控制，不是通過外在的強加，而是通過資訊技術，深入民眾習慣和偏好之中，即時掌握行為和軌跡，中國網友戲稱「雲極權」，比較露骨的叫法是「數位化列寧主義」。

毛澤東式的傳統社會控制能力，在改革時代有所退化。市場化與全球化的推進，相對削弱了中共對資源與社會力量的壟斷控制；愈來愈多的人脫離了單位和公社的束縛而流動起來，也有更多的經濟資源掌握在私人手中，湧現出來數以千萬計的專業技術人員、自由職業者與數億的流動民工，因此近年來諸多規模群體事件都呈現出無組織和突發的特點，如二〇一一年北非「茉莉花運動」對中國的影響；加上新社會階層和農民工高達數億之多，且處在不停的流動當中，體制似乎不可能對所有人都做到「動知軌跡，走明去向，全程掌控」。不幸的是，資訊技術的進步，讓這一任務再此成為可能。

中國起步於監控計程車，而「計程車監控」水準，即一個「監控社會」的基礎標準。二十年前王丹倉皇逃出北京，往蕪湖投親戚遭拒，無措手間竟返回北京，口袋裡只有一張名片，是住在北京飯店的台灣記者徐璐，結果徐璐要了輛出租來接他，警察也同時趕到。徐璐被驅逐出境時還在後悔，怎麼沒想到北京八九年居然已監控電話。低估中共的集權控制技術，是神州之外的一種「國際性幼稚」，至今如此。

接著，中國以公安人口資訊為基礎，加入人口和計劃生育等相關資訊資源，建立以公民身分號碼為唯一代碼的「國家人口基礎信息庫」，在此基礎上形成一個動態管理機制，也就是所謂「公安大情報重點人員動態管控機制」，針對七類「治安高危人員」實施監控：涉恐人員、涉穩人員、涉毒人員、在逃人員、重大刑事犯罪前科人員、肇事肇禍精神病人和重點上訪人員等。若以公安部和衛生部的數字為據，錄入動態管控機制的吸毒人員有一百多萬，重型精神病患者一千六百萬，如果再加上刑滿釋放人員兩百至三百萬、重點上訪人員上百萬，那麼這個「動態管控機制」目前輸入的黑名單，至少有上千萬人。

怎麼「動態管控」呢？北京市公安局在近郊區流動人口聚集地，按照百分之五的比例，在一百個流動人口中招募五名治安管理員，即在五個家庭之中，招募一個家庭來監視其他四個家庭；而且，其中任何一人有異常，十分鐘之內有五個人趕去處理，一小時之內轄區的公安、衛生人員就可控制局面。毛澤東時代也搞「黑五類」、「階級敵人」的監控，靠的是街道里弄的「小腳偵緝隊」（也稱「馬列老太太」），相比之下，今日豈止是「鳥槍換炮」？Holocaust（大屠殺）是由於「科技」的加入，才成為可能——眼下中國這套東西的公開話語，就叫「科技強警」，乃是中國「崛起」的兩個十年間，以〇八年奧運、〇九年國慶為戰略目標（民族主義）而打造的「維穩系統」，所以到〇九年「維穩費」已達五千億之巨，超過軍費，因為「科技」是很昂貴的。

從這個基礎，中國又上升到「雲極權」，手段基本是兩個：

第一、統一社會信用代碼整合所有個資。二〇一三年四月，中國在先前那個公民身分號碼為唯一代碼的「國家人口基礎信息庫」的基礎上，建立公民統一社會信用代碼制度，將戶籍資料、個人信用、稅收繳納、銀行、房產、社保繳費、工商登記、交通違章乃至網上購物、網路言論等關鍵信息，都整合到統一的個人身分證代碼之下，無論是騰訊、阿里還是民航、高鐵、小米、蘋果，更無論銀行、稅務，所有信息都可被收集，為體制所用，任何個體都變得赤裸裸，只要進入到「社會信用」系統，就在虛擬的戶籍警察監視下，個體從意識型態到消費偏好的各種傾向，從日常活動範圍到人際交往網絡等實體資訊，都被持續的追蹤和分析，一但進入黑名單，就不能再購買機票、高鐵票，也不能買房子、申請銀行貸款……。

第二、全球最高密度監控攝影機，即「天網工程」，加上人臉識別技術。自金盾工程（公安通信網路與電腦資訊系統建設工程）、天網工程（公安一一〇系統視頻監控系統）之後，又啟動「雪亮工程」（公共安全視頻監控建設聯網應用）等。

這個名字來自毛澤東說過的一句話「群眾的眼睛是雪亮的」，實質卻是用高清攝像頭代替人的肉眼，密集到鄉村主要道路口、人群聚集地都設立攝像頭，實現「人人可監視，處處可監看，時時可回應」。雪亮工程的起點是二〇一二年的中共十八大報告：「要深化平安建設，完善立體化社會治安防控體系」。二〇一五年五月中央綜治委、工信部、公安部等九部門聯合下發文件，提出到二〇二〇年，基本實現「全域覆蓋、全網共用、全時可用、全程可控」

的公共安全視頻監控建設聯網應用。

二〇一六年中國共裝有一．七六億個監控攝像頭（其中由公安系統掌握的有二千萬個），而到二〇二〇年將達到六．二六億個。中國生產、銷售視頻監控設備最有名的兩家公司是杭州海康威視和浙江大華科技，根據年報，海康威視二〇一七、二〇一八年銷售視頻產品及視頻服務的數量分別為九千八百多萬、一．二六多億台／件，大華科技的相關資料則是四千四百多萬、五千四百多萬台／套。這兩家公司的主要客戶都在中國，可見近兩年中國視頻監控設備的安裝數量之龐大。

這裡的幾個要素是：視頻監控、聯網、資源分享；效果是「事前預警」、「快速反應」；目的是「防範」、「免疫」。這很典型地反映了「現代國家」以影像的採集和歸檔等技術手段，對民眾和社會實施監控。數碼影像技術和網路等「資訊社會新技術」的突破，並非只普及「民主」、「人權」，也使國家機器提升了監控的強度、效率和範圍。所以中國「群體事件」從一九九三年的八千七百起，飆升到二〇〇五年八萬七千起，十三年增加十倍，平均每六分鐘發生一起，呈現爆炸性成長——公安部二〇〇五年此後不再公布資料，清華大學孫立平發布二〇一〇年的數據是約二十八萬起，即後來五年是三倍的暴漲——但這個政權依然得以「維穩」，無疑直接受益於「監控技術」。「揭竿而起」、「天下大亂」等前現代式的觀感和期待，已經預言、描述不了「監控社會」。

西方政治學的那套概念，如「極權」、「全能」、「鐵幕」等，也描述不了「監控社會」。倒是傅柯以精神病醫院，作為現代社會監視的隱喻，深入研究了「監視」的社會和政治含義。他分析在醫院、學校、軍營和監獄中，都履行著一種「追求規範化的目光」和「能夠導致定性、分類和懲罰」的觀察、注視和監視，病人、學生、士兵、罪犯都是「凝視」的目標，他們都被「改造」著，整個現代社會就是一個「大監獄」。這就是他的「全景敞視主義」（panopticism）概念。他更指出，被監視者因為恐懼而時刻警惕自己的行為——監視者對囚犯的凝視（監視）的結果，是產生出在內心自我監管的主體，監視被內化，因此，一個持續的、無所不在的監管效果就達到了。傅柯稱監視是「一種軟暴力」。

數位極權主義的崛起，事實上是全球性。「自由之家」一年一度發布的《二〇一八網路自由報告》指出，世界各地的政府正在加緊對公民資料的管控，網路宣傳和虛假資訊日益毒害著網路環境，而肆無忌憚地搜集個人資料正在破壞傳統的隱私概念。「民主國家正在數位時代苦苦掙扎，而中國正在國內外應用和輸出它的言論審查和監控模式」、「這種模式對開放的網路造成了威脅，並且危及全球民主化前景」、「美國政府和美國主要的科技公司在防範網路操縱和保護使用者資料方面需要發揮更加積極的作用」……。這份報告點明：

> 北京採取種種措施重塑了自己「科技惡邦」形象。在《網路自由報告》評估的六十五個國家中，中國官員針對新媒體和資訊管理，為其中三十六個國家的代表舉辦了培訓班和研討會。中國還向外國政府提供電信和監控設備，並要求跨國公司遵守它的網路內容

規定，甚至當這些公司在中國境外運營的時候也要遵循這些規定。新的《網路安全法》賦予中國政府廣泛的權力來控制科技公司如何運作。這些公司必須將他們當地使用者的資料存儲在中國境內的伺服器上，並協助安全機關獲取使用者的隱私資訊。為了遵守這部法律，蘋果公司與一家中國國有公司合作將中國iCloud使用者的資訊存儲於當地伺服器，使得這些資訊更加易於受到政府的入侵。

在這一年裡，最令人擔憂的事態發展之一是國家監控活動的激增，尤其是在西部新疆地區。那裡的居民受到無處不在的、配有人臉識別技術的街邊攝影機的追蹤，他們還被要求下載一款手機應用程式，允許當局在手機上搜索與黑名單內容匹配的檔案。

中國的「數位化列寧主義」，恰是「獨裁者學習曲線」和「極權升級換代」的尖端部件，其控制方式可能是前所未有的，中國正在進入人類歷史上沒有過的新式極權主義統治時期，已經超出了歐威爾《一九八四》和東德史塔西（Stasi）的想像。

一九四二年六月希特勒以「巴巴羅莎」計畫閃電擊潰蘇聯，希姆萊的黨衛軍跟隨在後面籌畫對占領區的「東方大安頓計畫」：組建三個巨大的「邊境定居地」、內含三十六個「定居要塞」，以十公里的間距通向德國；這些地區要移民百分之二十五的德國人，原住民的俄羅斯人、烏克蘭人、波蘭人，大部分逐往西伯利亞，留下少數人貶為農奴，承擔苦役，不予教育，頂多「數五百的簡單算術，會寫自己的名字」——這也叫著「人群圩田」，是由士兵

／農民構成的一道牆，將「永遠地阻擋暴風雨和洪水般的亞洲人潮」。

這些紙上談兵的胡思亂想，因納粹德國迅速潰敗而未能付諸實施。但後世人們讀到這些史料，會好奇納粹將以何種技術管理這種「人群圩田」？因為他們發明了「高科技殺人」的焚屍爐——滅絕猶太人的所謂「最後解決」，瓶頸是一個「殺人速度」的技術問題，奧斯威辛創造過一天毒死六千人的紀錄。法西斯未遂的「高科技監控人類」，戰後由英國作家歐威爾在小說《一九八四》裡面想像：「大洋國」裡無處不在的「一塊像毛玻璃一樣的橢圓形金屬板」、聲音關不上的一個裝置，叫做「電幕」，它監視所有人的隱私。這個天才虛構，於是成為「極權主義」的代名詞。如今在開放社會裡，「攝像監控」引起人們本能的恐懼，可能也是歐威爾留下的一種遺產。但是歐威爾想像力不逮之處，恰在高科技「監控社會」，後來居然出現在納粹德國煞費苦心想要防堵的東方的東方——中國。

全球化

中國變成資本主義，且在一個馬列政黨的封閉控制下高速增長，便預示了全球資本主義自誕生以來尚未出現過的一個新種。這是資本主義或曰市場經濟，與權力、廉價、貪瀆等等的一次可恥的媾合。這次運作的操作者，應以西方財團（助以西方民選政府）為主，而附以窮途末路的中共體制，由此製造了一次犧牲中國所有資源的高增長，也以低價劣質產品以及沃爾瑪（Walmart）方式，餵養了西方普羅大眾，並連同餵養了他們封閉自私的全球意識，這無疑是西方舊有消費文化的又一次沉淪，日用消耗的「海外製造」依賴，消解了六〇年代以來形成的民權價值觀的普世性，而犧牲全球消費者的利益，也戕害市場本身，只是肥了國際跨國公司，這個新種，就叫「全球化」。明眼人一望而知，「全球化」的本質，或者簡略版，其實就是美國加中國而已。

世界暴力在一九九〇年左右達到頂峰之後，便暴跌至歷史最低點。蓬勃的發展和繁榮已蔓延到發展中國家。中國離棄「蘇聯模式」後，經濟每八年翻一番；印度則依然在混亂、效率低下的民主制中，也同樣繁榮昌盛，並將維持世界第三大經濟體到二〇四〇年。過去五百年全球有兩次權力大轉變，第一次是西方世界的興起，第二次是美國的崛起，現在第三次大轉變來臨，就是「群雄崛起」，一個「後美國世界」出現了——這是「全球化」的經典定義，來自法理德．札卡瑞亞（Fareed Zakaria），CNN節目主持人、《新聞週刊》國際版主編、國際知名政論家，其新作《後美國世界》（*The Post-American World*）稱，世界新的組織原則是反美主義或泛美主義；對美國而言，隨著伊拉克的混亂和中國的崛起，後冷戰時代的更大故事是：我們不是宇宙的中心，而是世界越來越非美國。在這個非美國的世界裡，恢復美國的領導地位可能為時已晚。這是個最壞的年代，也是最好的年代。

一位長年身居上海的美籍華裔律師，預言中共必將步蘇聯老大哥之後塵，分裂成十幾個共和國，因為中國太多少數民族，而少數民族對中共不服，宗教信仰者對中共的不滿，使中國難以避免分裂。章家敦堅信「中共必亡」的理由，有十一端：

一、失業問題空前嚴重。整個中國至少有七千萬至一億三千萬流民；

二、共產主義在中國已經徹底失敗，二十年改革共產黨領導無方；

三、中共道德真空，領導人腐化傳染病，已成全國疾疫，無藥可救；

四、國營企業嚴重失血，勢將拖垮整個中國；

五、中國沒有金融人才，金融業千瘡百孔；

六、中共經改受益只在沿海城市，廣大農民仍生活在貧窮線下，難以翻身；

七、法輪功的影響力不容忽視，其他宗教力量都將弱化中共的領導根基；

八、互聯網使中共面臨巨大的新挑戰，民心思想再難控制；

九、中共領導人鼠目寸光，失去許多改革機會；

十、台獨、藏獨和疆獨都讓中共一籌莫展；

十一、賭毒妓三大社會疾病日益嚴重。

康乃爾大學法學院出身的章家敦（Gordon G. Chang），過去二十年居住上海，在一家著名的美國律師事務所做事，同時又常為《遠東經濟評論》、《國際前鋒論壇報》、《亞洲華爾街日報》和《紐約時報》撰寫中國評論，他得以親身在現場從內部觀察中國的各種「貓兒膩」，尖銳地指出，中國內在的各種問題和疑難雜症，將在獲准進入世界貿易組織WTO五年後，像山洪暴發一樣潰決，完全不可收拾，而使中共像中國歷史上的每一個朝代，終趨瓦解。WTO就是一個「打開潘朵拉的盒子」。章氏的《中國即將崩潰》（二〇〇一），其預言短期之內並未應驗，卻揭開了一個重大問題：中共在入世以後，是如何規避和違反WTO規則，自身既從經濟災難中逃脫，又坑害了全世界，這引發了日後的中美貿易戰。二〇〇六年那瓦羅（Pater Navarro）的《即將到來的中國戰爭》出版，更系統地作出結論，中美貿易的巨大逆差，根源在於兩國貿易規則的不對稱性，中國以違反WTO規則之術，吸引美國企業遷廠至中國，造成美國自身製造業「空心化」；與此同時，中國又「竊取」美國技術，實現產業升級和出口替代，再將「中國製造」的產品返銷美國。

八〇年代我們在「黃土地」上嚮往「藍色文明」的時候，何曾想像到這樣的未來？美國經濟衰退了，不是說明西方這個制度也是病入膏肓了嗎？西方極樂世界會跟著東方的專制一道完蛋嗎？眼下這種金融危機，假若不向中國或其他地方轉嫁危機的話，美國自己度得過去嗎？美國財長保爾森一次次跑北京，逼迫中南海買單，而他知道這個共產黨政府，其實就是一個「洋人的買辦」而已，無論怎樣它都會俯首貼耳的，它買「穩定」所花的錢，恰好是華爾街胡鬧捅出的窟窿，而你讓它當了這樣的冤大頭，又怎能不讓它縱容中國人鬧一鬧「仇外」呢？可憐只在於，洋人得了實惠，而中國人只圖了一時的痛快——發洩、出氣、過把癮，都是用外貿去支付的「精神勝利」藥丸。上個世紀末中國的「愛國主義」迷狂，實在不需做更多的「思想史」剖析，它也就那麼一點點歷史淵源可以說道：近代中國的恥辱，就是源於「鴉片」那麼一種「不平等貿易」，而今日中國委實不再是「東亞病夫」了，因為終於辦了奧運會，卻是由一個縱容「愛國主義」的、跟西方有極好默契的買辦政府舉辦的，它的意識形態底線，是必須把批判「西化」放在第一位，再把「尊孔」放在第二位，體育則是一個笑話。

這樣的意識形態於是便會孕育在野的、草根的「左傾」平均主義和民粹主義，去把近現代中國思想史再演義一遍。由此看來，這個世界，尤其是西方跟中國的關係，跟一百多年前相比並無太大的改變，那些所謂「進步」，諸如資本主義處理勞資矛盾、福利主義、新價值觀（民權意識等）的覺醒、南北（貧富、第一世界與第三世界）緩和等等，在中國的國際範疇內效用微弱，中國人依然面對著一個並不仁慈、甚至是貪婪冷酷的西方，則中國的土壤，對於皇權或強人政治，便一點也不貧瘠；菁英對權力、政府的不妥協，也找不到著力點；權利意識遠遠沒有諸如國家意識、平等欲望來得實際和有效。這是共產主義解體之後中國所遭遇的世道，它怎麼會不讓鄧小平式的實用主義大行其道呢？中國的主題依然是如何應對西方，不論是抵抗、反擊，還是貿易、贖買，不論是槍炮還是集裝箱，總之不是中國自己說了算，而是要到西方的帳面上找齊，則中國人便很難有自己的價值立足點，以及心平氣和。

假如不是言之過早，如西方媒體所稱這次「全球化」乃是「工業革命」之後的一個新經濟時代的來臨，那麼中國這次不僅沒有錯過「歷史機遇」（八〇年代話語），甚至還是領先者，其對後世影響劇烈，尤其在思想史意義上，創造了專制、集權下的現代化轉型成功範例，近二百年的「現代化」目標可說達成，而「現代化」的含義只限於經濟增長和外匯儲備，也將作為範例而被接受。在近現代史上，尤其是在歐洲，其實不難發現由經濟發展而引起的所謂「霸權」爭奪，常常很容易將「民族國家」導向極權怪胎，德國納粹和蘇俄布爾什維克，皆為顯例。經濟導向沒有「政治民主」的必然趨勢，「經濟發展可以導出民主」，先前是一種宣傳，後來是一個失敗的假說，而所謂「全球化」也會導向「普世價值」傳播的說法，恐怕亦然。西方的現實主義，也不會以「先起者」（第一世界或發達國家）的標準，去衡量後來者，而會新創「全球化」時代的一個新標準，此是後話。但是，「現代化」弔詭卻並未因此而取消，追趕者（後起者）所付出的代價，在二十世紀可定義為蘇俄布爾什維克革命和史達林暴政，那麼，往後或許也可以拿中國作一新範例，其定義勢必越出政治、思想範疇，而以環境、資源為新的衡量元素，解析一種「全球化」的負面形態。

《河殤》延伸：關於東西方的想像

一、蒙古風暴

「全球化」，實際上在講一個關於「世界系統」的問題，很冷僻，新近出現了一個「蒙古風暴」的概念，是其論說之一。十三世紀，來自蒙古草原的鐵甲騎兵，在歐亞大草原橫衝直撞，即一場世界性的「漁陽鼙鼓動地來」，打碎了古典世界的邊界，重播了舊大陸廣袤地域的人種，改變了三大宗教的勢力範圍，警破了歐洲人的自我中心，留下了現在亞洲的框架。以致二〇〇〇年千禧年前夕，《華盛頓郵報》選出「本千年第一人」，不是哥倫布，不是牛頓，而是野蠻人成吉思汗。因為「他和他的子孫締造了一個廣大的自由貿易區，橫跨歐亞大陸，大大地促進了東西文明的連接」。

華裔史學家孫隆基關於「蒙古大帝國，全球史第一個『世界系統』」的論述，更重視「蒙古風暴」的遺產：

第一、蒙古人所為，促進歐洲的興起，導致亞洲的落伍。回教是西方基督教的死敵，蒙古摧毀了前大食帝國的核心地帶伊朗，令西亞地區變成荒漠，無疑幫了西歐一個大忙，而它征服中國之後，不重視儒家文官體制，中斷科舉制度，使宋代中國已達到的文治水準倒退；

第二、蒙古軍西征把中國的「高科技」西傳。尤其是火藥武器來到歐洲，其水準又往上翻了一番，從此歐洲在這方面領先。至十六世紀初，西歐人將最新型的火炮裝在戰艦上，配合中國發明的羅盤，開始征服海洋；

第三、西歐通過絲綢之路，從歐亞大陸一端旅行到另一端，首次與中國接觸，目睹中國的富庶，從此令西方的視野總有一股東向的欲望。哥倫布就是看了馬可波羅的遊記，想從大西洋另闢新航路到達中國，而無意中發現新大陸。

這是一個中世紀的「全球化」，孫隆基的歷史評估是：

一、在西方人用海洋貫通全球之前，溝通舊大陸只有一個遼闊的歐亞大草原，誰是這個場地的主人？不是農耕民族而是游牧人，所以突厥人的後裔蒙古人才會創造歷史；

二、中國文官制度，嫻熟於龐大人口中維持「太平」、憧憬「大同」，卻是不可能創造「世界匯通」的；

三、因為游牧民族的四處劫掠，「世界匯通」，即中世紀的「全球化」，僅是野蠻武力利用文明資源的創造後果，偶然性極大；

四、蒙古帝國為整個歐亞大陸創造了一個世紀的「蒙古和平」（Pax Mongolica），保持陸上國際貿易幹線「絲綢之路」暢通無阻，也使從西歐經中東、再經印度洋經東南亞到東亞的海上貿易空前蓬勃；

五、除了東亞之外，蒙古還征服中亞、西亞與俄羅斯。南亞是蒙古人不感興趣才倖免：一二二二年曾侵入北印度，但因氣候太熱而回師。西歐也只是幸運而已，一二四一年蒙古人已征服今波蘭、匈牙利等地，因窩闊台汗去世而班師，才沒有侵略日耳曼和義大利。

「蒙古風暴」的現代意義，則需要勾連當下的意識形態做詮釋，比如：

——中國人在當代形成的「國家認同」，囊括西域，自豪於「地大物博」、自古如何如何，然而這一切，乃是十三世紀由蒙古奠定的，其血腥征服，摧毀華北，「千里無雞鳴」，導致了中國文明「北衰南盛」的轉型，「衣冠南渡」，文明重心才移到江南，開發華南以致南洋；蒙古消宋之前先滅了大理國，使雲南變成中國的一部分；西藏也於元時內附，並非傳統中原疆域；

——從元代開始，「回民」成為華夏五族之一，集中在西北與西南。他們多是隨蒙古人入主中國的「色目人」之後代，信奉伊斯蘭。今日新疆，既是蒙古時代的察合台汗國，改信了回教的蒙古統治者，在十四世紀末又強迫最後一批回紇人改奉回教，才是今日中國境內回民之大宗的維吾爾族；

——蒙古人入主中原，最終摧毀華夏第二帝國（隋唐宋），卻為第三帝國（明清）打下基礎，但是元朝並非一個華夏的朝代，大汗除了是中原「天子」之外，還是蒙古世界帝國的名義共主，因此中國是借由了蒙古，才進入「全球化」，與印度洋和西亞的聯繫加深，並與西歐首度接觸，這就是說，華夏要「亡國」之後才得匯通世界；

——蒙古人駕馭突厥人征服俄羅斯，建立「欽察汗國」，統治二百年，使得俄羅斯民族的許多特徵，如政治上的專制、經濟上的農奴制、軍事上的擴張好戰、宗教上對世俗的屈從等等，都可以從蒙古那裡找到源頭。二〇〇六年普京作「國情咨文」稱俄羅斯面臨人口減少的危機，一是大量移民，二是嬰兒出生死亡率高，兩者都是某種信號：俄羅斯大地經過七十年暴政，已成一不適宜人類居住地。

孫隆基有一個感慨：

綜觀第二千年的前五百年，可以說是中國遙遙領先，但中國的高度發展結果是替別人作嫁衣。這種觀察即使確實，仍失諸狹窄。中國的貢獻如果成全了蒙古，後者的業績又何嘗不是替第三、第四者作嫁衣。今日蒙古人局促於內亞洲的一個小國內，人口只有兩百萬，而突厥人的國家至少有五個。至於受益於蒙古旋風的歐洲人則在後五百年代之而興，成為世界的新主人。世界史似乎有它自己的邏輯，不為狹窄的民族主義思維所框範。中國在後五百年重演這場戲，也當作如是觀。

二、西方憑什麼：文明比較學

文明衰落了，我們也不必哀傷。世界上曾經有過的大河流域文明，無一例外都衰落了。英國歷史學家湯因比計算過，人類歷史上一共出現過二十一種文明，其中十四個已經絕跡，六個正在衰朽，只有古希臘文明轉化成了工業文明，浪潮席捲全世界。

《河殤》中已經說到湯因比，他是現代史家中長程宏觀歷史、文化類型研究的開拓者，建樹了一套文明「四階段」說，即由「挑戰─應戰」機制產生文明，經歷「混亂」、「統一」、

「宗教」而成長，再由於統治者的蛻變而衰落，最後在「蠻族」衝擊下解體、滅亡。這一路的研究並無長足發展，可能是因為史學越來越趨於精專細微之風。

二〇一〇年《西方憑什麼》（*Why the West Rules – For Now*）一書出版，作者伊恩．莫里斯，史丹佛大學教授，專業是古典文學和歷史考古，所以此書才能汪洋肆意。中國譯本作《西方將主宰多久》。此作站在長達五萬年的人類發展史上設問：東西方交替領先落後作何解？作者的寫法相當逗樂，不僅要很多歷史小典故的倒裝錯置，也要在「長期決定論」和「短期偶然論」之間折衷取巧。

他一上來就說，開蒙之初，西方領先東方。有一條「莫維斯分割線」，在歐亞大陸西沿，從斯堪的那維亞半島往南橫切，切過黑海、裡海，穿越北印度到孟加拉灣，這分界是：西方使用石斧，東方使用石片，東西方生活方式從這裡便開始分道揚鑣，一百萬年前就見優劣，難道不是一種「長期注定論」？

然後就比較北京人與尼安德塔人，又說，前一二三〇年西方有兩個核心地區——蘇美和埃及，西方的農業出現，比中國足足早兩千年。他特別提到，一九九五年訪問埃及的中國科委主任宋健很沮喪，回國就啟動了一個「夏商周斷代工程」，東方要到前二五〇〇年才在黃河流域出現村莊，那是夏，中國文明史的開始。

然而後來，東方曾領先西方千年，他一路比較下去，大掉書袋：

周秦——亞述、羅馬
漢武帝、大流士、亞歷山大
漢末喪亂——羅馬衰亡
東晉——拜占庭
盛唐——拜占庭與波斯的衰敗
宋朝，東方開始從巔峰跌落之際，西方還分裂在基督教和伊斯蘭教之間
君士坦丁堡陷落與明朝
鄭和下西洋：東方更保守，西方更冒險

然後，他可以準確到：

一七七三年，在乾隆時期，西方超過了東方。

為何西方的發展，到近現代反而遠遠超過東方？此書有三件工具，生物因素、社會因素以及地理因素，共同解釋疑竇：

生物學解釋人類為什麼要推動社會發展（因為懶惰、貪婪和恐懼），

社會學則顯示社會是如何發展的（皆因危機時刻孤注一擲所致），最後地理因素最關鍵，它決定哪裡快哪裡慢，哪裡進步哪裡倒退。

然而，社會制度又反過來改變了地理的意義。歷史常常很詭譎。雖然中國農業初開比西方晚兩千年，但是它的封建社會始於西元前四七五年（戰國時期），又比歐洲早九百五十年，歐洲的封建社會，以西元四七六年西羅馬帝國亡於蠻族為標誌。奴隸制嚴重阻礙社會發展，中國率先進入封建社會，歷史發展獲得先機。

然而更戲劇性的是，西方的封建社會卻結束得早，中國封建社會則是「漫漫歷史長夜」。十七世紀中期西歐出現「文藝復興」，再有「工業革命」，促使各國立憲，並用代議制限制皇權；而東方還沉睡在大清的昏聵之中，封建王朝要比西方晚結束兩個世紀。

假如撇開地理、制度，西方人的文化優越感，來自《新約聖經》，有某種奉天承命之感；另外，十八世紀歐洲知識分子找到另一個源頭：希臘文化（理性、創新、自由）。東方傳統則是無序、保守、等級森嚴，這一套又沒有機緣獲得一場「文藝復興」洗滌，而被帶進現代，殘留在東方人的文化、意識中，是無法靠現代教育、知識、道德、觀念去剔除的，東方又另有一套神祕主義，精神上早已輸在千年之前。

三、中國的一元化

《河殤》曾有「蔚藍色文明」一說，當年頗為標新立異，而我們身陷「黃土高原」，受困於知識的貧瘠和內陸型的封閉，以為那「蔚藍色」獨屬歐羅巴，卻不知近在東方的婆娑之洋上，便有一個龐大民族群體，存活在無數的島嶼上，其領域東西橫跨地球一多半的經度，擁有人口一億五千萬，乃是史前便興起的一個「海洋文明」，人稱「南島語族」（Austronesian）。

從非洲東部外海的馬達加斯加島，到南美洲西岸外海的復活節島，再逶迤北上掠過印尼群島、菲律賓，直達台灣，在這浩瀚洋面上，六千年前曾發生過大規模的人類遷徙，稱為「南島語族擴張」，這個神祕的航海族群，是從哪裡來的呢？

大洋上早已渺無痕跡，只留下「語言化石」。「南島語族」共有九百五十九個語言，卻含有相同的關於海洋、水族、熱帶植物的詞彙，由此也引起關於它起源的種種探索和假說。一個驚人的假說，便論證台灣乃是龐大「南島語族」的原鄉，並為國際學界所接受。此說認為南島民族由亞洲大陸而來，可能與侗傣（Kam-Tai）語族或南亞語族（Austroasiatic）原是一家，大約在六千年前分家後，到台灣來，又大約在五千年前，開始從台灣南下擴散到菲律賓群島，主要是北部呂宋一帶；再到婆羅洲、印尼東部，然後往東、西兩方擴散，東至馬里亞納群島（關島、塞班島一帶）以及南太平洋，往西則到馬來半島、蘇門答臘，直至加洛林群島、波里尼西亞、紐西蘭。

接下來，關於來自亞洲大陸何處，又延伸出「西來說」和「南來說」兩種遷移路線。「西來說」指南島語族直接由福建、廣東來到台灣，「南來說」則指此族群從南中國先去了東南亞，經由越南、菲律賓到台灣。到此，這項人類學探源開始摻入現代意識形態的「政治正確」，「西來說」指台灣土著人直接來自大陸，而滿足了「台灣自古就是中國領土」的說辭，「南來說」因為繞了一個彎子，便「撇開了大陸」，則支撐了「去中國化」的意願。其實，「南島語族」究竟來自何處，有那麼要緊嗎？

在賈德·戴蒙看來，這個「南島語族」，可能是被說漢語的華北人，從亞洲大陸驅趕到太平洋上來的，他們甚至可能就是當年華南人的孑遺。如此壯闊的史前大波瀾，也被戴蒙建構成一種簡略的「語言代換」過程（language replacements），可參見其名著《槍炮、細菌與鋼鐵》。此說基本脈絡是，華北的漢語族群向南擴張，驅趕或同化了華南土著，即那裡的苗瑤語系、傣—佧岱語系的族群，而後者迫於來自北方的壓力，則從華南掃過熱帶東南亞，包括泰國、緬甸、越南、馬來半島，掀起另一波更為徹底的語言劇變，把先前曾在那裡的語言統統消滅。於是，殘存於大陸漢語海洋中的苗瑤語系，成為語言孤島；南島語系則飲恨大陸，存活於整個太平洋上。（見王道還、廖月娟的中譯本，台北：中時，一九九八年初版。）

這本書的理論框架，有點像是把「物競天擇」的達爾文主義，擺進生物、地理、環境等新學科中，做了嶄新的綜合和闡述，要旨無非是，地理環境、氣候、物種等先天優勢，注定了誰能獲得農業的先機，便可獨領風騷於史前，而滯留於狩獵—採集階段的族群，只剩下滅族的份兒，其斷言「優勝劣敗、弱肉強食」之決絕，比達爾文有過之而無不及，卻都是言之成理的。「語言代換」寫來輕鬆，卻涉及戰爭、謀殺、傳染病、移民殺戮土著的血腥過程，最後迫使降族採用新語言；而華夏正宗從來蔑視未開化的夷蠻戎狄，漢文明的擴張，一向也是征伐驅趕、招降納叛、改土歸流。神州自古東有九夷，南有百越，相傳楚滅越，而越之子孫流落波濤大海；百越之族則遭北方華夏人擠壓，亦避遁南亞，此皆為上古歷史，恐怕還不是新石器時代那邈遠的一萬年前的波瀾呢。

戴蒙以演化生物學等多學科重建史前史，認為中國至少形成了兩個「獨立發生農業的中心」（independent centers of origins of food production），一北一南，但是只有在華北孕育出來的一種文字書寫系統，所向披靡，翦滅了任何其他的可能性，此乃漢文明一統天下的靈通寶玉，也使戴蒙教授困惑於中國無數其他語言消失而只剩漢語獨霸的反常。一般而言，人類學研究中，遺傳的證據最有信服力，文化證據次之，語言證據則最弱，但是在中國文明的個案裡，恐怕需要倒置這個順序才行——關於中國，離了漢語和漢字，便什麼歷史、文明都免談，倒也佐證了戴蒙之「語言代換」說的睿見。

《槍炮、細菌與鋼鐵》這本書，驚異於漢語的高度統一特質，專闢一章講它，這第十六章居然標題為〈How China become Chinese〉，「中國是怎樣變成中國的？」，作者自己都覺得「荒謬」。戴蒙自然先講一通人多地廣的中國，「無論是政治、文化、語言，都顯得鐵板一塊，不易分割」：

——從秦始皇一統天下，至今還是中央集權，

——數千年維持單一的書寫系統，歐洲的拼音文字，到現代早已分裂成好十幾種，

——十幾億人口中，有八億人說普通話，世界第一，另外三億說七種方言，

——中國南北人種在遺傳學上差異很大，氣候迴異，高度統一怎麼維持的？

中國呈現語言學上的 near-unity（中文是什麼），乃是戴蒙的一大困惑：世界上其他地方則是長期固定於語言的不一致，如新幾內亞群島，只有中國十分之一大，四萬年人類歷史，有上千種語言，其中包括十幾種主要語言，其差別比中國八種語言之間的差別還要大。西歐在六千到八千年的進化中獲得四十種語言，差別猶如英語、法語與俄語。在中國的人類化石超過五十萬年，一定有上萬種不同語言，在此長程時間內發生，可是，到底發生了什麼？這種矛盾暗示，中國也曾是多樣化（diverse）的，中國的特殊在於它一元化（unified）或者說「統一」得太早，它的「華化」（sinification）過程，第一步是在廣袤土地上的古代多民族熔爐中強力推行「大一統」，然後殖民熱帶東南亞，並對日韓甚至印度影響劇烈，此即中國史乃東亞史之鑰匙。

顯然，史前史的這個「語言代換」風雲，到了文明史裡，大約就是所謂「漢化」，即中

國文化的同化（assimilation）和擴張，西方漢學領域早有的一個說法，也譯為「中國化」，一個新譯法乾脆叫「華化」，對應的詞是desinificaion，脫漢。漢唐兩朝，中國文明強盛而遠播四周，但並非無遠弗屆，其間自有其限制。華夏文明覆被四海，無非是漢代的武功，唐代的文治，其中有一半還歸功於佛教的法力。漢化的歷史積澱，即「漢字文化圈」／「中國文化圈」，基本上就是三國：韓國、越南、日本。

四、中國五步「支配世界」

麥金德《陸權論》：誰控制了中亞腹地，就控制了世界島，也就能控制了世界。

馬漢《海權論》：制海權對於一國力量最重要，海洋航線帶來巨大商業利益，保有強大艦隊、商場、港口才有此一利益。

斯皮克曼「邊緣地帶」說：地緣戰略地區和資源富集地區，都是「可爭奪地帶」。

十九世紀到二十世紀，西方有上述三大著名地緣政治學說，也是冷戰時期的戰略依據，然而蘇聯在上個世紀八〇年代崩解後，這些玩意兒也隨冷戰一道沉寂了，最近忽然又跳到世界輿論的前沿，竟是一個名不見經傳的極右分子蹦出來大聲疾呼，此人叫斯蒂芬·班農，還是個「白人至上主義者」，於是我們知道美國左傾劇烈，高唱「世界是平的」，厭惡「冷戰話語」，全世界彷彿已進入「大同」，而對威脅還有感覺的，都是一些極右分子和「美國吃瓜大眾」，正是他們把川普送進了白宮。

二〇一九年三月十三日班農（Steve Bannon）在日本，發表了一個頗系統的演講，矛頭直指中國。他說在最近發生了兩件事情：一個是中國領導人習近平在中共十九大的長達三個半小時的講話，另一個就是美國布朗大學的沃森中心做了個研究報告，結論是過去十七年美國的反恐戰爭總共耗費了五・六萬億美元，但是沒有在伊拉克和阿富汗獲得真正的勝利。班農極為苦惱：

> 習的十九大報告，長達三個半小時，道出了他們未來全球霸權統治的計畫，而西方對此根本沒有人關注。中國領導層的計畫有五個方面，他們基本上是在規劃未來幾年發生的事情，他們認為他們實際上會控制世界的主導地位。
>
> 第一是二〇二五計畫，這是中國領導層幾年前提出的一項戰略計畫，掌控全球十個產業，其中三個產業，晶片及矽片製造，機器人和人工智慧，將使中國在二十一世紀裡統治全球的製造業。
>
> 第二是一帶一路，一帶一路是中國真正大膽的地緣政治擴張。每當我在美國各地談到此事時，他們都說，哦，哦，班農，你錯了，你錯了，中國人從來都不是領土的擴張主義者。他們其實是地緣政治的擴張主義者。

他說美國電視節目只播放了一個鏡頭：九十三歲的江澤民坐在那裡用放大鏡閱讀演講稿，他一直看著他的手錶。班農說這只是一個「搞笑」。

原來西方三大地緣政治學說，被北京活學活用了，證據就是「一帶一路」。班農說，「一路」就是中國從絲綢之路開始擴張，把中亞那些重要的國家聯繫在一起，用孔子重商主義的市場模式，把伊斯蘭教政治統一到一個市場中去，這不就是「陸權論」嗎？不就是要控制「世界島」嗎？

中國人在波斯灣、吉布地、南中國海做什麼，用海軍、用港口控制世界島嶼，把沿途的主要港口都連接起來。這是他們的「一帶」，這不就是馬漢的「海權論」嗎？

所以「一帶一路」，就是把麥金德和馬漢的理論結合起來，以前從來沒有人這麼幹過。

班農說中國人控制南中國海，在那裡造島，實際上更加大膽，這不是斯皮克曼的理論嗎？該理論是關於從海洋向內陸的溝通線，把侵略者遠拒國門之外，在他們的勢力範圍之外，讓日本和美國無法發起大規模的入侵。

習近平講的第三件事是5G網路。中國在這方面比美國和世界其他國家先進得多，如果他們趕在前面完成這項工作，他們將再一次在科技技術上占主導地位。

第四是金融技術。目前西方以及日本和美國等國尚且可以把它從世界資本市場上踢出去，對它的公司實行真正的制裁，或者把它的銀行從全球資金流中趕出去，或者將它的大銀行隔離於全球資本市場之外。這是中國今天的一個弱點。但是五年、七年或八年後，隨著他們金融技術進步，這種可能性將會消失。

第五是開始用人民幣，來作為汽油和所有石油產品的兌換貨幣，讓美元失去儲備貨幣地位，也使美國在世界資本市場失去極大影響力。

這五大方面，便是中國領導人戰略部署，到二〇三〇或二〇三五年，他們就成為世界第一經濟體，也就是說，十五年後，他們將成為世界霸權。

西方根本無人注意北京的這個大動作；

西方還會有人記得鄧小平「韜光養晦」那四個字？

海派江澤民渴求入世的低三下四，也早已被人忘得一乾二淨。

第六章 後嗣

二〇一七年暮春綿雨之際，周孝正自北京來，痛說「兩霾夾攻，留在中國形同等死」——一霾自是霧霾，卻另有「政治霾」，於是一幫退休老學人，決意變賣一切，出國覓一淨地「抱團養老」。他說，你知道嗎，如今中國人裡，擁有年收入十萬至百萬者，近乎一億；收入上萬者，約三億。這四億人，有能力離開中國另討活路，剩下的十億人，哪兒都去不了。

這讓我想起了王力雄的政治寓言小說《黃禍》，其中有黃河潰決、中國解體的情節，他給中國人安排了三條逃亡路線：第一條，北方接壤的西伯利亞，比整個中國還要大三分之一，可以吸收三、四億人，且可步行達至，是最主要的遷居地；第二條，沿絲綢之路，經西亞、中東進入歐洲，可養活兩億人；第三條，必須跨越太平洋，渡向北美、澳洲的，是最後的三億人。

中國的人心，就這樣被政治擊潰了、渙散了。然而，「京津滬大城市，可謂烈火烹油之勢，錦繡繁華之鄉」，這寥寥幾句，出自資中筠與友人書，觸目驚心，道出她的絕望。

亂世與思潮

二〇一二年薄熙來沒有「革」成誰的命，他自己反而被「革命」，其政治效應，跟一九七一年的「溫都爾汗」墜機，大有異趣。林彪「叛逃蘇修」，薄不僅「腐敗」還「謀殺洋人」，兩案在民族主義話語中的緊張，皆頗可玩味。鎖國時代「副統帥」投敵，有驚天裂地的宣傳效果，俘虜民心不在話下，卻連同殺傷政權合法性，也賠上了毛澤東神話「天縱英明」；而這次中南海迴避薄自詡毛傳人，置以「殺外國人」的重罪，賠上的恰好是太子黨集團名譽，那是下一撥接班人，其合法性嚴重跌損，民眾視之跟當年的林彪一樣，是「黑心狼」。

與此同時，中國基尼係數接近〇．五、人均四千多美元，意味著一個動盪期的來臨，中國出來兩句話：

全世界已經到了二九和三三

中國已經到了八九

一九二九年美國股市大崩盤，引發世界經濟危機，其後果包括一九三三年希特勒在德國上台——這個歷史，在二〇一二年的中國，意味著什麼？

二九年的大崩盤，跟前面〈風水〉一章寫的類似，從二〇〇〇年至二〇〇九年，美國人有「地獄十年」之說，除了天災人禍之外，基本症狀是資本主義金融體系瀕臨崩潰和美國世界霸主地位受到挑戰，可以直接比擬第二次世界大戰爆發前的世界局勢嗎？

二〇一二年中國正在崛起，難道是比擬納粹的崛起嗎？

八九則是對中共很不祥的數字，自然直指它的執政危機。

但是有人分析：

——中國根本就不可能出希特勒，眼下到處都腐敗，就更不可能，出了也讓老百姓把他趕下去；

——中國出現的專制，肯定是土的，水準低的，是中國專制主義加一點現代化；

——這個土的，不會是「Hi，希特勒」，也不會是「偉大領袖毛主席萬歲」；

顯然，有看走眼的成分，也有驚人的準確；其二，似乎曾在中國橫行的毛澤東統治，死了幾千萬人，不叫專制，這是遺忘呢，還是虛無？

更重要的是第三，還有改革開放嗎？改革死了嗎？尤其二〇一八年歲尾中共煞有介事高調紀念改革開放四十周年，一種「偽改革」還冠冕堂皇地活在主流話語中，企業家、知名黨內外知識分子，仍在談「改革經」，如清華大學教授許章潤，就不斷提出重回「改革開放」年代，他甚至提出要保衛改革開放，他希望開明專制，不觸動一黨執政的基礎；再如中國知名法學教授張千帆，在〈超越改革開放—中國法治四十年進步與局限〉一文，擺出不少當下問題，但在文末稱「言論自由和信仰自由都有實質性改善，唯獨選舉權四十年原地踏步」；另一位清華大學社會學教授郭于華，也在〈改革四十年，中國社會需重聚共識〉一文中，談得跟張千帆大致一樣。這在外面的人看來，幾乎言不及義，離現實相去頗遠，於是台北一家網路新媒體《上報》刊文說：

中國主流公共知識分子對於未來何去何從，對於改革開放一詞的定義充滿了鄉愿心情。

這個鄉愿，說現實點跟體制是不謀而合。體制忽悠你說，堅持改革開放，然後這些主流公共知識分子說保衛改革開放、重回鄧時代。筆者想問的是，這些公共知識分子難道都忘了鄧時代的改革開放恰恰造成了今天中國社會的全方位扭曲嗎？市場機制缺陷，法治不彰，這就是問題本身，為什麼還要回到問題根源鄧那裡呢？這還不包括鄧在一九八九年的巨大責任問題。

然而中國亂哄哄的，不是別的，而是思潮，據說有十種之多：

一、最左翼的，以烏有之鄉為代表，主張回到文革的、用毛的階級鬥爭思想重新解釋今天的，說毛當年發動文革，說的資產階級，就是劉鄧，沒有說錯嘛，證明文革是合理的，這是極左；

二、標準的左派，主張史達林式社會主義，計劃經濟，被改革開放三十年扔掉了，至今仍然非常有市場，想捲土重來。社科院的馬列主義研究院副院長程恩富為代表，他們的試驗田，就是重慶，也包括政治學所房寧，以及崔之元等一批從美國回來的左翼；

三、左翼的第三支，可稱中左，就是張木生提出的新民主主義，背後支持他的政治力量，是穿著三星上將服的劉源；

四、中左還有之二，就是民族主義和國家主義，代表如高超群關於溫和的國家主義，不管主張什麼主義，現在中國就是要工業化，然後可以慢慢解決兩極分化；

五、一個特別中間化的思潮，以笑蜀代表，提出「四不」：不授人以柄、不冒犯官方意識形態、不挑戰官方的政治正確、不挑戰官方合法性；

六、中右，有兩種，其一以《炎黃春秋》等為代表的黨內民主派，如謝韜、杜導正、李慎之、李銳等，認為黨要救，條件是變成一個民主主義的黨，以黨內民主開始實現國家的民主過程；

七、中右之二，是秋風為代表的儒家憲政；

八、標準的右派，就是憲政民主和普世價值，通過政改來實現，他們不主張革命，認為社會動盪不好；

九、第九和第十個，是兩個極右派。第一個主張以革命實現憲政民主，認為中國已在革命前夜；

十、主張革命的還有另外一派，說革命的結果，不是憲政民主，而是回到民國，一九四七年的憲法。

舉一個思潮的例子，《中國改革》雜誌社長、自稱「中右」的李偉東認為：

一、北京拚命向全世界在鼓吹「中國崛起」，紐約時代廣場的大視頻廣告，兜售「中國模式」，然而實際上她已來到一個動盪期，革命前夜；

二、中國一夜之間達到「人均四千美元」，而西方往左走了二十年，搞福利主義、社會主義，走不下去了，開始往右轉；

三、中國經濟權貴化、資本化，政體僵化，天怨人怒；
四、新興通訊手段，互聯網迅速發展，民智大開，愚民政策走不下去了；
五、兩千年未有之大變局，王朝週期見底，皇權專制也走不下去了；
六、轉型四種可能：官方主動改革、左轉、右轉、拖著，第四種最壞。

中國突然在全世界變得最有錢，是一個更直接的現實：
一百萬億的固定資產，一百萬億的現金儲蓄，中國政府是一個雙百萬億的政府；今年的GDP大概五十萬億多一點，人均四千五百美元不到；
五十萬億中，這年的財政收入，政府拿到超過二十五萬億以上；
這二十五萬億，包括十三億的稅收，三萬億企業上繳利潤，共十六萬億；
再有接近三萬億的罰沒收入、三萬億社保基金、二至三萬億的灰色收入、土地出讓金二、三萬億；
中國政府變成全世界第一有錢，
它可以拿出七、八千億去維穩，去強制彈壓民間……

「少東家王朝」

中國的暴富，也驚現於「大老虎」之府邸。二〇一四年春軍委副主席徐才厚落馬，從他家族的五棟住宅裡，抄出價值十六億的資金財物，在濟南一幢別墅花園中的一口井底，抄到美元四百八十萬、歐元四百萬、英鎊八十萬；在珠海一所別墅臥室中的席夢思床墊內，藏有八千六百五十克黃金。

這是太子黨奪權伊始。開篇第一章〈虎狼〉已交代，老佛爺垂簾聽政釀出京師屠城大禍，這廂另一個「婆婆」陳雲，細思恐極，深覺江山有廢傾之虞，定調「還是我們自己的子弟接班比較放心」，開啟太子黨權力來源。但是這班八旗子弟要奪回江山社稷，又談何容易，一上來便生兄弟鬩牆故事，薄熙來不是罵習近平是「劉阿斗」嗎？這個典故他用得太妙了，江澤民恰好是那個董卓，於是徐才厚（李傕）、周永康（郭汜）二人也正好配對，一個軍委副主席，一個政法委書記，左右挾持胡錦濤，如此董卓（江澤民）這廝才能從一九八九年一口氣幹到現在，足足二十五年。第二章〈師夷〉細說「海派」，點出江澤民有一句「悶聲發大財」，正是他「讓黨和國家皆徹底腐敗、爛掉」，這個政權才能走出「六四」屠殺合法性危機。

清華大學教授孫立平，在八九年六四當天就發悲言：

屠殺後道德解體，中國人只有物欲深淵，試想人類還沒有發明抗生素之前，一個得了梅毒大瘡的晚期病人，全身潰爛，腐肉爛得一塊塊掉下來，最後爛死……。

依照權力結構來看，「海派」經營了二十五年，期間甚至可以操控一個「兒皇帝」（用徐才厚看死胡錦濤）十年之久，而習近平從二〇一二年正式上位算起，還不足兩年，哪來的實力神速摧毀「海派」？況且，這個中南海裡的漢獻帝，還被呂布、李儒（「海派」之張德江、俞政聲、劉雲山、張高麗）群虎環伺；江澤民——一開始就從「八老」那裡領到的「免死牌」，習近平憑啥今天來找後帳？

按照前文的梳理，「我們自己的子弟」裡最後輪到習近平，他雖並非薄二哥罵的「劉阿斗」，卻是一個心理上戟傷頗重的主兒，落了心病的人當皇帝，實非民族之幸。坊間都知道他的父親，是個蒙冤很重的陝北老漢，習仲勳被打倒十六年，耳朵被打聾，話說一九七六年夏天在河南洛陽，一個年輕朋友陪老漢喝酒，老漢一杯酒下肚，想起兩個生死不明的兒子，悲從中來，兩隻大手捂住臉哭，「這是我有生以來第一次看見一個老人這樣哭，一個像我爺爺般年紀的老男人在哭。沒有聲音，只有淚水，嘴唇在顫抖。這場景，如今想起來，我都渾身戰慄！我當時被驚呆了。站在那裡一動不動地盯著老爺子，竟然不知道給他拿毛巾擦臉。」原來老漢的兒子習近平，十歲時就成了狗崽子；後來文革爆發時他十三歲，說了幾句牢騷話，就成了現行反革命，被關押，又挨鬥，戴鐵製的高帽子，他媽媽齊心就台下坐在著；後來他逃了又被抓進「少管所」勞動改造，老漢又為此痛哭不止……這都那個毛澤東作的孽，今天中國人已經忘記他了，可是他們想不到，有一個忘不了毛澤東的人今天來統治他們了，毛澤東住在此人心裡頭，而且他從小受毛的罪卻偏偏也要當毛澤東，這就是他落下的病。

二〇一三年建國日，北京有一個太子黨聚會，毛澤東前祕書胡喬木之女胡木英昭告眾人，她與習近平談了一小時，其言可視作一篇〈紅二代宣言〉：

一、江澤民對於腐敗極力縱容，甚至慫恿；胡錦濤對腐敗閉目塞聽，默許放縱。以致今天腐敗已經發展到萬民怨恨的程度。如果沒有力挽狂瀾的措施，「亡黨、亡國」就不僅僅是一個警告，而會變成現實；

二、我們的父輩，老一輩無產階級革命家，拋頭顱，灑熱血，經歷千難萬苦，才創建了紅色政權。有人把我們叫作「太子黨」，我堅決反對；有人把我們叫作「紅二代」，我覺得恰如其分。我們「紅二代」對紅色政權的感情才最真摯，最深刻；我們「紅二代」才是紅色政權的繼承人；

三、那些被叫作「官二代」的傢伙，多得像蝗蟲，拚命啃食我們的「紅色政權」，就是他們不負政治責任的腐敗搞得民怨沸騰。我們已經沒有退路了，退一步，就是前蘇聯命運那樣的萬丈深淵，甚至比前蘇聯還慘。「紅二代」必須形成一個共識，即要高舉反腐敗的大旗，進行清黨，對敗家子官員要大開殺戒。只有這樣才能舒緩民怨，才能避免「亡黨亡國」。

坊間還流傳另一個版本的〈太子黨綱領〉：

——「絕不做亡國之君」，必須「重整山河」，整頓官僚隊伍，重新確立黨的優良傳統，恢復馬列毛信仰，挽狂瀾於既倒；

——要記取蘇聯亡黨亡國的歷史教訓，絕不做戈巴契夫，致使在歷史轉折關頭，竟無一人是男兒，無人救黨救國；

——停止繼續批毛，否則會天下大亂；

——堅決反擊普世價值和憲政道路，奪回意識形態陣地的領導權、主導權；

——我們手中的這個政權，是全世界最有錢的政府，控制了巨大的財富，即兩個一百萬億（一百萬億國有資產和一百萬億現金），國家主義主導的「中國模式」已經成功，下一步要開疆拓土、資本輸出、萬方來朝，完成一系列戰略舉措；

——到二〇二一是兩個一百年：建黨一百周年、從毛到習一百年，實現GDP人均從六千美元達到一萬二千美元、經濟總量從五十萬億人民幣翻到七八十萬億，接近美國，坐穩世界老二的位置，國力軍力超過當年蘇聯，成為東半球老大，並正式開始G2格局下的中美共治，這就是中國夢。

太子黨在政治上退回「毛澤東時代」，已遭舉世詬病，無需贅言，有趣的是，毛澤東好大喜功、趕英超美的基因，也遺傳到了「紅二代」，比較一下毛習兩代的「浮誇」，饒有趣味。我在二〇一三年寫過一本《屠龍年代》，細述毛之癲狂：

「浮誇」的始作俑者正是毛澤東。一九五八年元月的南寧會議上，毛澤東嬉笑怒罵地批「反冒進」，是五〇年代中國那一場「亞細亞生產方式」大熱昏的起點。這一年八月他視察河北徐水，跟一個農業社主任大談「糧食多得吃不完怎麼辦」……幾天後，八月十七日，他就在北戴河大講廢除工資制、在全國實行吃飯不要錢的供給制，大講「現在看來搞十幾億人口也不要緊」，大講「將來我們要搞地球委員會，搞地球統一計畫，哪裡缺糧，我們就給他」，大講「大概十年左右，可能產品非常豐富，道德非常高尚，我們就可以在吃飯、穿衣、住房子上實行共產主義，城市、農村一律叫公社」，大講「大城市要分散，鄉村就是小城市，每個大社都將公路修寬一點，可以落飛機，每個省都搞一、兩百架飛機，每個鄉平均兩架，大省自己搞飛機工廠」，等等。

吹牛浮誇、虛報產量，是造成大饑荒的直接的、根本的原因。中國大陸在五〇年代實行的是一套極為原始粗糙、沒有起碼統計學基礎的「拍腦袋」計劃經濟。國民經濟的計畫指標完全由毛澤東詩人般的浪漫狂想定調子，再由周恩來靠幾個秀才在空洞的數字上搞「綜合平衡」，而且要「平衡」得讓毛澤東滿意才行。一九五八年初周恩來和他的助手花了幾天幾夜編制的「第二個五年計劃」，在提交人民代表大會之前，就被毛澤東一通批評給否定了。周恩來作了檢討以後，把鋼鐵指標調到六百二十萬噸，但到夏天的北戴河會議上，冶金部長王鶴壽迎合毛澤東的好大喜功，吹牛可以搞九百萬噸，毛說：「乾脆點吧！翻一番，何必拖拖拉拉呢？搞一千萬噸。鋼鐵尚未成功，同志仍須努力。七億人口要多少鋼？我看一人一噸，搞它七億噸。糧食比鋼少一半，搞三萬五千億斤。」這就是一九五八年中國向全世界吹牛要搞一千零七十萬噸鋼的由來。

所以無論北京的花招是什麼，諸如「路論」、「夢論」、「鞋論」、「三個自信」、「中國模式」，以及打通兩個「三十年」，眼花撩亂，其核心仍然是一個毛幽靈，難怪坊間都服氣崔健的一句話：「只要天安門上還掛著毛澤東像，我們就還是同一代人。」

接下來的六年，是「少東家王朝」的試運行期，果然「全國山河一地雞毛」：杭州G二十峰會的超豪華接待，是萬國來朝的迷夢，也是對習近平的造神運動；冰封房地產市場則是多標靶射擊，既想維護金融穩定，又要為將來的房地產稅徵收運動關門殺豬；國稅總局對地方稅務政策出爾反爾的否定，對包括演藝界在內需求無度的徵斂；北京對外來打工移民的打砸暴力驅逐；各地政府朝令夕改，強行拆除商家店鋪的牌匾；外交上毫無理性地肆意撒幣送錢，廣交各種國際流氓，又因長期不遵守WTO而與西方交惡，應對美國貿易戰色厲內荏；在所有領域全面惡化下，搞軍改、造航母、闖公海，一副張牙舞爪的國際牛二嘴臉，令海內外皆倒吸一口涼氣，人們驚覺這就是當年的「重慶模式」，一個沒有薄熙來的「紅二代」政權，也是中共試圖鎖死中國的未來模式，大致是四步：

一、繼續加強意識形態控制；

二、加大力度打擊一切具有公民社會特徵的組織性與非組織性力量；

三、進一步搜刮中高經濟階層，其中部分收益用以收買底層的安於奴役；

四、擴軍備戰，走軍國主義道路，在政權面臨嚴重危機時發動戰爭以解困。

中國政法大學法學院副教授蕭瀚，二〇一八年歲末在他的博客上寫道：

我們的沉默，是提前自辦的葬禮；
扭頭閉目的，是提前自掘的墳場。

然而西方看中國，是另一隻眼：

毛時代積累起來的農村剩餘勞動力越來越少，
計劃生育平均年齡越來越大，
大量燒煤煉鋼的高污染增長模式走到盡頭，
水和土地污染、霧霾的受害者是底層民眾和中產階級，

房地產泡沫因大量空置房而面臨拐點，各級財務將斷，

民眾的相對被剝奪感高於任何時期，

體制的支持者越來越被掏空，

總之，廉價勞力和土地資源，這兩項中國起飛的紅利告罄，

當局曾非常依賴的物質資料不斷增長的手段，正在消失。

美國各智庫均提醒白宮：是應對中共崩潰的時候了！

港台疆藏縱論

習近平急不可耐「大國崛起」，「走向海洋」在南海造島，被海牙法庭裁決敗訴。中國新的「海洋戰略」，背後是「政權保衛戰」，因為「太子黨」出師不利，網路上驚見公開信促習近平下台，列數其「集權而造成的前所未有危機」、「大搞個人崇拜，令文革回潮，知識分子寒心」、「港台政策進退失據，一國兩制受阻」、「盲目出手刺激周遭國際環境，縱容北韓核試，導致美國成功重返亞洲」……。

二〇一四年春，台北驚見「太陽花學運」飆起，突襲占領立法院，抵制馬英九與北京簽署服貿協定，成為世界亮眼新聞。台北坊間流傳一份「大陸投資台灣海報」，稱五萬人民幣

即可移居台灣，享受健康保險、十二年義務教育、生子女獲台灣籍等優惠，民間譁然，兩岸衝突一瞬間從制度差異，遞進到生存空間、資源分享、經濟分餅等實質領域，也將統獨的本質涵義昭然若揭。

內地中央集權，腐敗、枉法、顢頇，幾成糜爛，殃及邊陲是遲早的，本來香港「回歸祖國」，如陷地獄，再起學生「雨傘革命」，北京氣急敗壞宣稱「大陸決定台灣前途」，又頒《香港白皮書》，卻已難掩「大一統」之破局，內外交困。今天我們看到，北京對鞭長莫及的台灣極盡訕笑，對有所忌憚的香港百般忍耐；但在其完全控制下的新疆，維族反抗已暴力化，而西藏則發生超過百人自焚慘劇。所有這些，其實還是憲政危機——北京這個中心已經「禮崩樂壞」，喪失了處理中心與邊陲的正當有效的一個法度。

到此四邊陲的脈絡，人們並不清晰。香港的今日，恰是拉薩的昨天，脈絡一目了然。最早起來抵抗這個「大一統」的是藏人，由僧尼帶領的和平示威遊行，從一九八七年起勃發，至今已有三千五百餘人被捕關押；更突出的事件，是一九八九年三月的拉薩「鎮暴」，甚至在北京「六四」屠殺之前。那時，香港尚在「擺脫英國殖民回歸祖國」的興奮之中，台灣因政黨輪替而本土意識剛剛成為主流話語，而新疆的主體性尚未覺醒。二十五年下來，邊陲烽火連天，中共對疆藏兩外族已不圖安撫，只憑武力血腥靖邊。

九七後中共對香港悄然實行的「蠶食」政策，恰是在新疆、西藏推行了半個世紀之久，而獲得成功經驗，再拿到香港來做的。所以香港人是從新疆、西藏的今天，看到了他們的明天。來自香港的台灣學者梁文韜，解構北京的「港台策略變異」：每天有一百五十個中國人可到香港定居，但不是旅遊，審批權是在中國手裡；在香港住七年，就可以正式拿到香港身分證，故香港的人口結構一直被改變，這也是為什麼梁振英做得再爛，都還有基本的三成左右的人支持他；香港的自由行，已經把香港淹死了。這是他歸納的第一點，以「人流」（移民）、「錢流」（控制金融）淹沒香港；第二點是「消滅邊界」，將香港、澳門、珠海和深圳，捆綁成「珠三角經濟整合體」，串成一日生活圈，只要兩個小時就可往來，即把港、澳「中國內地化」。

那麼台灣呢？又是從香港的今天，看到他們的明天。正因為香港的淪陷，垂範成惡例，才激出台灣抵制服貿協議的「太陽花」學運——他們擔心的也是兩點：移民和金錢。台灣爆發的頂新集團黑心油事件，電視上名嘴們都在說一個新詞「紅頂商人」，指這二十幾年在大陸上發了橫財的台商，如頂新魏家、旺旺中時之流，正是馬英九所稱道的「鮭魚返鄉」變「吃人鯊魚」，其實是把在大陸上橫行了二十年的「權貴」勢力引入台灣，通吃兩岸三地，令港台的升斗小民們，霎時跌入大陸上億萬貧民一般的境地。這才是「中國崛起」的本質；而且中國不僅不會「分裂」，它得勢了就要開疆闢土，即一種專制的對外擴張。

誰都知道，在香港搞「一國兩制」試驗田，是做給台灣看的。可是二〇〇四年國民黨競選輪替失利，敗選的連戰第二年就去大陸拜見胡錦濤，令北京看到，以金錢和族群矛盾，即收買權貴、扶植國民黨（外省人），來牽制台灣的獨立傾向，可以取代「一國兩制」的功能；

演變到今日，就是一句話：「人民幣跨海，金融系統接通，買下台灣。」同樣，國民黨也意識到，唯有借助中共的龐大經濟實力，才能維繫它在台灣的執政。二〇一四年連戰的兒子連勝文競選台北市長，就可以倒推出來這個轉換，它早就在二〇〇五年啟動。所以台北選市長和二〇一六年的大選，台灣選民其實是在跟北京打選戰。

事實上，港台在中共的棋局裡，一直互為因果。無須對台灣做「一國兩制」的示範，便令其對香港的政策可以背棄、胡來、強硬。這才是《香港白皮書》的政治背景，北京可以說出這麼霸道的話：「香港特別行政區的高度自治權不是固有的——中央授予多少權力，香港特別行政區就享有多少權力，不存在『剩餘權力』。」台灣人怎能讀不出它的話外音？

二〇一四年晚秋裡，我跑華盛頓去開一個西藏圓桌會議，我說中共拒絕同達賴喇嘛談判，令「中間道路」無功，藏人絕望，是百人自焚的根源；藏人菁英中也出現聲音，質疑「中間道路」和達蘭薩拉流亡政府的功效，甚至反感跟海外漢人的民間溝通；國際社會迫於經濟利益而跟中共妥協，也多少封殺尊者，其效果是分離了他的「國際道義領袖」與「西藏精神領袖」的雙重角色。在中共「拖到達賴身後」的既定政策下，「中間道路」幾乎是一盤死棋。

與會者皆不贊同我的看法，指出「中間道路」是政治智慧，也是別無選擇。我覺得大家其實對話不了，而是各說各話。贊成「中間道路」，這樣的話我們說得還少嗎？近年來達賴喇嘛致力爭取漢人同情和支持西藏的文明命運，也是極高明的決策，但是普通漢人完全無權決定中國的政策。中國是「憲法懸空」的國家。沒有高於一切、包括高於執政黨的一部憲法，中南海可以肆無忌憚，任意毀約，這次香港危機就是一個活生生的惡例。

鄧小平設計「一國兩制」，玩弄「疆土」和「制度」兩個概念，試圖以「制度」換「疆土」，自以為聰明，實際上台灣香港都堅持「你必須換制度」，才談得上「統一」（或管治），即台灣宋楚瑜說的「一國良制」。那麼，西藏「中間道路」的政策主軸，是「不尋求獨立，在中國的憲法框架內尋求自主自治」，你會發現，中國因為沒有「良制」，即它的憲法是假的——所以漢人菁英搞「憲政運動」會遭鎮壓，藏人的「中間道路」又何從落實？

中共會跟達賴喇嘛重啟談判嗎？在中南海內外交困、合法性急劇流失的情勢下，中共領袖一代比一代僵化、色厲內荏，事實上他們的政策轉圜空間極其局促，再跟達賴喇嘛玩遊戲的可能性，不是沒有，但可能會在港台新疆三地情勢惡化下，以緩解西藏這一頭，作為平衡，比如最近炒作頻繁的「達賴喇嘛返鄉和訪五台山」談判新聞，無論真假，都屬於上述伎倆。

儘管達賴喇嘛返回西藏的意義非常重大，但我很難想像其操作性，一則中共懼怕尊者在藏人中間的巨大魅力，阻擋還來不及，怎會主動引禍？二則尊者回去如何保持公開性和能見度？如何繼續保持他的「國際道義領袖」影響？實際上，跟中共打交道，常常變成陪它「玩遊戲」，二〇一四年香港「占中」的一個重大意義，就是「不再陪北京玩遊戲」。

中央集權的腐敗、枉法、顢頇，才是所有苦難的總根源；而權貴得逞的祕訣，只有一個，即憲法懸空。如今內地幾成糜爛，邊陲反而是燈塔，照亮著幽暗大陸。再從國際間看，冷戰落幕以來，英美歐洲深陷中東困境，令中共坐大。這幅景觀下，港台疆藏四地儼然就是前線了。九七回歸至今，香港人忍辱了一次又一次的欺詐和謊言，中產貴族對北京「犬儒主義」，民眾無力感深重，眼看紅色資本滲透而無奈……。

二〇一九年六月九日，香港從百萬人上街和平遊行、反對逃犯條例修訂，發展到運動如水一般全城蔓延，長久以來港人對自由、法治核心價值受損的擔憂被觸發了，五年前的雨傘運動，這次蔓延到港島區的灣仔、上環、西環，九龍的尖沙咀、旺角，新界的上水、沙田、元朗、大嶼山，從街道空間蔓延到大型商場、地鐵站、機場，民氣源源不絕，運動沒有中心領袖，所謂「無大台」，人們幾乎每週都出來遊行，白天動輒十萬百萬人一起，在烈日下走幾公里路，晚上則黑衣口罩，占馬路，圍政府，素不相識的陌生黑衣人，與全副武裝的警察對峙。從最溫和的各區域牆壁的「連儂牆」，到和平非暴力模式——經警方允許的遊行集會、未申請但打個擦邊球的唱聖歌式集會、購物團式集會，再到公民抗命模式——占領、堵路、包圍，一直延伸至「勇武」模式——破壞標誌性公物（如立法會大門、有主權象徵的國徽）、與警察衝突時不排斥使用武力。沒有人知道終點在哪裡。唯有六句口號，像來自「總司令」的命令：

一、不撤不散；

二、不受傷、不流血、不被捕／不割席、不篤灰、不指責；

三、兄弟爬山，各自努力

四、Be Water；

五、齊上齊落／一個都不能少；

六、光復香港，時代革命……

「攬炒」這句廣東話，簡潔傳神地表達了香港民間跟警察近乎巷戰的肉搏，「勇武派」則以玉石俱焚的姿態，拿每年百分之六十六外資轉口的大陸金融利益跟北京賭了一局，並以區議會選舉大勝而成贏家。

盛夏裡，香港台灣，一城一島，民情沸騰。香港情勢急速蔓延至台灣，因恰逢島內已拉開二〇二〇總統大選序幕，藍綠均有「亡國」之感，而「北京代理人」也獲高票出征，兩廂對決態勢，又分明是中美兩強對決之映照。以壞制度統合邊陲、民族地區，是近年來中共的成功經驗，並反覆試煉其壓制社會的「馬基維利式」技術——今天我們看到，對其徹底控制的新疆維族，公然實行「集中營」式統治；而達賴喇嘛的「中間道路」被拖成一盤死棋，藏族也看不到其他出路；香港人因特殊地緣而注定要跟北京做馬拉松式的對峙較量；北京唯有對鞭長莫及的台灣，只能施展「代理人」戰術，和戰爭恐嚇。事實上，習近平「大國崛起」的野心，已然羈絆於中國的邊陲。

兩億廉價勞動力的文明意義

近三十年，中國有兩億廉價勞動力拚命工作，對這個世界的意義，大概要等一百年後，才看得比較清楚。一向揭露中國「經濟奇蹟」的程曉農詮釋，中國成為世界第二大經濟體，靠得是兩大引擎：出口和土木工程作業，而後者，即二〇〇八年世界金融危機後，中國政府推動基礎設施建設和房地產開發，掀起一輪巨大的「土木工程景氣」以刺激經濟，全國與土木工程相關的投資占國民生產總值（GDP）的比重，迅速從二〇〇八年以前的百分之十八到二十上升到二〇一三和二〇一四年的百分之三十五，其中，二〇一四年房地產投資占國民生產總值（GDP）的比重達百分之二十點六，而構成這些數據的，則是勞苦者之天文數字的手足胼胝。

這麼龐大的物質生產，財富創造，只獲得了維持一個腐敗專制政權那麼一點意義；或者僅僅令一種粗糙的「國家主義」（從政治控制到經濟干預）在如此巨大的一個社會中得以實驗且極為成功，又因為自由經濟乏力困頓，這樣一種解釋，令我實在不甘心。

一日偶讀《人類簡史：從動物到上帝》，那位天才型的以色列青年尤瓦爾·赫拉利寫的兩本暢銷書之一，他闡述「農業革命」在人類演進中的意義，解析人類擺脫二百五十萬年的採集狩獵階段之後，開始馴化植物、飼養畜牲——關於農業對人類的重大意義，論述甚廣，我記得《槍炮、細菌和鋼鐵》一書中，詳述農業帶來定居、專職菁英、士兵、征服等等，赫拉利也作如是觀，說農業正是未來大規模政治和制度的基礎，他寫道：

正是這些徵收來的多餘糧食，養活了政治、戰爭、藝術和哲學，建起宮殿、堡壘、紀念碑和廟宇。在現代晚期之前，總人口有九成以上都是農民，日出而作，胼手胝足。他們生產出來的多餘糧食養活了一小撮的菁英分子：國王、官員、戰士、牧師、藝術家和思想家，但是歷史寫的幾乎全是這些人的故事。於是，歷史只告訴了我們極少數的人在做些什麼，而其他絕大多數人的生活就是不停挑水耕田。

「倉廩足而知榮辱」，在「全球化」的今天獲得新的含義。中國巨大的社會勞動，在東方比較保守落後的社會裡進行，它意外地令比較開放、自由的西方社會，得以更閒暇地專注精神、價值層面的嬗變和提升。這個星球的確分成兩半：有幾億人勤勞並注定拚命使用肌肉而不太勞煩精神，而另外幾億人盡可以騰出精力玩得更高級一些——世界原本就是這麼分工的，在吃不飽的飢餓時代（腸胃優先）是跑不出「同志」來的。

很有趣的非預期現象：六〇年代在西方，自由主義、民權運動、社會福利等價值提升，恰恰造就了他們八〇年代後的經濟低迷，彷彿預先為後「六四」的中國幾億廉價勞動力出場，預備好了市場和購買力。所以，西方福利社會運作的條件之一，是東方必須出現一場龐大的物質生產運動，並且是維持低勞保、低工資、低人權的，否則不可能形成，而西方經濟也會崩潰，因為資本的鐵律是剩餘價值，它兼顧「美國優先」和「中國模式」的襯底，柯林頓時代將貿易與人權脫鉤，是「符合」資本性格的行為。

另一個未明的機制是，價值嬗變抑或提升的肇因，究為痛苦還是愉悅？或兩者兼顧？將生物學引入人文領域乃當下時髦，物種的自私傾向甚至是存活選擇決定的，是基因的規定，所以利他的價值提升（文明基本含義），居然有反基因（克服基因趨勢）傾向。但是我們可以窺見，六〇年代西方的價值嬗變，其總趨勢是符合基因選擇的，即利己主義、個人主義的強烈抬頭，但是女性覺醒、女性主義興起的直接後果，是核心家庭的解體，它導致了離婚率上升、生育人口下降、單親家庭普遍、子女孤單等一系列問題。

然而家庭位階，攸關子女前程，形成階級差異，乃傳統社會之規，並沒有被現代社會所顛覆。哈佛大學甘迺迪政府學院前任院長羅伯．普特南（Robert Putnam）寫了一本書，描述富人和窮人養育小孩的差異愈來愈大，受過高等教育的菁英，重振傳統家庭價值，所以女性大學畢業生不到百分之十是非婚生子，大學學歷白人女性只有百分之二非婚生子，而中學（含）以下學歷的非洲裔女子非婚生子人數高達百分之八十。這裡不僅有種族差異，也有階級對立。他的意思，是富裕家庭有經濟能力更投資子女教育，使其具備更好的競爭技能進入社會，相比之下貧困尤其單親家庭，對子女僅能壓制訓斥，較少精神層面的教養而使其粗鄙化——這恰是「倉廩足而知榮辱」的原意。

但是另一個非預期後果，是單身孤獨的寂寞，可能導致社會對同性戀容忍度擴大，竟意外地使少數的同性權利得到普及，這在社會仍然以婚姻家庭為風氣的保守氛圍中，是不可能的。反過來卻是，同性風氣又進一步解構傳統家庭，同時由於生育的替代需求，而推動試管嬰兒、無性繁殖技術的精進。所以，女性撤離家庭的後果，其實是傳統生殖功能的衰減，直接危及人類物種的首選：繁衍後代。

然而也不盡然。二〇一一年全球人口已突破七十億大關，早已超出地球負荷而成一大危機，其中出生率上升和壽命延長是兩大因素，與此同時，歷史上造成人口銳減的戰爭和飢餓兩大因素，也消停了近七十年，導致大自然平衡的「馬爾薩斯災難」失效。

可是另一種神祕機制，又悄悄地進行新的人口填補。實際上發達國家的生育率，因為富裕而不振；反而是伊斯蘭文明圈內人口激增，天主教拉丁語的南美洲出生率上升，呈現出來的弔詭是，制度好保障人權的地區人口下降，壞制度失敗國家卻大量繁殖。這裡提供的結論是，人權保障個人主義上升的非預期效果，居然是節制生育的。「人口之最」的中國計劃生育頗具成效，在這裡是個特例，但是惡果嚴重，第四章〈血肉〉中，關於中國勞動力萎縮的敘述已有交代。

文明搖籃成墳墓

人口的膨脹和年輕化，恰是「阿拉伯之春」的肇因。二〇一〇年底突尼西亞爆發「茉莉花革命」的背景之一，是青年失業率高達百分之二十六，一個二十六歲的水果販無照被罰而自焚，點燃抗爭烈炎。

準確的說，這是一場阿拉伯世界的騷亂，事後被貼上「民主」的標籤，背後推手是什葉派教長尼姆，二〇一六年被沙烏地阿拉伯處死。自二〇一一年底北非動盪，有四個國家的政權被推翻（突尼西亞、埃及、利比亞、葉門），並長期無法恢復秩序，而伊拉克（被美國出兵推翻）、利比亞的權力真空，和後續陷入內戰的敘利亞，最終釀出恐怖國家「伊斯蘭國」的災難，和殃及西歐的難民潮，局部解構了二戰後的世界平衡機制。這段中東淪喪史，發生在千年文明故土，其涵義就是超越地緣政治的：

一、西方之外的世界，政治制度落後，結構脆弱，內部極易引發動亂，伊斯蘭世界在本世紀初頭個十年裡，就出現解體、崩塌，文明（宗教）老舊是比政體落後更本質的內因，遜尼派的現代極權政體，如伊拉克、利比亞、葉門、敘利亞皆潰敗，顯示伊斯蘭傳統無法支撐世俗政權的現代化，無論是民主還是集權；看似唯有政教合一的什葉派伊朗穩定不亂，也有更加怪異的形態，如沙烏地等王室政權，依賴石油豐厚利潤維繫穩定，物質表明可以極奢華，而內裡極陳腐，政治上甚至處於原始層級，殘暴血腥，如對異見記者卡舒吉支解謀殺，而主謀王儲逍遙法外；

二、文明、價值、習俗等靠千百年養成的系統，可以為短暫的政治形態和制度提供資源，卻不能相反，由政治形態來形塑它；價值系統既不能推倒重來，也不可能從外面全盤植入；部分改善又如基因改造，乃是長程適應外界而存活的策略所致，沒有人為設計的可能性；而伊斯蘭文明在現代化調適過程中，又顯示出更大的困境，它是一個拒絕改變價值觀的受挫文明；

三、史學家余英時別有睿見，認為中東的危機不是源於宗教，源於伊斯蘭教的。在進入現代以後，有一個困境，就是伊斯蘭民族怎麼樣來改變它的傳統，來適應現代化。這是一個很大的問題。它之所以成為問題，和世俗化的政治勢力有關。比如說：沙烏地阿拉伯的國王、貴族，他們已經基本上世俗化，進入市場了，進入資本主義的圈圈了，並沒有真正的像我們想像中那樣有深刻的宗教信仰。但是，他們只是要權力、金錢，然後把教育問題完全不管，把這些教育問題都給那些回教的、伊斯蘭教的宗教人員。在他們的手上，所教的都是仇恨西方，反對現代化，拒絕一切改變的東西。他們要回到一千年以前的狀態，這就造成它的宗教、教育，跟它的世俗的政權和經濟體制完全相衝突，或者是背道而馳。所以這是它適應現代化失敗的原因。

四、回教世界是一個低度開發世界中最軍事化的區域，顯示了一個衰亡文明的陣痛：貧窮卻人口快速增長，人命不值錢到了專門出產「人肉炸彈」的程度，不過尼克森說回教世界對共產主義的抵禦「比基督教世界更經得起考驗」，其實不過是更野蠻而已，這個文明的黃金時代在中世紀，科學、醫學、哲學皆很發達，威爾・杜蘭特（Will Durant）說：培根向歐洲宣布科學方法時，已遠在Jabir（化學家）以後五百年了，培根係得之於西班牙摩爾人的啟發，而摩爾人的指路明燈又來自回教的東方。但中東這個文明搖籃已經變成墳墓，有五個世紀之久，即西元七百年到一千二百年之間，回教世界領先於基督教世界，但幾十年的戰爭顛倒了兩個文明之間的差距，杜蘭特說，西方在十字軍東征時打輸了，但在信仰的戰爭中卻獲勝。所有的基督戰士雖然都被逐出猶太教和基督教的聖地，但是勉強得勝的回教卻大量失血，又遭蒙古人荼毒，反而淪落到蒙昧而貧窮的黑暗時代。被打敗的西方轉而成熟，忘記失敗而奮力向敵人學習，他們建立高聳入雲的大教堂，遨遊在理性的大海上，把粗鄙的新語言——中古主要是拉丁文——轉變成但丁、喬叟及維農的文采詩詞，並興高采烈走進文藝復興。

五、伊斯蘭信仰的深處有其極端與暴力的根子，浮現於十八世紀的鄂圖曼（Ottoman）帝國時代，並發展於二十世紀。在今日西方的話語之中，人們對宗教歷史的幼稚與無知是驚人的，不僅伊斯蘭何曾只是「和平」的，歐洲基督教也血腥了中世紀的幾百年，更何況爭奪耶路撒冷的「十字軍」戰爭？這二百年的西方殖民、阿拉伯世界的現代化失敗，大約也是伊斯蘭激進與暴力化的原因之一，一如儒家的東亞，文明失敗之後也只剩下激進與暴力。

六、法國十八世紀預言家諾查丹瑪斯，其預言很像中國唐朝的《推背圖》，語焉不詳，卻料事如神，被他預言中的包括法國大革命、拿破崙、希特勒等，甚至對蘇俄崩潰和海灣戰爭也有預言，他說的三個「反基督的人」，除那、希二氏，第三個竟然被今人說成是伊拉克的薩達姆。諾氏預言關於現代的衝突，主要是指中東伊斯蘭勢力在其強人率領下橫掃歐洲基督教世界，虧得他在十八世紀就能預見二百年後西方同海灣國家的衝突，也是奇事，英美法對付中東強人，除了石油的實際利益之外，恐怕同諾氏的預言暗示有關；杭亭頓聲稱的「文明衝突」，首指伊斯蘭，恐怕也是諾氏話語的一種翻版，所以所謂「西方中心主義」，實質上還是「基督教中心主義」，仍然還是「軸心時代」的餘緒，「世界」並未終結，科技也無補於事，吵吵了一陣的所謂「後現代」也是一個虛言。

基督教憑什麼？

雅斯貝斯所謂「軸心時代」的幾大體系，以色列一神教、印度幾個宗教、中國儒道、希臘哲學，到現代如晨星隕落，多數不濟，基督教強似他者，雖不免也有衰微，但是顯然她統領之地域國度，已穩坐世界霸權。

有一部西班牙電影《城市廣場》（*Agora*），以亞歷山大港口在西元四世紀基督教興起的歷史，再現神權進入西方政治、社會、文明核心進程中的暴虐和血腥。基本上它是以基督教獨大為霸權而達至目的，期間摧毀的對手是多神教、猶太教、知識和科學，再加上女性——這是電影的詮釋，神權之前的西方社會女性地位怎樣？羅馬蓄奴社會是男女平等的？基督教反智，則因迫害伽利略而著名，整個西歐心智蒙昧三百年，卻不耽誤依然有文藝復興和科學興盛的到來；而基督教文明的排他性、獨斷性，又並沒有妨礙普世價值跟它核心價值《聖經》和諧融洽，雖然基督教今日已成西方保守的頑固堡壘。

可是回溯其所來之徑，你看到的卻是斑斑血淚和荒謬。有本書《二十世紀思想史》（*The modern mind*, by Peter Watson），將佛洛伊德奉為現代西方第一人，也說人類進入現代之際遭遇了三次挫折：第一次是哥白尼發現地球並非宇宙中心；第二次是達爾文發現人類並非超越於動物界，而是與其他動物一樣服從「生物演化」自然法則；第三次即佛氏，發現我們頭腦裡有許多未知的、潛意識的、甚至不可控制的力量。

若論「挫折」，第一次世界大戰居然是所謂「現代」的一個緣起，而不是什麼「文藝復興」，這場意外的大廝殺，以其血腥而引領了西方所有蓓蕾初開的科學門類之幸逢其時、大顯身手。一九一六年七月，索姆戰役（battle of Somme，九百六十六公里，從比利時海岸穿過法國到瑞士的漫長戰壕）一打響，十一萬英軍在十三英里長的戰線上發起進攻，第一天傷亡六萬人，超過兩萬屍首橫臥無人區。英軍總共損失三十七萬人，平均每天七千人，戰後英軍有一半人的年齡在十九歲以下，人稱「失去的一代」。

說它「意外」，是因為一九一四年正是十九世紀將西方文明引向峰巔的起點。「這個文明，在經濟上是資本主義，法律憲政結構上屬自由主義（liberalism），其典型的支配階級，則為資產階級中產階級。科學、知識、教育、物質的進步，以及道德的提高，都在其中發光發熱。這個文明，也深信歐洲是天下中心，是科學、藝術、政治、工業、一切革命的誕生地。」

但是這個文明在四十年間，發生兩次世界大戰，幾乎沒人相信它還能存活。作為它崩潰的後果，又有兩股浪潮興起——法西斯主義和共產主義，試圖取代資本主義社會的制度，伴隨著動亂和革命浪潮登台，席捲了全球三分之一人口和六分之一面積。自由資本主義只有與共產主義聯手，才能擊敗法西斯主義，這段「資」「共」合作時期不啻為二十世紀最詭譎的一刻——若無共產主義（蘇聯）付出的代價，西方自由主義政體恐難存活於法西斯主義；二戰後也因為蘇聯的存在和刺激，資本主義才獲得靈感，幡然圖新。若不是十九世紀資產階級社會的解體，也不會有十月革命和蘇聯。

猶太作家萊維（Primo Levi）說得最精粹：

我們僥倖能活過集中營的這些人，其實並不是真正的見證人。這種感想，固然令人不甚自在，卻是在我讀了許多受難餘生者，包括我自己在內寫的各種記載之後，才慢慢領悟。多年以後，我曾重讀自己的手記，發現我們這一批殘存的生還者，不但人數極為稀少，而且根本屬於常態之外。也許是運氣，也許是技巧，靠著躲藏逃避，我們其實並未陷落地獄底層。那些真正掉入底層的人，那些親見蛇蠍惡魔之人，不是沒能生還，就是從此啞然無言。

由此艾倫．布盧姆（Allan Bloom）的憤怒是有道理的。他痛恨搖滾樂，認為是野蠻，尤其對於兒童，豬留於性、仇恨、討好、偽善，沒有任何高尚、莊嚴、深刻和細膩，「我覺得它毀滅年輕人的想像力，使之對藝術難以再產生熱情，而這就是liberal教育的實質。」他還說這跟毒品完全一樣。他也申斥女性主義，一種新的心理學（行為科學），年輕一代熱衷一切事物的平等，卻又特別在種族方面。

他以教師的經驗，觀察五〇年代至八〇年代美國大學生的品行明顯改變，學校也隨之變得更糟，他寫了《美國精神的封閉》（*The Closing of the American Mind*）這本書。五〇年代相比於混亂的歐洲，美國大學是世界上最好的，五〇六〇兩個十年的繁榮造就的學生，愛冒險且認真，有理想和知識渴望，是大學的主要氛圍。從六〇年代晚期衰落開始，並且也是美國文明的衰落。

他說自由和理性，這些今人享受的禮物，都是靠前人思考、搏鬥而來的——不像毒品文化和街頭文化——是深刻、理智、平等獲得的，其作為智性是整體性的。

許多社會科學的理念的發現和再發現，主要是德國思想家介紹的，如黑格爾、康德、尼采、韋伯、胡塞爾、海德格，一個嚴肅的生命，意味著清醒地意識到我們所面對的選擇：理性／革命，自由／匱乏，善／惡，自我／他者，此即文學所謂的「悲劇」。他也調查，哲學家如柏拉圖、亞理斯多德、羅素、洛克等，在學生中間還有多大影響；他也批評大學怠忽職守，割裂理性，自保於日益「政治正確」的世界：

哲學的本質是放棄所有權威，而獨鍾於個體的理性……大學必須蔑視公共見解，因為它必定使之得以自保，去探索甚至發現真理，它必須專注於哲學、技術、人文，專注於科學家如牛頓、笛卡兒、萊布尼茲，他們具有科學的綜合視野並致力於整體的秩序，如此便有助於保存那些在民主制似乎被忽視的東西。

布盧姆招致許多同行的憎恨。

以賽亞·伯林一九九七年臨終前不久，答ＢＢＣ記者問一生中何事令其最驚異：

我苟全性命於亂世而已，這個世紀之糟未曾有過，野蠻無人性，毫無理由地毀滅……但假如我們把眼光從恐怖醜惡移開，則人類智性趨勢之深遠發展也是明顯的，科學改變了人類的思想，成為人類的主要活動，成為一種象徵，一種道德權威。科學的一個明顯結果是技術進步，其哲學影響卻常被忽略，它不像宗教和政治理論那樣許諾改善全球人類的條件，而是逐步、漸進地向個人提供對生活的強大的控制手段和自由，沒有什麼「兩難」、「異化」。

華府王熙鳳

二〇一六年美國大選成兩個惡棍的爭奪——川普只是一個張狂的商人，希拉蕊才是陰險的政客，與好萊塢華爾街沆瀣一氣，代表美國正宗資本主義，大選第二場辯論川普笨嘴拙舌，希拉蕊則頗顯老辣辯才，媒體也傾向她，民調卻說川普占上風，細想之下，原來希拉蕊雄辯「政治正確」那一套，已是年輕選民和「紅脖子」們（the red necks）不要聽的（相反他們更欣賞川普的粗鄙），而希拉蕊引述蜜雪兒的話居然成敗筆，這才看到美國隱蔽的「種族立場」，歐巴馬魅力盡失被大眾拋棄，希拉蕊和她的競選團隊未能把握這個隱晦的民意（情緒），可能輸掉這場選舉。西方制度強於人，人性缺陷被制度過濾淨化，乃是此制度特色中比分權功能更大的優點。

川普搞「蓋茲堡演說」（Gettysburg Address，葛底斯堡演說），主攻華盛頓建制派和全球化（華盛頓、北京、華爾街），列數美國衰落：四分之一中青年失業、五分之一家庭無人工作養家、四千五百萬人吃不飽、四千七百萬人生活在貧困線之下……他是一個資本主義的造反派，引來華爾街和好萊塢眾星的口誅筆伐，更挑起一場左右廝殺的「文化戰爭」。有人分析，讓川普這麼個任性的自大狂當上總統，是因為：

——足夠多的美國人受夠了那種褊狹的、拐彎抹角的、政治正確的演講和互動方式。偏愛這種方式的東西海岸自由派菁英自認為壟斷了智慧和開啟進步之門的唯一鑰匙；

——對於種族認同、性別認同和性取向的道德恐慌，扭曲了自由主義的信息；

——一代自由主義者和進步人士頗為自戀，對其自行規定的小圈子之外的狀況無知無覺，尤其不了解白人工人階級的狀況……

不幸的是，又因為一個誤會，這場「文化戰爭」如火如荼。二〇一七年金球獎終身成就獎頒給梅麗·史翠普，「傻白甜」的這位女王在發言中，不點名斥責川普侮辱一個殘障記者，「不尊重和暴力像細菌一樣滋生、傳染」，川普則反譏梅姨是「希拉蕊的馬屁精」；而雙方攻防的事實，卻是多年前的一件失真而涵義未明的小事——據說「九一一」爆發，雙塔坍塌之際，對岸新澤西有一群阿拉伯人喝酒慶祝，幸災樂禍，正是那位殘障記者報導了這件事情，可是他後來又否認，大概「政治正確」的緣故，然而這種識字人的反覆，會被美國普羅大眾，無論是「紅脖子」還是「白垃圾」，視為一種虛偽，川普看似粗鄙，卻很精明的知道利用這個極具張力的細節——二〇一六年奧蘭多同性戀夜店被一個穆斯林青年屠殺五十多人，歐巴馬不敢認定「恐怖攻擊」，只說「仇恨」二字，就被川普利用了一次，更有效地煽動「反同」、「反穆斯林」右傾情緒以助選；本來梅姨是好萊塢賢妻良母形象，這次卻有犯眾怒之嫌，《紐約時報》稱為「文化衝突」，菁英與大眾互相反感與誤會，似乎令人聯想毛澤東說過的「臭老九」要接受「工農兵的再教育」，然而在民主制度下，才會有「多數人的暴政」之嫌，而捍衛少數人權利是非常困難的，知識菁英終歸是少數，儘管他們可能代表智慧和進步。這一次川普擊敗希拉蕊，顯然是落後大眾擊敗先進菁英的一個樣本，乃民粹主義的大勝，儘管當選總統是一個人格缺陷嚴重的億萬富翁，在所有「政治正確」話語中都是一個負面含義。

希拉蕊堪稱一個華盛頓的「鳳姐」，八面玲瓏、厲害、心計極深、貪欲野心滔天。她敗選第二天才發布公開講話，依舊滴水不漏、雍容大度，笑裡不含一絲悲涼，真是華盛頓「紙牌屋」裡摔打出來的老政客，可惜一輩子就是要當總統的目標未能如願，還是兩次落選。坊間稱美國社會觀念保守，接受女性總統尚早，看來上一次接受黑人（混血）總統也頗勉強吧？然而，以「希熙鳳」之老辣，怎麼看不清民意和策略？取悅民意本是西方代議制的精髓，fight crowd 嘛，如何只講女權、種族平等、同性戀、移民等弱勢群體就能贏得選票？菁英和媒體亦信誓旦旦她會贏，民調機構也錯得離譜，才是這次大選荒誕之處。這次菁英因傲慢而丟掉江山和政權，令一個凱子進了白宮掌舵，日後鬧出大麻煩來，其實責任還要算到菁英頭上。

川普就職第二天，據說有五十萬女性湧到華盛頓國家公園舉行示威遊行（Women March），而全美及全世界據說同時發生多達六百場女性抗議。在自由派看來，川普的 make American Great again，乃是 make American white again 或 man again（讓美國更白人或更男人）；而競選期間川普有一句私下說的髒活被揭露：Grab them by the pussy, you can do anything，而全球女性憤怒的反對，居然是創造出一頂粉色毛線編織帽 pussy hat，大家戴上它大遊行以顯示 pussy power；這個英文字是貓咪的俗稱，也是另一個極隱私並帶有冒犯性的字眼，也在美國政權更迭中竄升為公共話語。

《紐約時報》的紀思道（Nicholas Kristof）撰文說川普是普丁的一條哈巴狗，左派咸信俄羅斯通過駭客操縱了這場美國大選令川普上台，由此川普才祭出「聯俄制中」的新戰略，拋棄季辛吉（基辛格）「聯中制俄」的三十年一貫制；但是選舉人團投票仍是川普勝出，也就否決了左派的懷疑。年底，就發生了一件令華人世界大為驚厥之事，蔡英文從台灣致電川普祝賀當選，坊間大呼「川菜夠辣」，北京則鼻子都氣歪了——這裡說一個插曲，蔡川通話，不用猜便知是美國邀蔡來電，但是川普為何做此花哨？原來他是跟希拉蕊別苗頭，因為這位「鳳姐」差點就把台灣滅了。話說大選前夕，希拉蕊深陷「電郵門」風暴，也被查出數額高達數千萬美金的政治獻金，大多數來自中國，其中竟然也跟台灣有關：希拉蕊曾派代表跟北京談判，要在二〇一五年移除所有的台美之間防禦部署，全面拋棄台灣，用來交換中共免除對美持有的一萬億美債。川普這麼做，或許是給希拉蕊心照不宣的遞個話：「沒你那麼缺德的」——他不是也公開叫嚷：我要把她送進監獄！

前面川菜插曲，以戲弄「一個中國」舊規，而展開了川普的戰略轉移。大部分並不喜歡川普的海外中國人、尤其是異議陣營簡直要歡呼了，誰還會在乎美國左派的看法？這裡有一些尷尬，不是舊式中西差異可以解釋的：美國左派更關心反歧視、福利政策、民權進退，而中國人更關心中國的變革、中共的盛衰，兩邊全無交集。挑一挑兩邊的偏激，左派維護人權及普世價值，為什麼漠視且寬容中共的殘暴、而且明知故犯地任其欺騙？右派反共盼民主卻漠視宗族、性別歧視，以及不公平（貧富不均），難道價值觀是分層次的、也是「倉廩足而後知榮辱」？當下歐美社會民粹主義勃興，右翼思潮大行其道，令菁英階層的追求和理想有陽春白雪、曲高和寡之嫌，則是明顯的。

二次大戰後，英美自由主義思潮，有讓位於左翼共產主義思潮之趨勢，國家主義、民族主義、集體主義等左傾思潮方興未艾，都成為一種新極權的土壤和氣候，以致半個世紀以來歐美之外的世界一派暴力血腥；相反，在非人道的共產主義或民族主義之外的民主社會，人權、民權、平等、均富等價值觀，其實是在溫室裡發育茁壯的，跟外面的血腥毫不搭界；更有甚者，乃是「西方建制派」以生意和人權兩技應對苟活的共產體制，妄言「經濟出改革」，又「人權當外交」，其實不過是「美國利益第一」、大財團進帳第一而已，羞答答地掩飾西方民主制度包裹下的利己內核，由此既豢養了交易對方的極權制度，也害了兩端的老百姓。西方民粹主義的興起，恰好說明左傾幼稚全球退潮。

西方領先逆轉

英國人曾把川普當選定為「全球風險」十二級，與「大規模恐怖攻擊」同一級別。國際其他「最高風險」還包括：中國經濟硬著陸、中國挑起南海軍事衝突、俄羅斯挑起「新冷戰」、歐盟解體、石油投資崩盤等等。

可是一下子這都成了「過去式」，美國本土要「價值重組」了：孤立主義崛起、普世關懷萎縮、世界領袖也不想做了；若再配以歐盟解體、中國經濟下行（內含政局動盪），則後冷戰二十年歷史即將結束，西方（歐美）領先格局或將逆轉？這可說是工業革命以來三百年「未有之變局」，因為資本主義餵養的「全球化」衰落、淺層暴富的「金磚國」無緣長久繁榮，都意味著「歐洲工業革命」成絕響，無法複製再版，那麼經濟發達孵卵「民主制」是否也不可複製？甚至弄到頭來，「民主」與「獨裁」誰勝誰負還在未定之天！

此間最辛酸者，莫過於歐洲的過早衰落。「九一一」恐攻令美國戰爭討伐伊拉克、利比亞、阿富汗，順手也收拾了敘利亞，將中東伊斯蘭世界原本脆弱的結構化為沙漠；沒承想中東難民卻可以橫渡地中海（那就是希臘羅馬文明的發源地）湧向歐洲，又令原本已被福利主義拖累得疲憊不堪的歐陸負荷不起，而財政、安全兩項基本底線快要洞穿。

明朝朱升「廣積糧、高築牆、緩稱王」建言於朱元璋之語，搬來形容今日之川普國策，可算一種「另類注釋」，它仍不失為一大謀略。美國霸權構築於二戰之後，其背景是大英帝國和歐洲的衰落，也可算上德日兩個爭霸者的崩解，美國填補空缺，不稱霸都難。撇下五十年冷戰不去說它，蘇聯衰落之後的世界，出現兩個爭霸者，或挑戰者，伊斯蘭和中國，美國國力不支，戰線太長，內部消耗殆盡，其中福利和移民兩大弊端沉痾已深，積重難返，以致美國也要玩一下「韜光養晦」了。華盛頓覺得歐陸老大哥只管花錢在本國搞平均主義，卻把防務都扔給「世界領袖」，北約其實就是一個冤大頭，不想管它了。這麼一吵，叫二戰後建制起來的對抗蘇俄和共產主義陣營的「大西洋精神」瀕臨崩潰，這便涉及了歐美整個民主制度、富裕社會、市場經濟等得天獨厚的「西方先進」體系和觀念的瓦解。國際格局面臨顛覆性巨變，這個很迫近的形勢，只是浮面性的預兆，即全球舊結構因伊斯蘭文明解體而引發危機，其癥結仍是作為主導性力量的基督教文明應對失措；而資本主義以貿易餵養的「全球化」結構極為脆弱，無緣長久繁榮，無論先前的「亞洲四小龍」、中印，還是「金磚四國」，都是淺層暴富，「歐洲工業革命」成絕響，無法複製再版，由此是否也預示了由「經濟發達」而孵化民主制度，亦將不可複製？

美國意識形態左右大戰，左傾福利、平均、平權等論述，失去物質基礎而淪為空談，只能迷惑東西兩岸大城市青年；右翼則失去道德高度趨向功利，沒有什麼現代論述可以支撐，反而廣受中西部信教民眾的接納。左傾激進（如變性人等）不期然與伊斯蘭基要派合流，觸及基督教的倫理底線，形成名副其實的「文明之爭」，又勾引基督教基要派內藏的「白人至上」價值衝動，宗教對抗也會漫溢至普世價值層面，迫使左右雙方皆趨向各自的極端。右翼一端生出茶黨，僅只抗高稅和大政府，卻又引出一個怪傑斯蒂芬·班農，坊間稱他「白人至上主義者」，竟「見人所未見言人所未言」，他說「儒家重商主義的權威模式已經贏了，猶太-基督教的西方，自由民主、自由市場已經輸了」，必須捍衛資本主義的純潔和原則，不能任「資本主義中國」，以其人口優勢加勞動力廉價優勢，配之國家計畫指令性資本主義，對歐美基本教義的資本主義大占便宜。至少他的描述不錯：東方另類資本主義打敗西方正宗資本主義，是一個超經濟的怪異現象，前所未有，而西方金融業和華盛頓建制派，與這個「東方不敗」的媾和及腐敗，終於引起眼下的國際性民粹大潮，終結了二戰以來的全部現成體制和論說，人類只剩下不確定的未來。

《真愛一世情》（*Legends of the Fall*，另譯「燃情歲月」）這部電影，可以當作一次大戰對美國心靈戕傷、宣揚孤立主義的片子來看，上校的無政府理念也許就是美國孤立主義的底子，摒棄歐洲及其正統文化，也可視為新大陸民間的無政府主義底子，所以孤立主義與獨立大概是一體兩面的事情。美國清教徒傳統的沉淪消解，大約跟美國逐漸提升世界霸權欲念相輔相成，美國捲入歐洲霸主們的一次大戰，是其步入國際的開端，當時她比英法德的帝王們要開明得多，然而美國的現實主義傳統極為強大，不可能無視世界資源和勢力範圍，尤其後來的市場，所以難逃日後的越戰戕傷。北美孤立主義的思潮大約自然主義色彩很重，摒棄歐洲也可能導向跟北美原住民印地安文化的交融？理查・霍夫士達特的《美國的反智傳統》指出：「美國本就是由對歐洲的壓迫與頹廢不滿的人所建立，他們醉心於美洲的不是在此萌芽的社會，而是自然與野蠻。」但暗示Christine的人性在歐陸大戰中被血腥迷蒙，其中暗伏的獸行再難壓制下去，就非常自然主義，殺戮使他返祖（返回動物），以至無法接受Susan的愛情和婚姻，從總體上也許就是西歐文明的一種悲劇詮釋。在千禧年之前的那些歲月裡，我記不清把這部片子看了多少遍，它的旋律總是可以勾住我下沉到憂鬱裡去。

川習「哥倆好」

歐美纏鬥伊斯蘭這個失敗文明，頗有魯迅「痛打落水狗」之風，卻對太平洋那端的「新型獨裁」非常溫柔，令其坐收漁翁之利，這是「中國崛起」的公開祕密。中共「六四」後狂飲外資，開放市場，挽救了他們的政權，也借著一個「全球化」在西方養肥了高端富人，卻剝奪了兩端的平民，所以川普向「中國和華盛頓建制派」宣戰，才贏得白宮。這個邏輯，出爐沒幾天就在佛羅里達西棕櫚灘的海湖莊園被顛覆了。

川普暫時沒有「聯俄制中」，大概他還用得著習近平，一上來就相見恨晚，大呼「我跟他很投緣哎」！（We have a great chemistry together）據說川普是個濫用chemistry的人，這個詞在英文裡的原意是「化學反應」——一個紐約皇后區地產商的二公子，跟一個能挑二百斤擔子的陝北娃之間產生了「化學反應」，一時間弄懵了全世界，它的第一效應是駁斥了紀思道：美國沒有一條「普丁的哈巴狗」。

川哥哥是一個「外交盲」，他也沒有「中國政策」，當然不會知道，中南海自毛澤東晚年，靠季辛吉穿線，與尼克森媾和以來，雖然貌似「聯美制蘇」，但北京從未改變過「媚俄敵美」的政策主軸，雖然左派柯林頓和歐巴馬都親睦北京。道理很微妙：白宮只要在左派手裡，北京就可以放心反美，因為必須高揚「美帝亡我之心不死」的旗幟，它才能實施民族主義，這是國策。

這位習弟弟，並不是很「默契」的（這個詞的英文，也是chemistry）。他上台不久便「走向海洋」，在南海造島，被海牙法庭裁決敗訴。中國新的「海洋戰略」，背後是「政權保衛戰」，因為「太子黨」出師不利，網路上驚見公開信促習近平下台，列數其集權而造成政治經濟思想文化各個領域「前所未有的危機」、樹核心「破壞常委集中領導制」、以黨代政削弱干擾國務院人大等政府職能部門的作業；插手干預經濟工作，導致股市樓市巨幅震盪，哀鴻遍野，百姓淒慘；供給則政策大去產能，國企裁員下崗；「一帶一路」盲目投資失敗國家，回報無望，消耗外匯儲備，人民幣一貶再貶，經濟陷入崩潰，人心思變；思想文化上大搞個人崇拜、「一言堂」、「媒體姓黨」、不准「妄議中央」，令文革回潮，知識分子寒心；港台政策進退失據，一國兩制受阻，導致民進黨上台、港獨勢力抬頭，甚至魯莽去香港抓人；外交上拋棄「韜光養晦」、盲目出手刺激周遭國際環境，縱容北韓核試，導致美國成功「重返亞洲」，包圍中國，和平建設環境消失……那會兒川哥哥還沒搬進白宮呢，競選時也曾大罵習弟弟的野心，向選民誓言要把他趕出南海遠遠的，還要罰他「貿易操作國」；甚至為了戲弄一下他，這位哥哥拿下白宮後，叫台灣女總統打了一個祝賀電話過來，竟把氣壯如牛的習弟弟嚇個半死，趕緊命令馬雲、吳曉輝去拜川哥哥女婿的門子：到底都是公子哥兒嘛，國事猶如家事，況且還有什麼不是銀子的事兒？

川哥哥哪裡知道，北京坊間對他這位習弟弟口碑極差，無論紅二代、知識界、權貴、中產階級，皆視他為一個「初中水準」、「找死」、「加速滅亡」的二蛋；寫自己進黨章者，中共史上僅二人，另一個是毛澤東，禍害中國二十多年，死後被鞭屍、老婆也自殺，下場清晰可見。習靠修改憲法走進第二屆執政，已導致中共自「六四」以來最大危機，足見「少東家王朝」，無論何者，即便是薄熙來，都是這個後果。所以鄧小平、陳雲等「婆婆」開槍屠城後，安排江、胡過渡執政以挽回合法性，再讓「自己子弟」接班上台，自以為得計，機關算盡，卻不免依舊是人算不如天算，最好時光已然逝去，民意消耗殆盡，輪到「習二蛋」來做，不搞集權、霸道還抓不到實權（尤其軍權），你叫他怎麼辦？太子黨的墳墓，其實就是老子們替他們掘好了的。

北京政權其實已經在末路，它未利用經濟起飛的最佳時機實行轉型，如今黃金時代過去了，各種矛盾、欠帳湊到一塊兒總爆發，如果川哥哥那廂真的兌現選舉承諾，在西太平洋和貿易兩個關口上卡脖子，習弟弟大概只有一條路可走：對外閉關內縮、對內高壓箝制，然後再去武器庫裡重新翻出鄧老爺子的「韜光養晦」老把式，接著「裝孫子」……。

果然這個節骨眼兒上，川哥哥來狠的了，突然宣布制裁「中興通訊」，停止供應晶片。這可能是美國貿易、情報、軍方、外交各界籌畫已久的反擊，因為中共三十年經濟起飛，積累強大資源和國力，升級集權制度，靠的都是盜竊西方先進技術而僥倖成功，所以它能造太空船、太空梭、網路長城防火牆、人臉識別系統，卻造不出一個小小的晶片，這個龐大系統因為過於功利的統治哲學，而形同築於沙灘之上。未幾，副總統彭斯發表「討中」宣言，稱美國一向優待中國，對四九後、八九後中共依舊容忍，並扶持其經濟，最終卻培養了一個忘恩負義的敵人，從此就要對付這個惡棍了，通篇不再有「接觸」、「影響」的濫調，也失去了美利堅一貫的傲視寰宇之氣概，倒有點像出自一個中國人手筆的猛醒檄文。

美中貿易戰，引起人們對中國「經濟奇蹟」、乃至中國發展模式、中國戰略設計的反省，無意間發掘出一個怪詞「彎道超車」，極形象地概括了三十年中國經濟的特徵。其實，如今滿世界責怪習近平，乃是因為不懂現當代中國史，此蠢貨不僅是毛澤東的衣缽傳人，更是鄧小平機會主義的繼承者，根源在毛澤東「趕英超美」和鄧小平的「白貓黑貓」嘛。中國自近代以來，要雪恥、要趕超，怎能不是今天的下場？遲了三十年才發生，不過是西方人自己犯傻而已；而且，時至今日不少人還在讚美鄧小平的「改革開放」呢。

延伸到文明的層次，中國的問題就是：技術可以偷，科學偷不來。當下也有兩個爭論：中國有沒有所謂「新四大發明」？中國有沒有盜竊美國智慧財產權？這不僅是眼下的經貿問題，其實也涉及到文化、甚至文明的優劣。關於「新四大發明」，即高鐵、網購、移動支付和單車共用，已經有明確的答案，即這些技術早在十幾年前就被別的國家發明出來，中國只是大規模地推廣應用了它們。至於「智慧財產權」，中國「不公平地強迫美國企業轉讓技術」，這至少是抄襲，也跟「發明」不搭界。從這裡，我們自然會聯繫到著名的「李約瑟問題」：現代科學為何出現於西方，而不是古代技術發達的中國？

《河殤》第三集「靈光」，專門講中國近代技術落後問題的，中國科學院副研究員劉青峰在訪談中說：

> 我們對過去兩千年間中國古代和西方的科學成果，作過一個統計分析，結果得出了兩種非常有意思的曲線。這兩種典型的形態和特點非常不一樣。這種比較曲線，打破了人們一個常規的認識，即認為中國古代的科學技術相當發達。曲線表明，中國古代科學技術發達，其實主要是技術發達。四大發明都是技術發明，不是一般的技術，而是和國家統一有關的，如通訊、水利和軍事以及官營手工業。和國家大一統有關、與封建地主經濟相適應的技術就發達，我們這種技術為大一統型技術，以四大發明為代表。
>
> 大一統技術給中國古代科學戴上了枷鎖，它很難實現轉移。中國古代科學技術只是到

> 近代才落後了，西方近代科學顯現了指數增長趨勢，很快超過了中國。這是從社會結構來看。另外，從文化角度看，中國古代的有機自然觀、「天人合一」，以及直觀外推式的思維方法，還有一個倫理中心主義，即什麼都有價值判斷在裡頭，使中國古人很難超越是非與倫理，很難僅僅根據客觀中立原則來判斷事物。這種文化與科學技術的關係，我們目前研究得還很不夠。

三十年後，我們再拿這段話來對照「新四大發明」，不是可以清晰地看到，這些玩意兒不都是跟「國家大一統」休戚相關的嗎？而且，它們還是從外面「拿進來」的，問題的要害是「為我所用」，甚至「師夷之長技以制夷」。清末魏源的這個想法，被鄧小平及其繼承者們心領神會而又活學活用，才是「對外開放」的精髓，比「新四大發明」更要害關鍵的，是防火牆和「人臉識別」系統，那種認為中國人的「小聰明」不過就是模仿、抄襲，就淪為幼稚了。至於說，中國可以模仿、抄襲、偷竊之法，在科技乃至軍備武器上趕超歐美，稱霸世界，大約還是一種毛澤東式狂想。政治制度落後、思想封閉、人的精神被壓抑，這個民族就沒有創造力，永遠只會出產「《三墳》《五典》，百宋千元，天球河圖，金人玉佛，祖傳丸散，祕製膏丹」（魯迅）。

那麼川普要罰中國，無論千億，只要是添加這個「少東家王朝」的統治成本，可謂樂觀其成，因為無論對國際還是國人，都是划得來的買賣。中國背棄一個民主和公正的社會，轉為「軟紅十丈」的花花世界，權力尤其是赤裸裸的政治權力，變成硬通貨流通於市，從榮譽、地位、知識直到金錢和性，都要經過權力才能交換，而一黨專政壟斷了最高權力，也就壟斷了所有社會資源；這個制度再以分享權力給社會各階層的方式，餵出一個巨大的利益集團，進而綁架整個社會。由此，中國從政治到社會，全然腐爛至根基，寡廉鮮恥蔚然成風，欺善怕惡遍布市井，這個早已「無神」的神州，今日成了貪官的天堂，百姓的地獄。這樣一個壞制度，難道還要讓它漫溢出中國嗎？

眼下，二〇一九年晚秋正在發生的事情，是全球企業的供應鏈正從中國往外轉移，這被稱為「脫鉤」（decoupling），大家倒不是聽川普的，而是覺得全世界太過於依賴中國這個製造業巨頭，隨著中國軍力的增強、地緣政治影響力的擴大，美國和西方對中國工廠的依賴會使其在戰略上處於弱勢。過去二十年中國作為製造業強國在世界上出現，因為勞動力成本低、技術相對熟練，但是共產黨不准獨立工會出現。中國有大量的分包商，企業在降低供應成本的談判上處於強勢地位；中國建立了廣闊的公路網和鐵路網，還擁有龐大且不斷增長的本地客戶基礎，中國製造業創造的產值占全球的百分之二十五，其產值超過美國、德國和韓國的總和。

現在大家都在減少它們與中國的接觸。移動相機製造商 GoPro、製造感測器及遙控器的環球電子（Universal Electronics），正在將部分業務轉移到墨西哥。孩之寶（Hasbro）正將其玩具製造業務轉移到美國、墨西哥、越南和印度。台灣電腦設備公司宏正自動科技（Aten

International）已把工作帶回台灣。丹麥丹佛斯集團（Danfoss）正在將供熱和液壓設備的生產轉移到美國。

並不是所有人都聽從川普的，將工作崗位帶回美國，而是轉移到了其他成本更低國家。重塑全球供應鏈也需要時間，中國仍將在未來幾十年保持其作為重要製造業中心的地位，仍然主導了太陽能元件等產品的市場，並已成為世界上最大的汽車、汽車零部件以及其他許多複雜產品的生產國。中國還計畫製造噴氣式飛機、先進的電腦晶片、電動汽車，以及其他未來產品。

中國也許並不一定反對某些脫鉤的努力。中國政府長期以來一直希望減少低技能、高污染的製造業崗位，向價值鏈的上游轉移。「勞動力總量開始下降，勞動力成本也在持續快速地上升，中國製造的低成本勞動力的優勢已經逐漸削弱，」中國工業和資訊化部部長苗圩在中國發展高層論壇上說。他還表示，中國將把重點放在高科技、創新產業上。然而中國的經濟正在放緩，工作崗位突然轉移出去會導致失業和不穩定。政治穩定依然是中國政府的第一選項。

我剛寫完這本書，就在網上讀到，賓夕法尼亞大學教授、我的老朋友林蔚（Arthur Waldron）對記者披露：

一個和習近平關係密切的高層幕僚最近對我說，林蔚，我們已經走投無路了，每個人都清楚這個體制已經完了，我們進了死胡同。我們不知道下一步該怎麼走，因為處處是雷，踏錯一步就會粉身碎骨。

中共非常清楚它已經死到臨頭，因為對現實缺乏正確認識，根本不知道民間真實情況，想到哪兒做到哪兒，功能極度失調，解決方案更無從談起。

INK PUBLISHING

蘇曉康作品集 04

鬼推磨
——中國魔幻三十年（1989—2019）

作　　者　蘇曉康
總 編 輯　初安民
責任編輯　陳健瑜
美術編輯　林麗華
校　　對　吳美滿　陳健瑜　蘇曉康

發 行 人　張書銘
出　　版　INK 印刻文學生活雜誌出版股份有限公司
新北市中和區建一路 249 號 8 樓
電話：02-22281626
傳真：02-22281598
e-mail：ink.book@msa.hinet.net
網　　址　舒讀網 http：//www.sudu.cc

法律顧問　巨鼎博達法律事務所
施竣中律師
總 代 理　成陽出版股份有限公司
電話：03-3589000（代表號）
傳真：03-3556521
郵政劃撥　19785090 印刻文學生活雜誌出版股份有限公司
印　　刷　海王印刷事業股份有限公司

港澳總經銷　泛華發行代理有限公司
地　　址　香港新界將軍澳工業邨駿昌街 7 號 2 樓
電　　話　(852) 2798 2220
傳　　真　(852) 3181 3973
網　　址　www.gccd.com.hk

出版日期　2020 年 1 月　初版
2021 年 2 月 20 日　初版二刷
ISBN　978-986-387-217-7

定　價　350 元

國家圖書館出版品預行編目資料

鬼推磨：中國魔幻三十年（1989-2019）
/ 蘇曉康 著；--初版，--
新北市中和區：INK印刻文學，
2020.01 面；14.8 × 21公分.（蘇曉康作品集；4）
ISBN 978-986-387-217-7（平裝）
1.中國大陸研究　2.言論集
628.7　108020084